नवजागरणकालीन कवियों की पहचान

नवजागरणकालीन कवियों की पहचान

हेमन्त कुकरेती

वाणी प्रकाशन

वाणी प्रकाशन
4695, 21-ए, दरियागंज, नयी दिल्ली 110 002

शाखा
अशोक राजपथ, पटना 800 004

फ़ोन : +91 11 23273167 फ़ैक्स : +91 11 23275710

www.vaniprakashan.in
vaniprakashan@gmail.com
sales@vaniprakashan.in

NAVJAGRANKALEEN KAVIYON KEE PAHCHAN
by Hemant Kukreti

ISBN : 978-93-87155-00-8
Criticism

प्रथम संस्करण

मूल्य : ₹ 495

सिटी प्रेस, दिल्ली-110 095 में मुद्रित

वाणी प्रकाशन का लोगो मक़बूल फ़िदा हुसेन की कूची से

भाई डॉ. राकेश सिन्हा को

हिन्दी कविता के शुरुआती आधुनिक चरण...

मध्यकाल से टकराकर आधुनिक विवेक विकसित हुआ। इससे साहित्य की ज़मीन बदल गयी। इसलिए मध्यकालीन बनाम आधुनिकता का सवाल बड़ा अहम है। आधुनिकता पर बात करने से पहले हमें आधुनिक चेतना को समझना होगा। ...और इससे पहले मध्यकालीन भाव-बोध को जानना होगा कि मध्यकालीन से क्या तात्पर्य है? जब हम इस प्रश्न पर विचार करते हैं तो इसके कुछ सरलीकृत उत्तर मिलते हैं—जो आधुनिक, समकालीन या प्रासंगिक नहीं है, वह मध्यकालीन है। जबकि ऐसा कहना पूरी तरह से ठीक नहीं है। अनेक मध्यकालीन कवि आज भी समकालीन और प्रासंगिक हैं।

साहित्य के विद्यार्थियों के लिए मध्यकालीन विवेक को लेकर कुछ सरल पहचान के बिन्दु निर्धारित किये जा सकते हैं। वह मध्यकालीन भावबोध को समझने-समझाने में बेशक पूरी तरह से नहीं; कुछ दूर तक ज़रूर मदद करते हैं। सबसे पहले तो यही कि मध्यकालीन विवेक में तर्क की बजाय आस्था महत्त्वपूर्ण है। स्पष्टता की बजाय रहस्य का कोहरा वहाँ छाया हुआ है। इसीलिए मध्यकालीन कविता में स्पष्ट यथार्थ की प्रस्तुति नहीं है। वहाँ रहस्य-रोमांच और जादू, तन्त्र-मन्त्र और अति काल्पनिक आख्यानों-गाथाओं इत्यादि ने बड़ी जगह घेरी हुई है। इन काल्पनिक काव्यात्मक जुगतों के कारण मध्यकालीन कविता में एक जादुई सम्मोहन भी निर्मित होता है। जो पाठक को देर तक स्तब्ध रखता है जबकि आधुनिक कविता पाठक को प्रश्नाकुल बनाती है।

मध्यकालीन कविता को आदिकालीन कविता से कई चीज़ें प्राप्त हुई हैं। उनमें रहस्यवादी साधना भी एक है। वहाँ योग की जटिलता को समझना-समझाना और भावुकतावादी अकल्पनीय निष्कर्षों पर सहमत होना प्रमुख है। वहाँ मनुष्य-हृदय और उसकी आकांक्षाओं, चिन्ताओं और स्वप्नों को संचालित करने वाला तत्व विशुद्ध भावनाओं पर टिका है। आदिकाल से लेकर मध्यकाल का अधिकांश साहित्य लगभग एक स्वर में अपनी निष्पत्तियों पर अड़ा हुआ लगता है। चाहे

आदिकालीन और रीतिकालीन शृंगारिक कवि हों या भक्तिकालीन सन्त, सूफी या भक्त कवि हों सभी स्त्री को लेकर एक ही नतीजे पर पहुँचते हैं। उनके यहाँ स्त्री या तो उपभोग की वस्तु है, नरक का द्वार है या कोई रहस्यमयी जीव जो उन्हें मनुष्य जीवन के सर्वोच्च सोपान, मोक्ष-प्राप्ति से रोकता है। रीतिकालीन कवि स्त्री प्रसंग को बिल्कुल उस मुद्रा में सैलिब्रेट करते हैं जिसमें खाया-पिया, अघाया वर्ग करता है। उनके यहाँ स्त्री-जीवन के दुख नहीं हैं। दूसरी तरफ तुलसी जैसे भक्तकवि उसे पशुओं की श्रेणी में रखकर उसके साथ पशुवत व्यवहार करने की सलाह देते हैं। कबीर सरीखे सन्तकवि उसकी छाया तक से बचने की बात करते हैं। स्पष्ट है कि समूचा मध्यकाल इस धरातल पर स्त्री को बराबरी का दर्जा नहीं देता। वहाँ सामन्ती मानसिकता किसी-न-किसी रूप में मौजूद है। यह आधुनिक कवि ही है जो उसे मनुष्य मानता है।

मध्यकालीन कविता में बातों को बढ़ा-चढ़ा कहने का रिवाज रहा है। कवि अपने आश्रयदाता सामन्तों को विश्व-विजयी सम्राट बना देते हैं। उनकी अकर्मठता को एक बड़ा गुण सिद्ध कर देते हैं। सामन्तों की रानियों को अप्सराओं के समान बताते हैं और सामन्तों को परमवीर तथा कामदेव का अवतार घोषित करते हैं। यह सब अतिकथन हैं। रीतिकाल और भक्तिकाल के कवि यहाँ पर आदिकालीन कवियों के साथ ही खड़े हैं। उनकी मानसिक बनावट एक जैसी है। इसलिए भाषा में कई जगह निरर्थक अलंकार-योजना, व्यर्थ की उक्तिवैचित्र्य और व्याकरण-रहित शब्दावली है। शिल्प के धरातल पर भक्तिकालीन कवि ज़रूर कुछ अलग और सचेत दिखायी देते हैं। उनके यहाँ राजसी बड़प्पन नहीं है। सामाजिक विसंगितयों के प्रति उनकी कविता में एक प्रतिरोध मौजूद है। लेकिन विषयगत धरातल पर आदिकाल, भक्तिकाल और रीतिकाल का साहित्य समान भाव-भूमि पर विचरण करता हैं। उसमें संस्कृत, पाली, प्राकृत, अपभ्रंश की काव्य-प्रवृत्तियाँ मौजूद हैं। कुछ आलोचकों ने इस समूचे कालखण्ड को पतन का युग गहा है। जिसमें जनता परास्त और स्तब्ध है। चारों तरफ मूल्यों का ह्रास हो रहा है। इसलिए रचनात्मक और लोकमंगलकारी प्रवृत्तियाँ (जो कि केवल भक्तिकाल में दिखायी देती हैं) एक अन्तर्विरोध के रूप में ही सामने आती हैं।

ईश्वर-पराणयता और जनमानस के सुख-दुख का विवरण भी इस मध्यकाल की कविता में मिलता है। यानि दरबारी काव्य, भक्ति काव्य और लोक काव्य; तीन प्रकार की काव्य श्रेणियाँ मौजूद हैं। जिनमें समूचा युग ध्वनित होता है। प्रश्न उठता है कि हिन्दी कविता ने आधुनिकता कहाँ से अर्जित की? क्या वह मध्यकालीनता के प्रति विद्रोह से उपजी? या पश्चिमी शिक्षा, विज्ञान के साधन,

विचार और साहित्य से उसने आधुनिकता ग्रहण की? इसका एक सन्तुलित उत्तर यह हो सकता है कि आधुनिक हिन्दी कविता की आधुनिकता पर इन सब का असर है।

मध्यकालीन भाव-बोध को अपर्याप्त सिद्ध करते हुए भारतेन्दु के प्रखर साहित्यिक नेतृत्व में आधुनिक युग का उदय होता है। इस युग के रचनाकारों का काव्य-विवेक और उनकी कविता के वस्तु, रूप, भाषा-शैली आधुनिक है। यही कारण हैं कि साहित्य का समूचा परिदृश्य ही परिवर्तित हो गया। भाषा और वैचारिकता के स्तर पर आधुनिक काल के पहले चरण भारतेन्दु युग (1850 ई.-1900 ई.) के कवि गहरे द्वन्द्व में दिखते हैं। पारम्परिक ब्रजभाषा और बनती हुई नवभाषा खड़ी बोली एवं राजभक्ति तथा देशभक्ति के द्वन्द्व इनके यहाँ मिलते हैं। बावजूद इसके कहना ही होगा कि नवजागरणकालीन चेतना से सुपरिचित भारतेन्दुयुगीन कवियों ने सतर्क, सजग, सामाजिक, राष्ट्रीय चेतना प्रदर्शित करते हुए युगीन समस्याओं को काव्य विषय बनाया।

भारतेन्दु, प्रेमघन, प्रताप नारायण मिश्र, अम्बिकादत्त व्यास, ठाकुर जगमोहन इत्यादि भारतेन्दुयुगीन कवियों ने स्वदेशी वस्तुओं और निज भाषा की उन्नति पर बल दिया। इन जिन्दादिल सृजकों को देशकालगत परिस्थितियों का गहरा ज्ञान था और वे आने वाले वक्त को भी देख रहे थे। आचार्य शुक्ल के अनुसार 'उनका जीवन देश के सामान्य जीवन से विच्छिन्न नहीं था। काल की गति वे देखते थे। प्राचीन और नवीन के सन्धिस्थल पर खड़े होकर वे दोनों का जोड़ इस प्रकार मिलाना चाहते थे कि नवीन, प्राचीन का प्रवर्द्धित रूप प्रतीत हो, न कि ऊपर से लपेटी हुई वस्तु।' नवजागरण के पहले चरण में रचनारत भारतेन्दुयुगीन कवियों के योगदान पर इससे बेहतर टिप्पणी और क्या हो सकती है। हिन्दी के इन कवियों के समानान्तर इस दौर में उर्दू के जनकवियों की ऐसी धारा भी अस्तित्व में थीं, जिसके कवि आमफहम शब्दावली में आम हिन्दुस्तानी भाषा में जनता के दुखदर्द को कह रहे थे। नज़ीर अकबरावादी ऐसे ही जनकवि हैं। जिनकी शायरी हिन्दी-उर्दू के भेद से ऊपर उठकर सारे हिन्दुस्तानियों की हो गयी है।

भारतेन्दु युग के बाद द्विवेदी युग की कविता एक नये स्वरूप में ढली हुई नज़र आती है। उसकी भाषा और विवेक बदल जाते हैं। यह कविता सीधे और सरल शब्दों में कही गयी। यह सपाट अभिधापरक कविता का उदाहरण है। प्रश्न उठता है कि इसमें भारतेन्दुयुगीन खुलापन, जीवन्तता और तीखा व्यंग्य क्यों नहीं है? दरअसल यह आज़ादी के संघर्ष के उस दौर की कविता है जब जीवन और समाज एक ही मुद्दे को लेकर आगे चल रहे थे। उसमें वर्तमान की छटपटाहट

थी और भविष्य को लेकर वह भयग्रस्त, उत्सुकता और अनिश्चय से भरी हुई थी। भाषा के धरातल पर ब्रजभाषा का स्थान नयी बनती हुई खड़ी बोली ले रही थी। दरअसल यह खड़ी बोली कविता का अभ्यासमूलक दौर है। इसीलिए हम देखते हैं कि काव्य भाषा में तोड़-फोड़ दिखायी देती है। इस दौर के प्रमुख कवियों अयोध्या सिंह उपाध्याय 'हरिऔध' और मैथिलीशरण गुप्त के यहाँ वैसी लक्षणा और व्यंजना नहीं है जैसी भारतेन्दु की कविता में मिलती है। उनके कथन सामान्य और सरल हैं। कविता के वस्तुरूप पर आचार्य महावीर प्रसाद द्विवेदी की नैतिकतावादी दृष्टि और उनकी ऐतिहासिक महत्त्व की पत्रिका 'सरस्वती' ने भी गहरा असर डाला है।

'सरस्वती' के यशस्वी संपादक आचार्य महावीरप्रसाद द्विवेदी की प्रेरणा से साहित्य जगत में नयी पीढ़ी का सृजन सामने आया। मैथिलीशरण गुप्त, अयोध्या सिंह उपाध्याय 'हरिऔध', श्रीधर पाठक, रामनरेश त्रिपाठी, नाथूराम शर्मा 'शंकर', गयाप्रसाद शुक्ल 'सनेही', सत्यनारायण 'कविरत्न', गोपालशरण सिंह, सियाराम शरण गुप्त जैसे संवेदनशील कवि अपने पूर्ववर्तियों के कार्य को आगे बढ़ाते हैं। द्विवेदी युग (1900-1918 ई.) के यह कवि राष्ट्रीय भावना, नैतिक मूल्यों और आदर्शों को कविता का विषय बनाते हैं। इनके यहाँ पराधीनता का दंश और नारी की दीन-हीन दशा मुख्य प्रतिपाद्य हैं। नवजागरणकालीन नारी के अनेक रूप द्विवेदीयुगीन कविता में मिलते हैं नाथूराम शर्मा 'शंकर' अपनी चुभती व्यंग्य-कविता 'गर्भ रंड़ा रहस्य' में गर्भ में ही विधवा हो गयी कन्या के माध्यम से समाज की जर्जर रूढ़ियों पर चोट करते हैं। 'हरिऔध' अपने 'प्रिय प्रवास' में राधा को विरह विगलित न दिखाकर एक ऐसी समाज-सेविका के रूप में चित्रित करते हैं जो मानसिक धरातल पर अत्यन्त सुदृढ़ है। मैथिलीशरण गुप्त समूची रामकाव्य-परम्परा में भुला दी गयी उर्मिला पर 'साकेत' सरीखा महाकाव्य लिखते हैं।

आचार्य द्विवेदी का कविता के प्रति सरल और सुबोध होने के आग्रह का पालन तत्कालीन कवियों ने किया। द्विवेदीयुगीन कविता इतनी सहज है कि अर्थ ग्रहण के लिए कोश की ज़रूरत नहीं पड़ती। गद्य के इतने नज़दीक हो चुकी हुई आज की कविता, भाषा के धरातल पर द्विवेदीयुगीन कविता की याद दिलाती है।

द्विवेदीयुगीन सरलता जब इतिवृत्तात्मक उपदेश-प्रधान नीरस वर्णन में बदलकर एकायामी सरलीकृत कविता बन गयी तो उसकी प्रतिक्रिया में ध्वन्यात्मक, कल्पनाशील काव्य-कला से सम्पन्न अति उर्वर कवि, काव्य-परिदृश्य पर उभरे। यानी पन्त, प्रसाद, निराला और महादेवी सरीखी विलक्षण काव्य-प्रतिभाएँ छायावाद (1918-1936 ई.) जैसे काव्यांदोलन का आधार स्तम्भ बनती हैं। इनके साथ

रामकुमार वर्मा ने भी छायावादी आस्वाद की कविताएँ लिखीं। वह नैसर्गिक प्रतिभा से सम्पन्न कवि नहीं थे लेकिन निरन्तर काव्य-अभ्यास का श्रम उनके कवि-कर्म में झलकता है।

पन्त, प्रसाद, महादेवी, निराला सरीखे कवियों ने काव्य श्रेष्ठता का क्रम बदलकर रख दिया। द्विवेदीयुगीन स्थूल विषय और सपाट रूप विधान की जगह छायावादी सूक्ष्म संवेदना और कलात्मक शिल्प ने पाठकों को सम्मोहित कर दिया। मन के गूढ़तम आशयों को छायावादियों ने सफलतापूर्वक व्यक्त किया। मानवीय और प्राकृतिक सौन्दर्य के कुशल चितेरे इन कवियों ने प्रेम को उदात्त मानवीय मूल्य बनाकर स्थापित किया। प्रेम की ऐसी सूक्ष्म अतीन्द्रिय व्यंजना प्रायः विरल है। सर्वात्मवादी और सशक्त अभिव्यंजना में सक्षम छायावादी कविता गहरे अर्थ में मनुष्य की मुक्ति की प्रस्तावना भी है। इन्हीं विशेषताओं के चलते इस काव्यान्दोलन को खड़ी-बोली हिन्दी कविता का पहला स्वर्णिम काल कहा जाता है।

छायावादी काव्यान्दोलन के लगभग सामानान्तर प्रारम्भ हुई उत्तर छायावादी दौर की राष्ट्रीय-सांस्कृतिक काव्य-धारा और वैयक्तिक कविता की दो अन्य धाराएँ भी अस्तित्व में रही हैं। राष्ट्रीय सांस्कृतिक कविता वस्तुतः भारतेन्दु युगीन राष्ट्रीयता और द्विवेदीयुगीन नवजागरणकालीन सांस्कृतिक सोच का काव्यात्मक विकास है। माखनलाल चतुर्वेदी, सोहनलाल द्विवेदी, बालकृष्ण शर्मा 'नवीन', रामधारी सिंह 'दिनकर', रामनरेश त्रिपाठी, सुभद्रा कुमारी चौहान इत्यादि उत्तर-छायावादी दौर में जिस राष्ट्रीय सांस्कृतिक कविता का सृजन कर रहे थे उसमें पराधीनता के विरुद्ध ईमानदार गुस्सा और संस्कृति को नये सिरे से परिभाषित करने के साथ दमन-शोषण से मुक्ति की कामना अभिव्यक्त हुई है।

बच्चन, भगवतीचरण वर्मा, नरेन्द्र शर्मा, रामेश्वर शुक्ल 'अंचल', गोपाल सिंह 'नेपाली' इत्यादि प्रेम और मस्ती के तराने गाने वाले कवि वैयक्तिक गीति काव्यधारा को समृद्ध कर रहे थे। प्रत्यक्ष और स्पष्ट प्रणय निवेदन, दैहिक प्रेम का स्वीकार और सरल अभिव्यंजना प्रणाली इस काव्य-धारा की वह विशेषताएँ हैं जो इसे छायावादी मुख्य काव्य-धारा की कविता से अलगाती हैं।

द्विवेदी युग स्थूल भावनाओं वाली इतिवृत्तात्मक कविताओं का युग है इस युग में कविता के विषय आज़ादी और सुधार के आस-पास दिखायी देते हैं। वह स्थूल भावनाएँ ही इस युग की कविता को सपाट बना देती हैं लेकिन द्विवेदी युग के कन्धों पर चढ़कर जो छायावादी कविता काव्य-परिदृश्य पर साकार होती है वह अपनी अनुभूति और बुनावट में सूक्ष्म और कलात्मक है। इस काव्यधारा को

उस समय के चार विश्वस्तरीय कवि—पन्त, प्रसाद, निराला, महादेवी इत्यादि ने मिलकर एक ऐसे बड़े काव्य-आन्दोलन में बदल दिया कि वह अपने समय और समाज की सच्चाइयों को कलात्मक तरीके से कहने में समर्थ हो गयी।

छायावादी कविता के हृदय में राष्ट्रीय सांस्कृतिक आन्दोलन की अनुगूँजें ध्वनित हो रही थीं उसमें एक ऐसा गहरा आत्मविश्वास भरा हुआ था जो इससे पहले की कविताओं में दिखायी नहीं देता। यह कविता आधुनिक भारत के बनते हुए नये मध्यम वर्ग की संवेदनाओं को व्यक्त कर रही थी। इस वर्ग की उम्मीदें और सपने उसमें झलक रहे थे। पहली बार खड़ी बोली एक अर्थ-सम्पन्न सम्पूर्ण काव्य-भाषा के तौर पर इस कविता में उभरती है। यह कविता अपने समय के व्यक्ति को अपनी अलग पहचान बनाने के लिए सजग करती है। यही कारण है कि व्यक्ति; ऐतिहासिक और यहाँ तक यह कि पौराणिक चरित्रों के बहाने भी अपनी खोज करता है। इस कविता की खासियत यह है कि यह दासता के खिलाफ आज़ादी की आवाज़ बुलन्द करती है। मुख्यधारा की कविता के अलावा समान्तर चलने वाली राष्ट्रीय सांस्कृतिक कविता धारा में इस छटपटाहट को अधिक साफ तौर पर देखा जा सकता है। छायावादी कविता मनुष्य को आज़ादी के अर्थ और पहचान सौंपती है। इस कविता ने पहली बार ईश्वर प्रेम की बजाय इनसानी प्रेम को एक मानसिक और जैविक ज़रूरत के रूप में पेश किया। इसलिए इसे स्वछन्द रोमान की कविता भी कहा जाता है। हालाँकि रोमान एक स्वछन्द भावना ही है। इस कविता में हिन्दुस्तानी औरत का नया कायांतरण होता है। वह पहली बार दासी के रूप में नहीं, मित्र के रूप में उभरती है। प्रकृति और उसके अनूठे बिम्ब इस कविता में अद्भुत कल्पनाशीलता भर देते हैं। यह दरअसल भविष्य की कल्पना को वर्तमान की आँखों से देखती है।

छायावादी चारों कवि अपने साहित्यिक योगदान के लिए अपने-अपने विशिष्ट प्रयास करते हैं। पन्त उसे नयी भाषा और प्रकृति तथा मनुष्य का साहचर्य देते हैं। प्रसाद आधुनिक मनुष्य का दर्शन प्रस्तुत करते हैं। निराला उसे भाषा के धरातल पर छन्दों के बन्धन से मुक्त करने के साथ-साथ गुलामी के बन्धन काटने की प्रेरणा देते हैं। महादेवी वर्मा उसमें एक आधुनिक स्त्री के अनुभव जोड़ती है। वह ऐसे सम्मोहित करने वाले रहस्य को कविता में ले आती हैं जिसमें मध्यकालीन जटिलता नहीं है। निराला बेशक इस युग के बड़े कवि हैं। उनकी कविता एक बड़े समाज का अनुभव बनती है। वह बताती है कि आगे ऐसी कविता लिखी जायेगी जिसमें साधारण इनसानों की तकलीफें और उम्मीदें होंगी। उसकी इच्छाओं और सपनों को कुलीन तत्सम भाषा की बजाय उस भाषा में लिखना होगा जिसे आम-आदमी अपने रोजमर्रा के जीवन में इस्तेमाल करता

है। इस प्रकार वह विषय और भाषा दोनों को जन-जीवन से ग्रहण करते और जोड़ने का रास्ता दिखाते हैं।

सरल, सुकोमल और सौष्ठव-समृद्ध छायावाद अपनी ऐतिहासिक भूमिका का निर्वाह कर अतिशय कल्पना और अनावश्यक आलंकारिता में वृद्धि के कारण परिवर्तित होते परिदृश्य में क्रमशः अस्पष्ट और अपर्याप्त सिद्ध होता होगा। बदलते सामाजिक यथार्थ को छायावाद में निराला पहचान रहे थे लेकिन छायावादी कल्पना लोक में डगमगाती कविता को ठोस ज़मीनी यथार्थ का स्पर्श प्रगतिशील कविता ने कराया। 1036 ई. के आसपास प्रगतिवाद बाकायदा एक काव्यांदोलन के रूप में उभरा।

भारतेन्दु से लेकर उत्तरछायावादी दौर तथा उसके बाद नयी कविता के दौरान लिखी गयी छन्दबद्ध कविता अपने प्रारम्भिक दौर में आश्चर्यजनक रूप से उत्तरछायावादी भाव और भाषा का छन्दानुवाद लगती है। लेकिन जल्दी ही अपना अलग वजूद बना लेती है और महत्त्वपूर्ण रचनात्मक अनुभव बना जाती है। हिन्दी ग़ज़ल दुष्यन्त के आने के बाद खुद को समसामयिक बनाती है। इस किताब में गीत-ग़ज़ल कहने वाले गीति कवियों और शायरों को रखने के पीछे यही नजरिया काम कर रहा है। उर्दू के उन शायरों के योगदान को भी अति संक्षेप में रेखांकित किया गया है जिनका असर हिन्दी कविता पर पड़ा है। हिन्दी में छान्दसिक कविता की पुरानी परम्परा रही है। गीत से नवगीत तक और अगीत से जनगीत तक यहाँ एक लम्बा सफर छांदसिक कविता तय करती है। जो अब भी जारी है। इस यात्रा में सबसे अहम पड़ाव नवगीत का है। असल में नयी कविता की समानान्तर छंदबद्ध काव्य प्रवृत्ति विकसित होकर नवगीत के नाम से पहचानी गयी। अंचल, नरेन्द्र शर्मा, शिवमंगल सिंह सुमन, बच्चन, जानकी वल्लभ शास्त्री जैसे कवियों ने छायावादी दौर में ही दूरारूढ़ कल्पना, अनावश्यक अलंकृत, बोझिल अस्पष्टता और पुनरावृत्ति से आहत होती गीतात्मकता को बचाये रखने का प्रयास किया। क्योंकि छायावाद तक गीत और कविता में विभक्ति नहीं मिलती लेकिन गेयता को कष्ट देने वाली उपरोक्त दुष्प्रवृत्तियों तथा नयी परिस्थितियों से उपजी अनुभूतियों को व्यक्त करने में असमर्थ, छिछले लोकप्रिय मंचीय कथित गीतों के विरुद्ध इन कवियों के साथ नये गीति कवियों धर्मवीर भारती, रवीन्द्र 'भ्रमर', नरेश मेहता, ठाकुर प्रसाद सिंह, रामदरश मिश्र, उमाकान्त मालवीय, केदारनाथ सिंह, देवेन्द्र कुमार, शम्भुनाथ सिंह, वीरेन्द्र मिश्र, देवेन्द्र शर्मा, 'इन्द्र', रामावतार त्यागी, मधुर शास्त्री, रमेश रंजक इत्यादि ने संघर्ष किया। आज भी मुक्त छन्द के समानान्तर दिनेश शुक्ल, छविनाथ मिश्र, अष्टभुजा शुक्ल और संजय चतुर्वेदी जैसे कवि गीत लिख रहे हैं तो उसके पीछे गीति शिल्प की अपनी विशिष्टताएँ

तो हैं ही, इन पूर्ववर्ती प्रतिभाशाली गीतकारों का योगदान भी महत्त्व रखता है। लगभग इनके साथ-साथ हिन्दी ग़ज़ल के साथ अपनी उपस्थिति दर्ज करवाने वाले दुष्यन्त कुमार की आवाज़ आज की हिन्दी ग़ज़ल में गूँजती है।

और अन्त में...यह किताब भारतेन्दु युग से लेकर उत्तर छायावादी युग के कवियों का इतिवृत्त-संग्रह सरीखा गद्य-विनोद या कवियों के बहाने काव्येतिहास-लेखन जैसा महत्त्वाकांक्षी आलोचनात्मक उपक्रम नहीं है। यहाँ एक खास दौर के प्रमुख कवियों के कवि-कर्म का पाठकीय विश्लेषण करने की कोशिश की गयी है।

अनुक्रम

(ङ) परिशिष्ट-2 : हिन्दी कविता का पड़ोस

(क) भारतेन्दु-द्विवेदी युग (सुधारवादी युग)

(1) भारतेन्दु हरिश्चन्द्र : 9 सितम्बर 1850–6 जनवरी 1885
पहली आधुनिक आवाज़

(2) श्रीधर पाठक : 11 जनवरी 1859–1928
स्वच्छन्द आधुनिक स्वर

(3) अयोध्या सिंह उपाध्याय 'हरिऔध' : 15 अप्रैल 1865–6 मार्च 1947
खड़ी बोली की पहली महाकाव्यात्मक प्रतिभा

(4) जगन्नाथदास रत्नाकर : 1866–22 जून 1932
ब्रजभाषा-कविता की अन्तिम निष्पत्ति

(5) मैथिलीशरण गुप्त : 3 अगस्त 1886–12 दिसम्बर 1964
सांस्कृतिक कविता की आधुनिक उपस्थिति

(6) रामनरेश त्रिपाठी : 4 मार्च 1881–16 जनवरी 1962
उठो त्याग दो द्वेष

(7) गोपालशरण सिंह : 1891–1960
द्विवेदी युग का अल्पज्ञात रचनाकार

(8) सियारामशरण गुप्त : 4 सितम्बर 1895–29 मार्च 1963
अमल अनिंद्य हमारे हिन्द

भारतेन्दु हरिश्चन्द्र

(9 सितम्बर 1850–6 जनवरी 1885)

पहली आधुनिक आवाज़

आधुनिक हिन्दी साहित्य की शुरुआत भारतेन्दु से होती है। भारतेन्दु में रीतिकालीन परम्परागत सौन्दर्य बोध और समृद्ध काव्य-परम्परा से प्राप्त ब्रज-भाषा के प्रति काव्यात्मक आग्रह मिलता है। उन्होंने भाव और विचार के स्तर पर आधुनिक बोध को विकसित करने का संघर्ष किया है, लेकिन वह भाषा के धरातल पर द्वन्द्वग्रस्त दिखायी देते हैं। इसके बावजूद हम भारतेन्दु में आज़ादी के लिए छटपटाते देश से जुड़े सामाजिक-सरोकार देखते हैं। कई जगह पर भारतेन्दु अपने रीतिकालीन बोध और रूढ़ भाषा-शैली में तोड़-फोड़ करते नज़र आते हैं। उनकी रचनात्मक सक्रियता से आगे आने वाली कविता के बीज और जड़ें काव्य-लोक और समाज में दिखने लगती है। नया कठोर यथार्थ, साम्राज्यवादी ताकतों का शोषण, कुरीतियों में पिसती हुई ग़रीब अशिक्षित जनता और इन सबसे ऊपर भारतीयता की पहचान का संघर्ष इत्यादि तमाम प्रश्नों से भारतेन्दु और उनके समकालीन कवि अपनी कविताओं में जूझते हुए दिखायी देते हैं।

आधुनिक हिन्दी साहित्य के प्रस्तावक रचनाकार भारतेन्दु का जन्म वाराणसी के एक सम्पन्न अग्रवाल परिवार में हुआ। इनके पिता गिरिधर दास ब्रजभाषा में काव्य रचना करते थे हालाँकि अल्पायु में ही इन्हें माता-पिता के प्रेम से वंचित होना पड़ा और केवल 35 वर्ष की अवस्था में भारतेन्दु का भी निधन हो गया। अद्‍भुत प्रतिभा से युक्त भारतेन्दु ने हिन्दी, उर्दू और अंग्रेजी साहित्य का गहन अध्ययन किया और उत्कृष्ट साहित्य लिखकर हिन्दी साहित्य की लगभग हर विधा को समृद्ध किया। कविता के साथ-साथ आधुनिक नाटक, निबन्ध, टीका-टिप्पणी, संस्मरण, जीवनी, आलोचना आदि अधिकांश गद्य विधाओं के जन्मदाता होने का श्रेय भी भारतेन्दु को ही प्राप्त है। अपने इस महत्त्व के कारण ही वे एक

युग-प्रवर्तक रचनाकार के रूप में सामने आते हैं। भारतेन्दु का समस्त साहित्य 'भारतेन्दु ग्रन्थावली' में संग्रहीत है। उनकी रचनाएँ इस प्रकार हैं–

काव्य–'प्रेम मल्लिका', 'प्रेम सरोवर', 'प्रेमाश्रु वर्णन', 'प्रेम माधुरी', 'प्रेम तरंग', 'प्रेम-प्रलाप', 'प्रेम पचासा', 'प्रबोधनी', 'विजयवल्लरी', 'विजयिनी', 'विजयपताका', 'वर्षा विनोद', 'कृष्ण चरित', 'रास लीला', 'जैन कुतूहल', 'सतसई', 'शृंगार', 'नये ज़माने की मुकरी' तथा 'उर्दू का स्यापा' आदि।

नाटक–'सत्य हरिश्चन्द्र', 'भारत दुर्दशा', 'नीलदेवी', 'भारत जननी', 'पाखण्ड विडम्बन', 'अंधेर नगरी', 'वैदिकी हिंसा हिंसा न भवति', 'विषस्य विषमौषधम', 'सती प्रताप' तथा 'प्रेम योगिनी' आदि।

भारतेन्दु ने जीवन का जोखिम उठाते हुए पत्रकारिता की। अंग्रेजों का विरोध सहा। जहाँ उन्होंने 'सार सुधा निधि', 'कविवचन सुधा' और 'हरिश्चन्द्र मैग्जीन' जैसी पत्र-पत्रिकाओं से सामाजिक मूल्यों से युक्त पत्रकारों की कई पीढ़ियाँ तैयार की, वहीं अपने लेखन और रचनात्मक नेतृत्व के द्वारा हिन्दी को नाटक, निबन्ध और कविता के क्षेत्र में अग्रगामी रचनाकार दिये। बद्रीनारायण चौधरी 'प्रेमघन', प्रताप नारायण मिश्र, बालकृष्ण भट्‌ट, अम्बिका दत्त व्यास, राधाचरण गोस्वामी, ठाकुर जगमोहन सिंह, लाला श्रीनिवासदास जैसे बड़े लेखक भारतेन्दु-मण्डल में शामिल रचनाकार थे। ऐतिहासिक दृष्टि से हम जानते हैं कि इन रचनाकारों ने भारतेन्दु से प्रेरणा लेते हुए उन दौर के साहित्यिक और सामाजिक आन्दोलनों को प्रभावित किया। भारतेन्दु ने केवल 20 वर्ष के रचनाकाल में लगभग 175 ग्रन्थ लिखे। ऐसी विराट प्रतिभा हिन्दी ही नहीं समूचे भारतीय साहित्य में दूसरी नहीं दिखायी देती।

भारतेन्दु ने भक्तिभावना, शृंगार, राज-भक्ति और देशभक्ति इत्यादि विषय-क्षेत्र अपनी कविता के लिए चुने। उन्होंने तीखी व्यंग्य-शैली आविष्कृत करते हुए एक नयी काव्य-प्रणाली विकसित की। अपनी कविताओं, गद्य साहित्य और विशेषक्रर नाटकों में उन्होंने व्यंग्य का अत्यन्त सहज और सार्थक उपयोग किया है। धार्मिक पाखण्ड, बाल-विवाह, विधवा-विवाह, रूढ़िवादी रीति-नीति, छुआछूत, जाति-पाँति की ऊँच-नीच को लेकर उनके व्यंग्य अत्यन्त सार्थक सामाजिक भूमिका का निर्वाह करते हैं।

अभिधा की भाषा में भारतेन्दु लक्ष्यार्थ को प्रस्तावित करते हैं। 'नये ज़माने की मुकरी' रचते हुए भारतेन्दु अर्थ की ऐसी व्यंजना हासिल कर लेते हैं कि उनके व्यंग्य के कई निशाने बन जाते हैं–'सब गुरुजन को बुरा बतावै। /अपनी खिचड़ी अलग पकावै।'/उसको भीतर ठण्डापन है और बाहर 'झूठी तेजी।/क्यों सखि सज्जन

नहिं अंगरेजी।' अंग्रेजी अपने आकाओं की तरह केवल अपना मतलब निकालने वाली ऐसी कुटिल और मतलबपरस्त भाषा है जिसमें दिखाने भर की प्रखरता है।

'निजभाषा' के पैरोकार भारतेन्दु अंग्रेजी को निस्तेज और तत्त्वहीन साबित करते हैं तो आत्मा से मलिन सरकारी सेवकों की स्वार्थपरस्त कथित सेवकाई को भी उधेड़कर रख देते हैं—मतलब की ही बोलै बात।/राखै सदा काम की घात।/ डोले पहिने सुन्दर समला।/क्या सखि सज्जन नहिं सखि अमला।' कितना विसंगत यथार्थ है कि आज भी इस क्षेत्र में कोई फर्क नहीं पड़ा। इसलिए भारतेन्दु की सोच और उनके निष्कर्ष आज भी प्रांसगिक है तथा काम निकालने का रास्ता सुझाते हैं।

जनता का दमन करने वाली पुलिस की कुटिलता भारतेन्दु बेनकाब करते हैं— 'कपट कटारी जिय मैं हुलिस।/क्यों सखि सज्जन, नहिं सखि पूलिस।' भारतेन्दु को यह गहरी पीड़ा थी कि अंग्रेज बुनियादी तौर पर शोषक है। उस पर उनका व्यंग्य करुणा को उपजाता है—'भीतर भीतर सब रस चूसै।/हँसि हँसि कै तन मन धन मूसै।/ज़ाहिर बातन में अति तेज़/क्यों सखि सज्जन, नहिं अंगरेज।' अंग्रेज और अंग्रेजों की पुलिस के अलावा भारतेन्दु उस समय मध्यवर्ग को तबाह करने वाली शराबखोरी की लत को भी व्यंग्य से लतियाते हैं—'मुँह जब लागै तब नहिं छूटै।/जानि मान धन सब कुछ लूटे।/पागल करि मोहि करे खराब।/क्यों सखि सज्जन, नहीं सराब।' भारतेन्दु देशकाल के 'शिर से बिंधे' थे। अपने समय और समाज से जुड़े थे। इसलिए उसके विकारों को दूर करना चाहते थे।

'नये ज़माने की मुकरी' में भारतेन्दु तत्कालीन व्यक्ति और समूचे समाज के अन्तर्विरोधों पर व्यंग्य करते हैं। अंग्रेजी ग्रेजुएट, विद्वान, रेल, चुंगी, अमला, पुलिस, अंग्रेज, अखबार, छापाखाना, क़ानून, खिताब, जहाज़ और शराब आदि उनके व्यंग्य का निशाना बनते हैं। इन सबका सम्बन्ध व्यवस्था से है। सत्ता के द्वारा वे पोषित होते हैं। अविवेक के कारण किस प्रकार से उनकी स्थिति समाज में हास्यास्पद होकर व्यंग्य का निशाना बनती है, इसे भारतेन्दु ने सीधे-स्पष्ट शब्दों में रखा है। उदाहरण के लिए अंग्रेजी शिक्षा प्राप्त लोगों में ठोस आन्तरिक ईमानदार व्यक्तित्व और चरित्र का अभाव है, पश्चिमी शिक्षा की अविवेकपूर्ण नीति के कारण समाज में व्याप्त भ्रष्टाचार, नौकरशाही व्यवस्था द्वारा सामान्य जन का शोषण आदि ऐसे विषय हैं, जिन्हें भारतेन्दु गहराई से परखते, सहृदयता से जाँचते और बेबाकी से प्रस्तुत करते हैं।

शृंगार और भक्ति भारतेन्दु को काव्य-परम्परा से प्राप्त हुई थी। दोनों के केन्द्र में राधा-कृष्ण हैं। उन्होंने शायद पहली बार देश-भक्ति की चेतना को हिन्दी

कविता में शामिल किया। उनकी ऐसी अनेक रचनाएँ हैं जिसमें राज-भक्ति भी दिखायी देती है। इनमें महारानी विक्टोरिया के प्रति, एलबर्ट की मृत्यु, ड्यूक ऑफ एडिन्बरा के भारत-आगमन, प्रिंस ऑव वेल्स की बीमारी, सम्राट एडवर्ड सप्तकम् के भारत-आगमन, लार्ड रिपन की प्रशंसा में 'रिपनाष्टक', अंग्रेजों की मिश्र-विजय पर 'विजयिनी -विजय-पताका' आदि से सम्बद्ध रचनाएँ उल्लेखनीय हैं। यह नहीं भूलना चाहिए कि यह अंग्रेजी राज का शुरुआती चरण था। उस समय अंग्रेज गरीब भारतीय जन का लगातार शोषण करने वाले कथित राजाओं और अवांछित असामाजिक तत्वों का उन्मूलन करने के साथ-साथ भारत में विकास के लिए कार्य कर रहे थे। ऐसे में उनकी तारीफ करना स्वाभाविक ही था लेकिन धीरे-धीरे तस्वीर साफ़ होती गयी और यह दिखने लगा कि अंग्रेज बुनियादी तौर पर मुनाफाखोर व्यवसायी हैं। साम्राज्यवादी शासन और भारतीय जनता के बीच जो अन्तर्विरोधपूर्ण समीकरण था उसे भी सबसे पहले भारतेन्दु ने पहचाना—'अंग्रेज राज सुख साज सज्यौ है भारी,/पै धन विदेश चले जात यह अति ख्वारी।।/ताहू पै महँगी काल रोग विस्तारी,/दिन-दिन दूनो दुख ईस देत हा हारी।/सबसे ऊपर टिक्क्स की आफत आयी।' अंग्रेजों ने जो भी तन्त्र निर्मित किया, जिस व्यवस्था को विकसित किया; उसका केवल अपना मुनाफा कमाने के लिए और साम्राज्य बढ़ाने में इस्तेमाल किया। भारत और भारतीयों के हित उनके सरोकारों में शामिल नहीं था। अंग्रेज बुनियादी तौर पर ग़रीब जनता से बेरहमी से लगान वसूलने वाले हाकिम थे।

'भारत दुर्दशा' नाटक के आरम्भ में गीत गाते हुए एक योगी का रंगमंच पर प्रवेश कराते हुए भारतेन्दु उसके माध्यम से अपने दिल की पीड़ा व्यक्त करते हैं। इस कविता को लावनी के रूप में गाया गया है। इस कविता की मुख्य संवेदना देश प्रेम है। कविता का सम्बोधन सामूहिक है। यानी सभी भारतीयों के लिए है। कवि का सन्देश है भारतीयों को अपनी और देश की वर्तमान दुर्दशा पर चिन्ता करनी चाहिए। इसमें गौरवपूर्ण अतीत और वर्तमान भारत की जीर्ण-शीर्ण दशा और दिशा का द्वन्द्वात्मक चित्रण किया गया है। भारत के महान पुरुषों के पुरुषार्थ का वर्णन भी है। उनके कर्तव्य की दृढ़ता का उदाहरण दिये गये हैं। तत्कालीन यानी भारतेन्दुयुगीन भारत में आन्तरिक कलह, अविद्या, धार्मिक भेदभाव जैसी सामाजिक बुराईयों की गहराई से जाँच-पड़ताल की गयी है। उस समय देश महँगाई, अकाल और रोग की विभीषिका से जर्जर था। अंग्रेजों के साम्राज्यवादी औपनिवेशिक शोषण से देश बेपनाह ग़रीब हो चुका था। स्पष्ट है कि समसामयिक विषयवस्तु को भारतेन्दु ने अपनी कविता का आधार बनाया है।

भारतेन्दु पहचान रहे थे कि अंग्रेजों ने अपनी असलियत दिखानी शुरू कर

दी है। वह मेहनतकश ग़रीब भारतीय जनता का पैसा अपने देश में भेज रहे थे। भारतेन्दु ने अंग्रेजों की इसी नीयत का पर्दाफाश बार-बार किया। उन्होंने महात्मा गाँधी से भी पहले विदेशी वस्तुओं का बहिष्कार और स्वदेशी के पक्ष में आवाज़ उठाई। उन्होंने 'प्रबोधिनी' कविता में लिखा—'धन विदेस चलि जात तऊ जिय होत न चंचल।/जड़ समान ह्वै रहत अकिलहत रचत सकल कल।।/जीवत विदेस की वस्तु लै ता बिन कछु नहिं कर सकत।' भारतीय धन विदेश में जाते देख कर भी जिसका दिल दुखी नहीं होता और वह जड़ रहकर केवल अपने फायदे की सोचता है। यह एक जघन्य अपराध है। ऐसे व्यक्ति को यह प्रण करना चाहिए कि वह विदेशी वस्तुओं का सम्पूर्ण बहिष्कार करे।

भारतेन्दु ने केवल वस्तुओं को ही नहीं विदेशी भाषा, संस्कृति, आचरण, चिन्तन, इन सब की जगह निज भाषा, स्वदेशी संस्कृति, आचरण और चिन्तन का समर्थन किया। उन्होंने अपने भाषणों और कविताओं में बार-बार निज भाषा की वकालत की है—'निज भाषा उन्नति अहै सब उन्नति को मूल।/बिन निज भाषा ज्ञान के मिटत न ऊर को सूल।।' अनेक भाषाओं में निष्णात व्यक्ति भी निज भाषा में ही बेहतर चिन्तन कर सकता है—'पढ़ो-लिखो कोई लाख विधि भाषा बहुत प्रकार।/पै जब कछु सोचिहो निज भाषा अनुसार।' भारतेन्दु के यहाँ भाषा का दर्जा धर्म जितना है—'निज भाषा निज धरम निज मान, करम व्यौहार।/सबै बढ़ावहु बेगि मिल, कहत पुकार-पुकार।।' जब तक अपनी भाषा यानि हिन्दी की उन्नति नहीं होगी तो दूसरी कथित उन्नति खोखली है। अपनी भाषा के ज्ञान के बिना हृदय की पीड़ा नहीं मिटती। कोशिश करके विदेशी भाषा में कोई कितनी भी बड़ी शिक्षा ग्रहण कर ले लेकिन उसे निज-भाषा के अनुसार चिन्तन करना पड़ेगा। अपनी संस्कृति मान-सम्मान, कार्य-कला, रीति-रिवाज, व्यवहार तभी उन्नत होंगे जब निज भाषा में तरक्की होगी। भारतेन्दु की भाषा-विषयक चिन्ता और स्वदेशी-समर्थन आज के भूमण्डलीकरण से त्रस्त दौर में अधिक प्रासंगिक हो गयी है। इस डरावने समय में नयी साम्राज्यवादी ताकतें हमारी भाषा और अर्थ-शक्ति से डरकर उन पर हमला कर रही हैं लेकिन हमारे सजग साहित्यिक भारतेन्दु सरीखे शिक्षित पूर्वज हमें जो विरोध का रास्ता दिखा गये हैं उसपर चलकर ही हम अपने अस्तित्व को बचाकर, अपनी पहचान को बढ़ाकर विश्व-सिरमौर बन सकते हैं। भारतेन्दु ने अपने साहित्य के द्वारा जो कर दिखाया, उस पर उनके समय के सतर्क नेता चले तो हमें आज़ादी मिली थी। इसी रास्ते पर चलकर हमें अपनी वास्तविक आज़ादी मिलेगी। भारतेन्दु ने अपने नाटकों, कविताओं, पहेलियों, निबन्धों और समसामयिक विषयों पर की गयी टिप्पणियों

के द्वारा राष्ट्रीय चेतना का प्रसार किया और नवजागरणकालीन सामाजिक सुधारों को साहित्य में प्रस्तावित किया।

भारतेन्दु ने गलत का विरोध किया। उन्होंने अपनी व्यंग्यधर्मी-शैली के द्वारा धार्मिक-पाखण्डों, स्त्री का दमन करने वाली रीति-नीतियों, जातिगत ऊँच-नीच इन सबकी खबर ली। उन्होंने यह सब एक ऐसी जन-भाषा में सम्भव किया जिसे हम विशेषकर उनके नाटकों में देख सकते हैं।

भारतेन्दु ने ब्रजभाषा में काव्य-रचना की शुरुआत की। शृंगार और भक्ति की उनकी कविता ब्रजभाषा में ही है। जीवन के बदलते सन्दर्भों की नयी अनुभूति के लिए उन्होंने खड़ी-बोली को काव्य-भाषा बनाने की पहलकदमी की। खड़ी बोली कविता में भारतेन्दु ने लोक-शैली के छन्दों का इस्तेमाल किया है। 'भारत-दुर्दशा' कविता में उन्होंने महाराष्ट्र और मालवा में जनप्रिय लावनी छन्द को लिया है। यह आल्हा शैली की तरह का सामूहिक लोकगान है। इस शैली का प्रसार लोक नाटक की नौटंकी शैली में देखने को मिलता है। 'भारत-दुर्दशा' में उन्होंने लोक-जीवन में इस्तेमाल होने वाले शब्दों का प्रयोग किया है। लोक-जीवन के शब्दों का स्थानीय बोली के लहजे में प्रस्तुत होने से भाषा की अर्थ-क्षमता और माधुर्य बढ़ गये हैं। 'भारत दुर्दशा' की भाषा में बनारसी बोली का गहरा रंग चढ़ा हुआ है—'अंग्रेज राज सुख साज सजे सब भारी। /पै धन बिदेस चलि जात इहै अति ख्वारी।।' 'नये ज़माने की मुकरी' में भाषा की भंगिमा अद्भुत है। यहाँ हास्य, विनोद, व्यंग्य, वाग्विदग्धता और विडम्बना को एक साथ देखा जा सकता है। मुहावरे और लोकोक्तियों के प्रयोग से काव्य-भाषा में लोक-जीवन के अनुभव का साक्ष्य उपस्थित हुआ है। 'अपनी खिचड़ी अलग पकावै', 'तीन बुलाए तेरह आवै', 'कपट कटारी जिय मैं हुलिस' आदि कई मुहावरे एवं लोकोक्तियों का विषयानुकूल प्रयोग यहाँ देखने को मिलता है।

ब्रज भाषा में भारतेन्दु ने कवित्त कहे हैं और सवैया में भक्ति के पद रचे हैं। उनकी ब्रजभाषा काव्य की बहुत बड़ी एक विशेषता यह है कि वे बोलचाल की भाषा के निकट है—'नवल वन फूली द्रुम बेली।/लहलह लहकहिं महमह महकहिं मधुर सुरांधहिं रेली।।/प्रकृति नवोढ़ा सजे खरी मनु भूषन वसन वनाई।/ आंचर उड़त बात बस फहरत प्रेम भुजा लहराई।।/गूँजहिं भंवर विहंगम डोलहिं बोलहिं प्रकृति बधाई। /पुतली सी जित तित तितली गन फिरहिं सुगन्ध लुभाई।।/ लहरहिं जल लहकहिं सरोज मनु हिलहिं पातु तरु डारी।/लखिपति आगम सगरे जग मनहुं कुलाहल भारी।।' यह आधुनिक ब्रजभाषा की शब्दावली है जो खड़ी बोली का प्राणतत्त्व है।

इन काव्य-पंक्तियों में प्रकृति-बिम्ब गतिशील हैं। भौंरों का गुंजन और पक्षियों के कलरव प्रकृति के बधाई सन्देश सम्प्रेषित कर रहे हैं। भौंरे और पक्षी स्वच्छन्दतापूर्वक इधर-उधर घूम रहे हैं। यह असल में वयोचित उत्साह से भरे युवा हैं। उन पर किसी प्रकार का बन्धन नहीं है। कवि प्रकृति के चित्रण के माध्यम से बन्धनमुक्ति का सन्देश देता है। यह भाव तत्कालीन आज़ादी के संघर्ष और नवजागरण की चेतना से जुड़ जाता है। प्रकृति की स्वाधीनता और स्वच्छन्दता मानव जीवन में भी बन्धन को तोड़ने का सन्देश देती है। आँखों की पुतली-सी चंचल तितली सुगन्ध के लोभ में इधर-उधर भ्रमण कर रही है। जल की मंथर लहर में कमल का फूल ऐसा शोभित हो रहा है मानो पत्ती डाली में हिल रही है। ऐसे अनूठे जीवन की गति से सक्रिय बिम्बों के द्वारा भारतेन्दु सचेतन, सतर्क और जीवन्त जीवन का मर्म सिखाते हैं। सम्पूर्ण संसार में बसन्त के आगमन का कोलाहल है। बसन्त यौवन और विद्रोह का प्रतीक है। विद्रोह होने पर कोलाहल का होना अस्वाभाविक नहीं है। यहाँ उच्छल रोमान है। जिसका विकास परवर्ती श्रीधर पाठक और पन्त सरीखे कवियों में मिलता है।

जन साधारण में प्रचलित ब्रजभाषा के शब्दों को भारतेन्दु अपने काव्य में स्थान दिया है। इस सन्दर्भ में 'सम्हारिय', 'निरधारिए' आदि ऐसे अनेक शब्दों को देखा जा सकता है। उनकी कविता की भाषा की मुख्य ताकत और पहचान तद्भव शब्दों का प्रयोग है। संगीतात्मकता और लय नियोजन की विशिष्ट क्षमता से उन्होंने काव्य में संगीतात्मक अनुभूति पैदा की है। उनकी कविता के छन्द किसी न किसी राग में निबद्ध हैं। यह छन्द योजना अनायास है।

भारतेन्दु ने राजा शिवप्रसाद 'सितारे हिन्द' की उर्दू-शैली और राजा लक्ष्मणसिंह की संस्कृतनिष्ठ-शैली दोनों को खारिज करते हुए हिन्दी को जातीय भाषा में ढाला। विविधता उनकी भाषा में भी है। वर्ण्य-विषय, छन्द और काव्य रूपों के क्षेत्रों में भी है। व्यक्तिगत चेतना के स्तर पर जहाँ उनमें भक्ति की मार्मिकता, प्रेम का माधुर्य मिलता है, वहीं सामाजिक धरातल पर उनमें आधुनिक चेतना और प्रगतिशीलता की ओर उन्मुख एक जनकवि की मानसिकता भी मिलती है। भक्ति की यह मार्मिकता और जनकवि की प्रकृति भारतेन्दु की ब्रजभाषा के साथ-साथ खड़ी बोली की कविताओं में भी मिलती है।

कविता की भाषा और उसकी विषय-वस्तु के बारे में उनकी जागरूकता उनके युगद्रष्टा होने की सूचक है। उनकी रचनात्मक प्रतिभा का यह एक आयाम है। कविता के साथ नाटक, पत्रकारिता, ललित निबन्ध, आलोचना और इतिहास के लेखन में उन्होंने जो युगान्तर उपस्थित किया और यह सब अपने 34 वर्षों

के छोटे-से जीवनकाल में किया, उससे उनके युग-निर्माता साहित्यकार होने में कोई सन्देह नहीं रह जाता।

हिन्दी कविता की प्रगतिशील परम्परा का विश्लेषण उनकी चर्चा के बिना अधूरा रहेगा। वास्तव में, भारतेन्दु एक व्यक्ति नहीं, एक साहित्य-धारा थे। उन्हें आधुनिक चेतना की गहरी समझ थी। वह समकालीन समस्याओं की सूक्ष्म पड़ताल करते थे। तथ्यों को बारीकी से समझकर उन्हें कविता, नाटक, निबन्ध इत्यादि में ऐसे व्यक्त कर देते थे कि निरक्षर भारतीय जनता भी उसे सुनकर सजग और सावधान हो जाती थी। उन्होंने अनेक आधुनिक गद्य-विधाओं में पहली या शुरुआती रचनाएँ लिखी और समूचे मध्यकालीन परिवेश को अपने अथक रचनात्मक संघर्ष से आधुनिक बना दिया।

भारतेन्दु का स्वभाव प्रयोगशील है। 'एकता का सन्देश' रचना में भारतेन्दु सूफियों की ज़मीन में शायरी करते नज़र आते हैं। उनके अनुसार द्वैत की स्थिति घातक है। अद्वैत को साधने से सारे झगड़े दूर होते हैं—'दुश्मन को दोस्त को एक नज़र से देखे,/मैख़ाना मसजिद मन्दिर एकी समझे।/दो की गिनती भूले न जबाँ पर लावे,/अपने को खोये तब अपने को पावे।' मैखाने में मस्जिद-मन्दिर की समता देखने का भाव बाद में चलकर उत्तर छायावादी कवि बच्चन की 'मधुशाला' में भी मिलता है। भारतेन्दु के यहाँ हिन्दू-मुस्लिम की एकता के साथ-साथ जीव और ईश्वर में अभेद की संवेदना भी रेखांकित की जा सकती है। जब आत्मा-परमात्मा में भेद नहीं है तो सारे सांप्रदायिक भेदभाव अर्थहीन हैं क्योंकि सभी उस परम तत्त्व के अंशमात्र हैं।

भारतेन्दु ने 'रसा' उपनाम से उर्दू की तर्ज़ पर शायरी भी की है। यह रचना उसी अंदाज की है। इसमें सन्तों के यहाँ पाया जाने वाला भाव; अहम का विगलन और प्रेम की महिमा सर्वस्व-समर्पण मौजूद है। इसमें सूफीयाना रंगत भी उभरती है—'दिलबर इश्क़ में दिल को एक मिलावे,/अपने को खोये तब अपने को पावे।/दिलबर को एक करके अपने में साने,/इस दुनिया को इस अजब तमाशा जाने।/मैं क्या हूँ, इसको जी देकर पहिचाने,/अपने का अपना सिरजनहारा माने।' आत्मा और परमात्मा में जब कोई द्वैत नहीं रहता तब परमानन्द का अनुभव होता है। इसी सिलसिले में मोक्ष की अनुभूति होती है। यह मुश्किल साधना है। खुद को मिटाकर ही आत्म से मिलना है। दुनिया के तमाशे यानी माया को मिटाकर ही आत्म से मिलना होता है। जीव जब दुनिया के तमाशे यानी माया को समझ लेता है और पहचान लेता है कि वह क्या है? —तब उसके सामने स्पष्ट हो जाता है कि जगत मिथ्या है। जगत-प्रपंच समझाकर उसके पर्दों को हटाकर ही समझ में आता है कि आत्मा और परमात्मा में अभेद की स्थिति है।

भारतेन्दु देश-दशा से परिचित कवि हैं। भारतेन्दु ने 'अकाल' में आल्हा शैली के लोकगीत की धुन पर संवत् 1953 में पड़े भयंकर अकाल की विभीषिका का वर्णन किया है—'संवत् उनइस सौ तिरपन माँ पड़ हिन्द में महा आकाल,/घर घर फाके होने लागे, दर दर प्रानी फिरैं बेहाल।/गेहूँ चावल सावाँ मकरा, सबै अन्न इक भाव बिकाय,/बिना पैसा सब छाती पीटैं, अब तो हाय रहा नहिं जाय।/कोई पात पेड़न के चाबै, कोई माटी कोई घास चबाय,/कोई बेटबा बिटिया बेचैं, अब तो भूख सही नहिं जाय।/बहुत लोग जो अन्न देत हैं, राम निहोरे करैं सवाब,/बहुत लोग देते हैं फाँसी अरु मलिका से चहैं ख़िताब।' भूख से त्रस्त लोग पेड़ों के पत्ते, मिट्टी या घास खाकर पेट भर रहे है। लोग गले में फंदा लगाकर आत्मघात भर रहे हैं। बेहाली का आलम यह है कि उन्हें अपनी सन्तान बेचनी पड़ रही है। ऐसे में ईश्वर ही मालिक है फिर भी कुछ लोग रानी विक्टोरिया से इन दुर्दिनों में भी खिताब पाने की उम्मीद कर रहे हैं। भारतेन्दु इस भीषण सच को उजागर करते हैं कि लोगों के शवों पर चढ़कर, उनकी दुर्दशा से विचलित हुए बिना चालाक लोग पद और पैसा पाने के रास्ते ढूँढ़ लेते हैं।

औपनिवेशिक शक्तियों का कहर तब और ज़्यादा घातक हो गया जब वर्ण-व्यवस्था और जाति में बँटे देशवासियों ने राजपाट के साथ-साथ सही-गलत का ज्ञान और चिन्तन-शक्ति भी खो दी। भारतेन्दु की कविता बताती है किस तरह आलस्य और कायरता का साम्राज्य चारों ओर दिखायी पड़ रहा है। मूर्खता, दुश्मनी और आपसी फूट में देश डूबा हुआ है। देशवासी कोई कौशल नहीं सीखते सिर्फ उदरपूर्ति में लगे रहते हैं। सारा धन विदेश जा रहा है। किसी को कोई चिन्ता नहीं होती है। इस व्यथा-कथा के अलावा भारतेन्दु हरिश्चन्द्र ने अपने मुकरियों में लार्ड रिपन के द्वारा किये गये कार्यों की सराहना और साथ ही अंग्रेज और अंग्रेजी भाषा की दुरुहता का चित्रण भी किया है।

अपनी 'कविता' शीर्षक रचना में भारतेन्दु ने देश की तत्कालीन दशा का मार्मिक चित्रण किया है। भारतेन्दु भारतीय नवजागरण के अग्रदूत थे। भारत में उपनिवेशवाद का जो स्वरूप था उसका रूप उनकी रचनाओं में मिलता है। डॉ. शम्भुनाथ ने 'भारतेन्दु और भारतीय नवजागरण' लिखा है—'भारतेन्दु हरिश्चन्द्र ने अपने समय की औपनिवेशिक स्थिति को पूरी तरह जीकर लिखा है।' भीतर ही भीतर रस चूसने वाले, रक्त-शोषक साम्राज्यवादी ताकतों ने देश को जिस दुर्दशा तक पहुँचा दिया था; उसका सत्य-कथन भारतेन्दु अपने साहित्य में लगातार करते रहे।

भारत के युवकों में बेरोज़गारी व्याप्त थी। उसका चित्रण भारतेन्दु ने किया है। नौकरी के लिए तीन बुलाने पर तेरह लोग आते हैं। अपनी निजी दुख को बताते हैं—'तीन बुलाए तेरह आवैं,/निज निज विपता रोई सुनावैं।/आँखौ फूटे

भरा न पेट, /क्यों सखि! साजन? नहिं ग्रेजुएट।' उस समय कितनी अनिश्चितता थी! शिक्षित युवकों की हालत का अंदाजा इन पंक्तियों से लगाया जा सकता है। अंग्रेजी भाषा से युवक डरते थे। युवकों का कृषि के काम में मन नहीं लगता था। नौकरी का अभाव था। विधवा स्त्रियों की दुर्दशा और अंग्रेजों द्वारा धन विदेश ले जाने का यथार्थ चित्रण भारतेन्दु ने किया है। अंग्रेजी नहीं; अंग्रेजी भाषा भी भारतीयों की तरक्की में बाधक है। इस का विवरण भारतेन्दु अपनी मुकरी में देते हैं। विराट अंग्रेजी साम्राज्य में सबसे कमजोर और स्त्री वर्ग की दुर्दशा पर भारतेन्दु की नज़र थी। ईश्वरचन्द्र विद्यासागर द्वारा विधवाओं के लिए किये गये कार्यों का वर्णन भी भारतेन्दु ने अपनी कविता में किया है। भारतेन्दु ने उन्हें दयानिधान कहकर सम्बोधित किया है। भारत में यातायात व्यवस्था ठीक करने पर अंग्रेजों को सराहा है। रेल व्यवस्था की सुगमता को भी चित्रित किया है कि रेल दूर से ही सीटी देकर बुलाती है। भारत में ली जानेवाली चुंगी पर भारतेन्दु ने चुटकी ली है। अंग्रेजों का प्रशासन अपने मतलब के लिए कार्य करता था। रिश्वत लेकर कार्य होते थे। भारतेन्दु के व्यंग्य में अंग्रेजी पुलिस व्यवस्था का असली रूप दिखता है—'रूप दिखावट सरबस लूटै,/फंदे में जो पड़ै न छूटै।' आज भी स्थिति कहाँ बदली है? शायद इसीलिए भारतेन्दु आज अधिक प्रासंगिक हैं। भारतेन्दु ने अंग्रेजी राज में चुंगी, लगान, पुलिस की लूट का यथार्थ चित्रण किया है। अंग्रेज लोग भीतर ही भीतर हमारा सारा कुछ चूस रहे हैं। बात हँसकर करते हैं। वे केवल बातों के तेज हैं। हमें अपनी बातों से बहका देते हैं। ये अंग्रेज ख़ून-चूसने वाले पराये लोग हैं—अंग्रेजों ने तरह-तरह के खिताबों में भारतीयों को नवाजकर अपना पिट्ठू बना लिया है। एक वर्ग मदिरापान में डूबा हुआ है। इस प्रकार की तमाम बुराइयों पर भारतेन्दु ने लिखा है।

भारतेन्दु ने विरोध के लिए विरोध नहीं किया बल्कि उन्होंने ग़ज़ब का सन्तुलन साधा है। भारतेन्दु ने अंग्रेजों द्वारा किये गये सही कार्यों की भी निरन्तर प्रशंसा की है। अखबार, छापाखाना, टेलीग्राम, क़ानून-व्यवस्था जैसे उन्नत कार्यों की प्रशंसा की है। भारतेन्दु ने 'घर बैठे जोरे तार' कह कर अंग्रेजों की वैज्ञानिक सजगता की सराहना की है। यातायात के लिए रेल-व्यवस्था, क़ानून-व्यवस्था, जहाज के द्वारा भ्रमण, अखबारों द्वारा जनता की जागृति को रेखांकित किया है।

भारतेन्दु की कविता की भाषा सरल है। लेकिन निहितार्थ सम्प्रेषित करती है। भारतेन्दु ने देश की दशा पर पीड़ा, देशवासियों की दुर्गति पर क्षोभ, देशवासियों की पराधीनता और आर्थिक शोषण से मुक्ति की आकांक्षा को हमेशा ध्यान में रखा है। भारतेन्दु की कविता उनके समकाल और समाज के यथार्थ को उजागर करती है।

श्रीधर पाठक

(11 जनवरी 1859–1928)

स्वच्छन्द आधुनिक स्वर

श्रीधर पाठक द्विवेदी युग के ऐसे कवि हैं, जिन्होंने स्वछन्दतावादी चिन्तन और सामान्य-जनसमाज का प्रवेश हिन्दी कविता में कराया। छायावादी कवियों ने प्रकृति को आलम्बन रूप में चित्रित करने का श्रेय ज़रूर लिया लेकिन स्वछन्द प्रकृति में प्रेम की मुक्तावस्था का पहला काव्य-प्रारूप श्रीधर पाठक ने प्रस्तुत किया। कई आलोचक जयशंकर प्रसाद के 'प्रेम पथिक,' रामनरेश त्रिपाठी के 'मिलन' और पन्त की 'ग्रन्थि' इत्यादि महत्त्वपूर्ण रचनाओं पर गोल्ड स्मिथ की रचना का श्रीधर पाठक द्वारा किये गये उत्कृष्ट अनुवाद 'एकांतवासी योगी' का असर मानते हैं।

श्रीधर पाठक का जन्म आगरा में 11 जनवरी 1859 को हुआ था। वे पढ़े-लिखे व्यक्ति थे। इसलिए कई महत्त्वपूर्ण सरकारी पदों पर उन्होंने कार्य किया। इस कवि को पहाड़ों की नैर्सगिक सुन्दरता हमेशा अपनी ओर बुलाती रही। यही कारण या कि उन्होंने पहली बार प्रकृति के सौन्दर्य को एक स्वतन्त्र काव्य-विषय के रूप में प्रस्तावित किया। श्रीधर पाठक ने काव्य-सृजन की शुरुआत ब्रजभाषा से की और बाद में खड़ी बोली में वे काव्य रचना करने लगे। प्रकृति के अद्‌भुत कवि पन्त की काव्य-भाषा और विषय वस्तु पर श्रीधर पाठक का गहरा असर है। इनके महत्त्वपूर्ण ग्रन्थ हैं–'भारत गीत', 'मनोविनोद', 'कश्मीर सुषमा' इत्यादि।

श्रीधर पाठक ने प्रकृति को इन्सानी रूप में चित्रित करने का हुनर दिखाया है। उनकी 'कश्मीर सुषमा' रचना में प्रकृति एक सुन्दर स्त्री की तरह शृंगार करती है। वहाँ कवि ने उसे आत्ममुग्धा स्त्री के रूप में चित्रित किया है–प्रकृति यहाँ एकान्त में बैठी, निज रूप संवारती, ललकती, किलकती, पुलकती, निरखती, थिरकती, बनी-ठनी अनेक छवियों में उभरती है। यहाँ कवि एक ही पंक्ति में अनेक इन्सानी चेष्टाओं को व्यक्त करने में सफल रहा है।

प्रकृति को श्रीधर पाठक ने भीषण रूप भी चित्रित किया है। विशेषकर गरमी के भयंकर चित्र उनके यहाँ हैं। उसकी जला देने वाली लपटों से छुटकारा पाने के लिए कवि जो प्रार्थना करता है; वह जन-भावना का प्रस्तुतीकरण है। कुएँ सूख गये हैं, हरे-भरे पेड़ झड़ गये हैं। ऐसे में हे बादल! अब भी हमारी विपत्ति को नही देखोगे। सूखी हुई धरती पर ऐसो बरसों कि पपीहा प्यास बुझाकर गाने लगे और किसान कृत-कृत हो जाय—"कहू-कहू कूपहु सूखे,/हरे-हरे झुरी गये रूख,/एक तुम्हे भय रूखे,/हे धन! अबहु न चितबहु।,/करी कृत-कृत किसानन,/ पपीहन प्यास बुझाओ,/संवद सर सरसाऊहो।" यहाँ पर कवि ने प्रकृति के जो बिम्ब दिये हैं, वह लोक जीवन की भाव-भूमि पर खड़े हैं। प्रकृति के विनाशक रूप के चित्र भी श्रीधर पाठक के यहाँ हैं। लेकिन वह कम हैं। वह कवि की यथार्थ पर पकड़ को सूचित करते हैं। आधुनिक कवियों ने प्रकृति के शीतल और मादक बिम्ब काफी रचे हैं लेकिन ग्रीष्म के मादक दृश्य श्रीधर पाठक की कविता में ही धधकते हैं।

श्रीधर पाठक ने नवरहस्यवादी रचनाएँ भी की हैं। उन रचनाओं ने निराला, पन्त और महादेवी सरीखे कवियों की मानसिक बनावट विकसित की है। प्रकृति के प्रति रहस्य का भाव और उसे अदृश्य ताकत के रूप में परिकल्पित करना एक नयी काव्य-कल्पना है—"कहीं पर स्वर्गीय कोई बाला,/सुमंजु वीणा बजा रही है,/ सुरों के संगीत की सी,/कैसी सुरीली गुंजार आ रही है,/समस्त ब्रह्माण्ड भर को मानों,/दो उंगलियों पर नचा रही है।" दिव्यलोक की वह बालिका पन्त-प्रसाद को भी बुलाती है। यह भाव छायावाद में कई प्रकार से कई कवियों ने व्यक्त किया है।

श्रीधर पाठक का समय साम्राज्यवादी गुलामी का काल था। उस व्यवस्था में नौकरी करने के बावजूद श्रीधर पाठक ने अनेक देशगान लिखे। जिनमें देश के प्रति प्रेम के कई चित्र हैं। उनकी 'हिन्दी वन्दना' जैसी काव्य रचना अत्यन्त चर्चित रही। 'भारत गीत' में उन्होंने ऐसे गीत संकलित किये जिनमें आज़ादी को मनुष्य का बुनियादी अधिकार बाताया गया है। देश से प्रेम करने वाले व्यक्ति का चरित्र सबसे ऊँचा होता है और विदेशी दास्तां को स्वीकार करने वाले घृणा के पात्र होते हैं। उन्होंने एक ऐसा देशगान लिखा जिसने नवयुवकों में देश के लिए मर मिटने का भाव-संचरित किया—"जय नगर ग्राम अभिराम हिन्द,/जयती सुखधाम हिन्द,/जयती हिमालय शिखर हिन्द,/जय शैलसुता सरसरी हिन्द,/जय जयती प्राचीन हिन्द।"हिमालय की जयकार करने वाला यह कवि हिमालय के सौन्दर्य पर रीझता रहा। उन्होंने हिमालय के कई अनूठे और यादगार बिम्ब दिये हैं। श्रीधर पाठक को कभी हिमालय घोड़े के खुर की छाप, अवधूत के कमण्डल

जैसा, सहस्रदल कमल समान निसर्ग की रंगशाला, श्रीशोभा का मण्डल और कभी थाली, पिटारी, थैली, सन्दूक जैसा भी दिखायी देता है। शब्दों में व्यक्त इन बिम्बों में कैमरे से खींचे गये चित्रों जैसी अचूक सफाई या स्पष्टता है। इन सब बिम्बों में कवि की कल्पना-शक्ति, उसका सूक्ष्म सौन्दर्यबोध और वर्णन की उत्कृष्ट प्रणाली झलकती है। इस कवि ने खड़ीबोली हिन्दी को कविता लिखने लायक सम्पन्न बनाया और संस्कृत, ब्रजभाषा और बुंदेली के बीच से शुरुआती खड़ी बोली तैयार की; इसके लिए छायावादी और परवर्ती कवि श्रीधर पाठक के अहसानमंद हैं।

अयोध्यासिंह उपाध्याय 'हरिऔध'

(15 अप्रैल 1865–6 मार्च 1947)

खड़ी बोली की पहली महाकाव्यात्मक प्रतिभा

आधुनिक काल की शुरुआत में भाषा और भाव की दृष्टि से युगान्तर लाने वाले रचनाकारों में 'हरिऔध' का बड़ा महत्त्वपूर्ण काम है। जब हम देखते हैं कि भारतेन्दु युग में भारतेन्दु समेत सभी कवि और छायावादी दौर में भी जयशंकर प्रसाद जैसे बड़े कवि खड़ी बोली में काव्य रचना करने से संकोच कर रहे थे, छायावाद से पहले ही 'हरिऔध' ने खड़ी बोली में कविता ही नहीं लिखी; उस नयी बनती हुई काव्य भाषा को इतना लचीला और अर्थ-सम्पन्न बना दिया कि आने वाले कवियों की राह आसान हो गयी। एक प्रकार से उन्होंने कविता के जनपथ का निर्माण किया।

अयोध्या सिंह उपाध्याय 'हरिऔध' का जन्म सन 1865 में आजमगढ़ में हुआ। इन्होंने कई सरकारी नौकरियाँ करने के बाद विश्वविद्यालय में हिन्दी भाषा और साहित्य का अध्यापन और साहित्य की अनेक विधाओं में उत्कृष्ट कार्य किया हैं। अयोध्या सिंह उपाध्याय 'हरिऔध' ने लगभग 50 ग्रन्थ लिखे। उनके प्रमुख काव्य ग्रन्थ हैं–'प्रियप्रवास' (1914), 'रस कलश' (1931), 'वैदेही वनवास' (1941)। 6 मार्च को 1947 को उनकी मृत्यु हुई और अन्तिम समय तक वह साहित्य सृजन करते रहे।

अयोध्या सिंह उपाध्याय 'हरिऔध' ने उच्च शिक्षा प्राप्त की थी। हिन्दी के अलावा संस्कृत, उर्दू, फारसी, गुरुमुखी और बांग्ला का ज्ञान उन्होंने स्वाध्याय से अर्जित किया। इन भाषाओं पर इनकी पकड़ का प्रमाण उनके द्वारा किये गये अनुवाद हैं। जिनमें 'मर्चेन्ट ऑफ वैनिश' (अंग्रेजी), 'गुलज़ार दविस्ता' (फारसी), 'कृष्णकांतेर विल' (बांग्ला) से किये गये हिन्दी अनुवाद हैं। 'हरिऔध' ने 1882 ब्रजभाषा में लिखित 'कृष्ण शतक' से कवि-जीवन की शुरुआत की लेकिन जल्द

ही देशकाल की रचनात्मक ज़रूरतों को अनुभव कर खड़ी बोली महाकाव्य परम्परा में पहला महाकाव्य 'प्रिय प्रवास' लिखकर 'हरिऔध' ने साहित्य परिदृश्य में हलचल मचा दी। बहुत देरी से इन्हें 1936 में इस रचना के लिए मंगला प्रसाद पारितोषिक मिला।

'हरिऔध' ने 'प्रिय प्रवास' के माध्यम से हिन्दी कविता की दुनिया बदलकर रख दी। नवजागरणकालीन सामाजिक सुधारवादी विचार दृष्टि अपनाते हुए कृष्णभक्ति-विषयक काव्य-परम्परा में क्रान्ति उपस्थित की। इस महाकाव्य का केन्द्रीय चरित्र कृष्ण नहीं हैं बल्कि राधा हैं। कृष्ण कंस के बुलाने पर अक्रूर के साथ मथुरा चले जाते हैं और लौटकर नहीं आते। उनके मथुरा-प्रवास में दूसरे ब्रज वासियों की तरह राधा विरह व्यथित होकर आँसू नहीं बहाती बल्कि सताये हुए निर्बल लोगों की सेवा करती है। यह पूर्व प्रचलित विषयों में एक ऐसा विपर्यय था जिससे आगे आने वाले कवियों को नयी दृष्टि मिली। इससे पहले कृष्ण सुकुमार, सुदर्शन, सर्व कला-निपुण, सहृदय नायक के रूप में चित्रित किये जाते रहे। यहाँ भी यशोदा, नन्द, गोप-गोपियों और आभीरजन कृष्ण को इन्हीं रूपों में याद करते हैं। लेकिन राधा का चरित्र युगीन आवश्यकताओं के तहत एक नये रूप में आता है। वह पीड़ित है लेकिन शिष्टता को नहीं छोड़ती। प्रेम वंचित है लेकिन दूसरों को स्नेह देती है। निजी प्रेम और लोक-प्रेम के तनावों के बीच उसका जीवन अपने अर्थ पाता है।

द्विवेदीयुग में लिखा गया 'प्रियप्रवास' एक ऐसा महाकाव्य है जिसका आधार मिथकीय है। लेकिन वस्तुवर्णन एकदम आधुनिक है। कवि ने 10 सर्गो में इसकी कथा प्रस्तावित की है। विशेष बात यह है कि इसे पढ़ने में आख्यान जैसा आनन्द मिलता है। 'हरिऔध' के अनुसार यह भिन्न-तुकान्त कविता का महाकाव्य है। उन्होंने कालिदास से प्रेरित होकर पवनदूत की कल्पना की है। कालिदास के यहाँ यह कार्य मेघ करते हैं। इस सिलसिले में कवि ने ऐसा अद्भुत बिम्ब विधान अर्जित किया है कि काव्य-प्रसंग आँखों के सामने घटित होते दिखायी देते हैं–'लाके फूल कमलदल-/ थोड़ा-थोड़ा विपुल जल में,/यों देना है भगिनी,/ आँखों हो विरह-विधुरा/मेरा होना अति मलिनऔं, सूखते नितय जान।' स्पष्ट है कि श्रृंगार और करूण का शान्त रस के साथ कवि ने चित्रण कि या है। उन्होंने संस्कृत के वर्णवृत्तों में मालिनी, मन्दाक्रान्ता, वंशस्थ, वसन्ततिलका, द्रुतविलम्बित, शार्दूलविक्रीड़ित तथा शिखरिणी इत्यादि सात छन्दों में इसे नियोजित किया है। 'हरिऔध' ने 'प्रिय प्रवास' में प्रेम-वर्णन की ऐसी शैली विकसित की है जिससे वात्सल्य, आदर, भक्ति और सहजीवन जैसे भाव और वृत्तियाँ उभरती हैं। कवि

ने कुछ ऐसे प्रश्न उठाये हैं जो इतने आधुनिक हैं कि प्राचीनता को तोड़ देते हैं, जैसे कवि यह सवाल करता है कि ईश्वर ने प्रेम में बिछड़ना ही लिखा था तो उसने मनुष्य की स्मृतियों को क्यों रचा?

अयोध्यासिंह उपाध्याय 'हरिऔध' ने अपने दूसरे प्रबन्धकाव्य 'वैदेही वनवास' में भी नये विषय नयी शैली में व्यक्त किये हैं। यहाँ प्रेम-कथा के अभिनव प्रारूप मिलते हैं। सत्रह सर्गों में बँटे इस प्रबन्ध में ऐसे ही नये पहलू मौजूद हैं—यहाँ राम द्वारा सीता के त्यागने की कहानी कही गयी है। यहाँ भी पुरुषों के वर्चस्व वाली दुनिया में स्त्री-जीवन की विवशता चित्रित की गयी है। 'हरिऔध' ने परम्परित नायिका भेद की परिपाटी को तोड़ते हुए 'रस कलश' नामक एक नया रीतिग्रन्थ बनाया है। यह ब्रजभाषा में लिखा गया है। भाषा सम्बन्धी प्रयोगशीलता दिखाते हुए इस कवि ने उर्दू शैली में 'बोलचाल', 'चुभते चौपदे' और 'चौखे-चौपदे' जैसे काव्य-ग्रन्थ लिखे हैं।

आधुनिक हिन्दी कविता के शुरुआती नागरिकों में प्रमुख 'हरिऔध' ने अपनी कविताओं में लोक-संग्रह की भावना, राष्ट्र का गौरव गान और विश्वव्यापी सहअस्तित्व जैसी मनोभावनाएँ व्यक्त की हैं। 'प्रियप्रवास' जैसी रचनाओं को उस समय लिखना एक रचनात्मक चुनौती थी। वह आधुनिक हिन्दी की महाकाव्यात्मक क्लासिक परम्परा का ग्रन्थ है।

जगन्नाथदास रत्नाकर

(1866–22 जून 1932)

ब्रजभाषा-कविता की अन्तिम निष्पत्ति

आधुनिक युग के आगमन के साथ ही रीतिकालीन विषयवस्तु की जगह आधुनिक भावबोध ने ले ली और धीरे-धीरे काव्य भाषा के रूप में ब्रजभाषा की विदाई होने लगी। लेकिन ब्रजभाषा की महान साहित्यिक परम्परा इतनी सुदृढ थी कि अनेक महत्त्वपूर्ण कवि उसके मोहपाश में बँधे रहे। यहाँ तक कि छायावादी दौर में भी प्रसाद सरीखे बड़े कवियों को ब्रजभाषा अपनी गिरफ़्त में जकड़े रही। ऐसे परिदृश्य में भारतेन्दु और द्विवेदी युग की सन्धिभूमि खड़े में रत्नाकर की उपस्थिति इस मायने में अलग है कि वह जिद के साथ ब्रजभाषा में ही काव्य रचना करते रहे। रत्नाकर के पुरखे हरियाणा से जाकर बनारस में बस गये थे। रत्नाकर का जन्म 1866 में वाराणसी में हुआ और 22 जून 1932 को हरिद्वार में उनका देहान्त हो गया। रत्नाकर का पारिवारिक सम्बन्ध भारतेन्दु से भी था। उन्होंने कई उपनामों से उर्दू में ग़ज़लें लिखी और बाद में रत्नाकर के नाम से ब्रजभाषा काव्य-क्षेत्र में आ गये।

जगन्नाथदास रत्नाकर का जन्म काशी के एक वैश्य परिवार में हुआ। बचपन से ही बड़े तीव्र बुद्धि सम्पन्न रत्नाकर के बारे में भारतेन्दु ने कहा था कि, "यह लड़का होनहार होगा।" वह कथन सच हुआ और रत्नाकर ने ब्रजभाषा काव्य के समाप्त होते दौर में ब्रजभाषा काव्य में नयी साँसों का संचार किया। आती हुई नयी कविता-भाषा खड़ी बोली की बजाय पूर्ववर्ती काव्य-भाषा में रचना करने की ऐसी रचनात्मक जिद विरल है। संवत 1949 में रत्नाकर ने बी.ए. पास करने के बाद अवागढ़ और अयोध्या राज्यों में नौकरी की। उन्होंने सं 1946 से ब्रजभाषा में लिखना प्रारम्भ कर दिया था। फारसी और संस्कृत के ज्ञाता, प्राचीन साहित्य के मर्मज्ञ, विद्वान तथा उच्चकोटि के कवि रत्नाकर को 'गंगावतरण' पर

हिन्दुस्तानी अकेडमी प्रयाग ने पुरस्कार दिया। सन् 1988 में रत्नाकर कलकत्ता के हिन्दी साहित्य सम्मेलन के सभापति हुए।

रत्नाकर ने शृंगार और वीर दोनों रसों में रचनाएँ की हैं। उन्होंने अंग्रेजी कवि पोप के 'एस्से ऑन क्रिटिसिज़्म' का रोला छन्दों में 'समालोचनादर्श' नाम से अनुवाद किया है। रत्नाकर के काव्य ग्रन्थों में 'हिंडोला', 'हरिश्चन्द्र', 'उद्धवशतक', 'गंगावतरण','कलकाशी', 'शृंगार लहरी', 'गंगाविष्णुलहरी', 'रत्नाष्टक', 'वीराष्टक', तथा फुटकर रचनाएँ हैं। उनके सम्पादित ग्रन्थों में 'हम्मीर हठ', 'हित तरंगिणी', 'कंठाभरण', 'बिहारी रत्नाकर', 'घनाक्षरी', 'नियम-रत्नाकर' और 'सूरसागर' प्रसिद्ध हैं। इसके अतिरिक्त रत्नाकर ने 'साहित्य-सुधा-निधि' मासिक का भी सम्पादन किया था।

रत्नाकर बेतरतीब घटनाओं को तरतीब देकर, सलीके से शब्दबद्ध करने में दक्ष कवि हैं। चार सर्गो में उन्होंने अपने प्रबन्ध-काव्य 'हरिश्चन्द्र' में अपनी यह दक्षता प्रदर्शित की है। विशेषकर श्मशान-वर्णन का दृश्य पढ़कर पाठक ठिठक जाता है। कथाक्रम और प्रस्तुति की दृष्टि से उनका यह प्रबन्ध-काव्य सर्वाधिक व्यवस्थित है। 'हिंडोला' में ब्रज की मनोरम छटा और साज-सज्जा के साथ राधाकृष्ण के भूला झूलने के बड़े रम्य वर्णन हैं।

अपने महत्त्वाकांक्षी प्रबन्ध 'गंगावतरण'(1923) में रत्नाकर ने पृथ्वी पर गंगा के अवतरण की कथा कविता में कही है। यह रचना भरतमुनि की इस स्थापना–'शब्दस्य काव्यम्' को साबित करती है और इससे यह अवधारणा सिद्ध होती है कि कविता कहानी कहने के लिए बनी है। तेरह सर्गों में बँटे इस प्रबन्ध काव्य में कवि ने गंगा की स्तुति से लेकर सरस्वती वन्दना, गणेश वन्दना इत्यादि प्राचीन काव्य रूढ़ियाँ प्रस्तुत करते हुए, गंगा के प्रवाह का अत्यन्त ओजस्वी वर्णन किया गया है। विशेषकर विधाता के कमण्डल से ब्रह्मद्रव्य के गिरने का भव्य वर्णन करते हुए कवि लिखता है कि गंगा के वेग का अति घनघोर शब्द तीनों लोकों में गूँज रहा है। ऐसा लगता है जैसे सारे महामेघ मिलकर एक साथ गरज रहे हो–"निकसी कमण्डल/धाई धार अपार वेग सों,/भयों घोर अति शब्द।" इस बिम्ब में ब्रजभाषा की रवानगी देखते ही बनती है।

'गंगावतरण' में गंगा के स्वर्ग से उतरने और शिव के उन्हें सिर पर सँभालने के लिए तत्पर होने का ओजस्वी वर्णन है। सगर-पुत्रों का पाताल-प्रवेश आदि पौराणिक घटनाओं का इसमें सजीव अंकन किया है। इसका प्रकृति वर्णन बड़ा ही प्रभावपूर्ण, शुद्ध और स्वाभाविक है। रत्नाकर की उत्प्रेक्षाएँ साकार दृश्य उपस्थित कर देती हैं। गंगा के भीषण वेग की तीव्रता को जटाओं में समा लेने

वाले शिव की छवि दिव्य है—'बर बाहँनि करि फेरि चाँप चटकाई अंगुरिन।/ बक्छस्थल उमगाइ ग्रीव उचकाइ चाय भिनि।।' रत्नाकर स्थिर चित्रों की बजाय, चित्र में जीवन की गति भर देते है—'जुगल कध बलसँध हुमकि हुमसाइ उचाए।/ दोउ भुजदण्ड उदण्ड तोलि ताने तनकाए।।/ कर जमाय करिहाय नैन नभ ओर जगाए।/गंगागम की बाट लगे हरजोहनषाए।' गंगा के आगमन का इन्तज़ार करते शिव की छवि मानवीय सन्दर्भों में बदलकर दिव्य बन जाती है।

गंगा का धरा पर अवतरण और प्रवाह कोई मामूली घटना नहीं हैं। सुरसरि की धमक से त्रिभुवन भयभीत हो गया—"दहलि दसौं दिग-पग विकल-चित इत उत धावत" दसों दिशाओं के पग दहल गये थे; और—"दिग्गज दिग्दन्तनि दबोनि दधि भभरि भगावत" दिग्गज भाग रहे तथा संत्रस्त थे; स्वयं गंगा ने यह गर्वोक्ति की थी—"गंगा कह्यों उरमरि उमंग तौ गंग सहौं मैं।/ निज तरंगबल जौ हर-गिरि हर-संग महि मैं।।/ लै स-बेग बिक्रम पतांलपुर तुरत सिधाऊँ।।/ ब्रह्मलोक कौं बहुरि पलटि कंदुर इव आऊँ।।/' ऐसी प्रबल वेग गंगा जब शिव के द्वारा जटा में रमा ली गयी, और उससे केवल एक धार ही छोड़ी गयी, तब गंगा की जो अनिर्वचनीय आनन्ददायी छटा हुई उसकी कल्पना भी "दुखदारिद्र-द्रुम दरित विदारित कलुष करारे" तथा सभी सुखों का संचार करने लगी। गंगा की गति की सुखद विभिन्नता का जीवन्त बिम्ब देखिए—'कबहुँ सघन बन पैठि परम स्वच्छन्द कलोलति।/कहुँ धावति कहुँ चलति चाल कहुँ डगमग डोलति।।/कहुँ दै थपकि थपेड़ पेड़ कै पेड़ ढहावति।/कहुँ उत्तंग-तरंग संग तट विटप बहावति।।' गंगा के दर्शन से प्रकृति में स्थायी बसन्त आ गया, प्राणियों में नवजीवन का राग भर गया। विश्व में सुखद रव गूँजने लगा—'नाचत मंजुल मोर भौंर साजत सारंगी।/ करति कोकिला गान तान तानति बहुँरंगी।।/स्यामा सीटी देति चटक चुटकी चुटकावत।/धूम झूमि झुकि कलकपोत तबला गुटकावत।।' तब जीवनदायिनी गंगा के उपकारों के कारण इतनी श्रद्धा उत्पन्न हो गयी कि—'भृगमद चंदन बन्दनादि कोउ चायनिचरचति।/दधि अच्छन तंबूल फूल फल कोउ लै अरचति।।/चित्रित होति बिचित्र भाँति जल-पाँति सुहाई।/ महि बेनी पर मनहुँ चाह चुनरि छवि छाई।।' 'गंगावतरण' का साहित्यिक एवं साँस्कृतिक महत्त्व है।

रत्नाकर की ख्याति का आधार स्तम्भ गोपी-उद्धव संवाद पर आधारित प्रबन्ध काव्य 'उद्धव शतक' (1929) है। यह ब्रजभाषा की क्लैसिक परम्परा का अन्तिम प्रबन्ध-काव्य है। रत्नाकर से पहले सूरदास और नन्ददास ने अपने भ्रमरगीत काव्य प्रसंगों में यही कहानी प्रस्तुत की थी। लेकिन 'उद्धव शतक' में रत्नाकर ने नयी अभिव्यक्ति प्रणाली में पुरानी कथा को नूतन रूप में नियोजित किया है।

यहाँ कृष्ण राधा के प्रेम में बेचैन हैं। पहली बार किसी मिथकीय प्रसंग में स्त्री-पात्र की बजाय पुरुष पात्र की मार्मिक दशा प्रदर्शित हुई है। कृष्ण के परम मित्र और प्रखर तत्त्व-ज्ञानी उद्धव कृष्ण को भरोसा दिलाते हैं कि वे ब्रज में जाकर गोपियों को अपनी ज्ञान गरिमा से निस्तेज कर देगे। लेकिन वहाँ पहुँचकर कहानी बिल्कुल बदल जाती है। गोपियों की हृदयगत सरलता और कृष्ण के प्रति अटूट प्रेम उद्धव को हक्का-बक्का कर देते हैं। उद्धव अपनी ज्ञान की गठरी को पटककर उस निष्कपट प्रेम में बह जाते हैं। रत्नाकर ने प्रेम के योग और भोग पक्ष, दोनों के मध्य प्रेम की विकल्पहीनता प्रदर्शित की है। यह सहज मनोविज्ञान है कि प्रेम को ज्ञान से अपदस्थ नहीं किया जा सकता। गोपियाँ अत्यन्त सरल और स्पष्ट शब्दों में यही कहती हैं—"जोगिन की योगिन की,विकल वियोगिन की,/जग में जागती/कहे रत्नाकर न सुख के रहे जो दिन/.../उद्धव ऊधो कहिनी को बस बातें रह जायेगी।" बड़ी बात है प्रेम से सम्पन्न दिन ही, सुख के दिन हैं। परम ज्ञानी उद्धव और निपट निरक्षर गोपियों के झगड़े में मस्तिष्क के ऊपर हृदय की विजय होती है। प्रेम के सामने ज्ञान धरा रह जाता है। गोपियों के पास जीवन से उपजी एक सहज तर्क प्रणाली है। जिसे उन्होंने पाठशाला में नहीं सीखा। इसीलिए वे कहती हैं कि जोगी केवल कपड़े रंग कर जोगी कहलाते हैं लेकिन प्रेम में मन रंग जाता है। जोगी भस्म लगाते हैं और प्रेम में मनुष्य प्रिय पात्र के लिए खुद ही राख बन जाता है। दोनों की मुक्ति में फर्क है। इसलिए प्रश्न यह उठता है, वियोग-योगी की योग-साधना योगी से कम नहीं है—"वे तो बस बसन रंगावें,/मन रंगत ये/भस्म रमावे ये आपुहि भस्म है।" यहाँ पर देखते हैं कि रत्नाकर कई जगहों पर प्रेम को सूफियों की शैली में व्यक्त करते हैं। वहाँ प्रेम सांसारिक न रहकर अलौकिक हो जाता है, क्योंकि गोपियों के प्रेम में निश्छलता, समर्पण और धैर्य के कारण ऐसा तीव्र आवेग उत्पन्न होता कि वह उद्धव सरीखे ज्ञानी के ज्ञान, ध्यान और योग को बेमतलब साबित कर देता है। ज्ञानी उद्धव का बौद्धिक गौरव सरल-सहज गोपियाँ ध्वस्त कर देती हैं। केवल 118 पदों में रत्नाकर ने कुछ शीर्षकों के द्वारा मार्मिक कथा-प्रसंग नियोजित किये हैं। उनका 'उद्धव शतक' पुरानी भाषा में लिखा जाने के बावजूद कवि के उस हृदय पक्ष को प्रस्तुत करता है जिसका आन्तरिक पक्ष मध्यकालीन है। उसका बाहरी गठन और सोच तर्क-आधारित होने के कारण आधुनिक है। यही कारण है कि इस रचना में आधुनिक खड़ी बोली के कवियों को बार-बार ब्रजभाषा की तरफ़ खींचा लेकिन रत्नाकर जैसी काव्यगत ऊँचाइयाँ कोई दूसरा कवि खड़ी बोली के उस शुरुआती दौर में नहीं छू सका।

'उद्धव शतक' की मौलिकता, मार्मिकता और संगीतात्मकता ऐसा अमिट असर पैदा करते हैं जिसे बड़ी कविता में देखा जा सकता है। वियोगजन्य करुणा जैसे परम्परित कथ्य को चरमराती काव्य-भाषा में भी रत्नाकर ने ऐसे प्रस्तावित किया कि रूढ़ कथ्यरूप और भाषा अपने असर में आधुनिक हो गये हैं। ब्रजवासियों का अथाह प्रेम और उद्धव की भावदशा के चित्र बेहद असरदार और मार्मिक हैं—"सूखे से, सहमे से, सकबके से, सके से, थके,/भूलें से, भ्रमें से, भभरे से, भकुवाने से।/ हौले से, हले से, हूले-हूले से हिये में हाय,/हारे से, हरे से, रहे हेरत हिराने से।।' 'उद्धवशतक' लिखने की प्रेरणा रत्नाकर को हिन्दी साहित्य के भक्तिकालीन भ्रमरगीतों से मिली। उनमें ब्रजभाषा के अन्यतम काव्य नायक कृष्ण की परम मनोहर उपस्थिति निर्गुण मत का दृढ़ परन्तु कटुताहीन खण्डन और भक्ति का मंडन हुआ है। कृष्ण भी विरहाकुल दिखाए गये हैं, जबकि अन्य कवियों ने कृष्ण को विरह दशा से अछूता रखा है। रत्नाकर के कृष्ण यमुना में बहते हुए कमल से राधिका की स्मृति होने पर मूर्च्छित हो जाते हैं, और तोते के मुख से राधा नाम सुनने से जब होश में आते हैं तब उनकी स्वाभाविक मानवीय दशा करुणा और शान्ति का संचार करती हैं—रत्नाकर 'गहबरि आयौ गरौ भभरी अचानक त्यौं/ प्रेम परयो चपल चुचाइ पुतरीनि सौं।/नैकु कही बैननि, अनेक कही नैननि सौं/ रही-सही खोउ कहि दीनि हिचकीनि सौं।' इसमें उभयपक्षीय प्रेम का प्रवाह है।

रत्नाकर के 'उद्धवशतक' की एक और विशेषता गोपियों का अपने स्वतन्त्र व्यक्तित्त्व को रेखांकित करना है। द्वैतवादी दृष्टिकोण से वे प्रेम तत्त्व में लीन होकर अपनी निजी पहचान खो देने के लिए प्रस्तुत नहीं होती—"जैहै बन-बिगरि न बारिध ता बारिधि की/बूँदता बिलैहै बूँद बिबस बिचारी की।" यह आधुनिक स्त्री-भाव है। रत्नाकर समय और समाज के दबावों के चलते नयी स्त्री-छवि व्यंजित कर रहे थे। 'उद्धवशतक' की एक और विशेषता भक्तिकालीन भावुकता का रीतिकालीन चमत्कार के साथ संश्लेषण करना है—"मुक्ति-मुकुता को मोल माल कहा है जब,/मोहन लला पै मन-मननिक ही बारि चुकीं।/लौटि पौटि बात कौ बवंडर बनावत क्यौं,/हिय तैं हमारे घन-स्याम हटि हैं नहीं।' यहाँ रत्नाकर रीतिकालीन कहन का भक्तिकालीन आस्वाद सम्भव करते हैं—"हियाँ तौ विषम ज्वर-वियोग की चढ़ाई यह,/पाँती कौन रोग की पटावत दवाई हैं।' इन उक्तियों की यदि हम रत्नाकर के समकालीन सत्यनारायण 'कविरत्न' की गोपियों की स्त्री-सरलता "उर में माखन चोर गड़े" आदि से मिलान करें, तो दोनों कवियों की प्रणाली का अन्तर स्पष्ट हो जायेगा। 'उद्धवशतक' की एक और विशेषता हास्य-व्यंग्य है। इस काव्य-प्रसंग की रचना करने वाले अन्य कवियों का व्यंग्य

गोपियों की वेदना में बिल्कुल दब गया है। रत्नाकर में सजीव व्यंग्य और सहज हास्य का प्रवाह है—'कान्ह दूत कैधो ब्रह्म दूत है पधारे आप'' का सरल व्यंग्य ही गोपियों का अबोध संशय, कर्त्तव्य की स्मृति, दृढ़ सम्बन्धों की बोधकता तथा उद्धव के कार्य की निरर्थकता इत्यादि मिलकर गहरा प्रभाव डालते हैं। गोपियाँ उद्धव को उनकी तर्क प्रणाली से भी हराना जानती हैं—''एते बड़े बिस्व माँहि हेरे हूँ न पैये जाहि,/ताहि त्रिकुटि मैं नैन मूँदि लखिबौ कहौ।'' उनका प्रधान तर्क योग के लिए अपनी असमर्थता, अपात्रता की सिद्धि में ही हैं—''ऊधौ ब्रह्म ज्ञान कौ बखान करते ना नैकु देखे लेत कान्ह हमारी अँखियानि तैं।'' प्रिय की अननन्यता और एकनिष्ठता गोपियों का मुख्य अस्त्र हैं—'एक ही अनग साधि साध सब पूरी अब/और अंग रहित अराधि करिहैं कहा।'' उनके व्यंग्य में व्यावहारिक तर्क हैं—''वे तौ भए जोगी जाइ पाए कुबरी कौ जोग,/आप कहैं उनके गुरु हैं, किधौं चेला हैं।'' गोपियों की सहजता ही उनकी नैसर्गिक मारकता है!

गोपियों को अपनी दृढ़ इच्छा शक्ति का ज्ञान 'उद्धवशतक' की एक अन्य विशेषता है। सूर की गोपियाँ भावुक या निपट निरीह हैं। नंददास की गोपियाँ मस्तिष्क की शक्ति से ही दूसरे को अभिभूत कर देने के चक्कर में मद से भरी हुई हैं और कविरत्न की गोपियाँ स्त्रियों की अशिक्षा आदि में अपनी व्यथा का हेतु देखकर आँसू बहा रही हैं। 'रत्नाकर' की गोपियाँ ऐसी हैं जो वियोग की तीव्रता, हृदय की असीम क्षुब्धता में भी, अपने प्रेम पर दृढ़ विश्वास रखती है, जिससे सब दशाओं में वे प्रिय की निकटता अनुभव करती हैं—'वे तौ हैं हमारे ही हमारे ही औ,/हम उनही की, उनही की, उनही की हैं।' औरत मर्द का परस्पर सखाभाव रत्नाकर को कथ्य के धरातल पर आधुनिक कवियों की पंक्तियों में स्थान देता हैं—'चेरि हैं न ऊधौ! काहू ब्रह्म के बबा की हम,/सुधौ कहे देति एक कान्ह की कमेरी हैं।' रत्नाकर ने 'उद्धवशतक' के कथानक में मनोवैज्ञानिकता का ध्यान रखा है। यहाँ तक कि हास्य-प्रसंगों में भी वह लक्षित है। उन्होंने कुबजा के कूबर को लेकर जो व्यंग्यपूरक हास्य रचा है वह स्वाभाविक है। 'उद्धवशतक' खण्डकाव्यात्मक मुक्तक है। एक छन्दता, एक रस की केन्द्रीय उपस्थिति, जीवन की एक घटना होने के कारण वह खण्डकाव्य है परन्तु कथानक और चरित्रों की परस्पर सम्बन्धहीनता, प्रत्येक पद की स्वतः पूर्णता और पुनरावृति के कारण इसे भी भ्रमर गीतों के साथ मुक्तक काव्य वर्ग में रखना उचित है।

'रत्नाकर' की 'शृंगार लहरी' में कृष्ण की विभिन्न लीलाओं पर पद हैं। यदि इन्हें 'उद्धवशतक' के साथ मिलाकर पढ़ा जाय तो गोपी-प्रेम कथा सम्पूर्णता पा जायेगी। रत्नाकर के अष्टकों, स्फुट कविताओं और अन्य मुक्तक कविताओं

में विभिन्न विषयों पर रचनाएँ हैं। रत्नाकर के यहाँ वीररस और प्रकृति चित्रण सम्बन्धी कविताएँ भी हैं। प्रकृति चित्रण में ऋतु-वर्णन करते हुए रत्नाकर ने सेनापति से भी अधिक वास्तविकता और पद्माकर सरीखी समरसता सम्भव की है। उनके प्रबन्ध काव्यों में जो प्रकृति-चित्रण है, वह सेनापति की श्लेष पद्धति पर है पर प्रसाद गुण से रहित नहीं है। वहाँ आलंकारिकता होने पर भी बिम्ब-ग्रहण करने में मुश्किलें नहीं होती। बिहारी की तरह प्रकृति-चित्रण में रत्नाकर ने अपने ज्योतिष-ज्ञान का भी उपयोग किया है—'काम विधि वाम की कला में मीन मेष कहा।' रत्नाकर की कविता सूझ, चमत्कार, प्रभावोत्पादन, सजीवता और उक्ति-वैत्रिय के कारण क्लैसिक रचनाकारों की याद दिलाती है। डॉ. नगेन्द्र के अनुसार, रत्नाकर 'वस्तु-व्यापार और क्रिया का स्वरूप अंकित करने में भी सिद्धहस्त थे। आप कल्पना के सहारे भावों को अत्यन्त तीव्रता दे देते हैं। इस कुशल चितेरे ने भाव-लोक में प्रेम, उत्साह, प्रसन्नता, क्रोध, शोक, घृणा आदि को उनके हावों, सात्विकों अनुभावों (शारीरिक चेष्टाओं) के बड़े सुन्दर चित्रों के साथ उपस्थित किया है। इतना होते हुए भी आपके काव्य में आधुनिक भारतीय समाज का जीवन प्रतिबिम्बित नहीं होता; फिर भी जितना है वह अत्यन्त रमणीय है।' उन्होंने भारत-दुर्दशा तथा भारत के वीरों पर भी लिखा है। रत्नाकर सामंतशाही सभ्यता के ध्वंसावशेषों के वैभव के रचनाकार हैं।

भक्तिकाल की काव्यवस्तु को रत्नाकर ने रीतिकालीन भाषा-शिल्प में प्रस्तुत किया। भावों की मार्मिकता उभारने वाले अलंकारों के अतिरिक्त उनकी कविताओं में उन अलंकारों की भी कमी नहीं है जो रीतिकालीन चमत्कार-प्रदर्शन में सहायक हैं। उपमा, रूपक, उत्प्रेक्षा, अपन्हुति, व्यतिरेक के अतिरिक्त अनुप्रास, यमक, श्लेष और अतिशयोक्ति को भी वहाँ उपस्थिति मिलती है। सांगरूपक उनका प्रिय अलंकार है और अनुप्रास की छटा उनकी कविता में व्याप्त है। छन्दों में रत्नाकर ने कवित्त्च, सवैये और रोला छन्द का प्रयोग किया है। उनके छन्दों में लुब्ध करने वाला प्रभाव है।

रत्नाकर ब्रजभाषा के अन्यतम उपासक थे। खड़ी बोली के प्रबल आन्दोलन में भी वे ब्रजभाषा में काव्य-रचना करने से विचलित नहीं हुए। उनकी भाषा ओजमयी है। उसमें माधुर्य और प्रसाद भी कम नहीं है। मुहावरों का बड़ा सार्थक प्रयोग हुआ है। भाषा में कहीं भी जड़ता नहीं है। ब्रजभाषा काव्य के मर्मज्ञ रत्नाकर की काव्य भाषा चुस्त गठी हुई ब्रजभाषा, संस्कृतगर्भित, साहित्यिक और व्याकरण सम्मत है। काशी के स्थानीय शब्द उनकी ब्रजभाषा में गढ़कर आए हैं। इस मायने में वे ब्रजभाषा की व्यंजकता तथा एकरूपता स्थिर करने वाले रचनाकार हैं।

मैथिलीशरण गुप्त

(3 अगस्त 1886–12 दिसम्बर 1964)

सांस्कृतिक कविता की आधुनिक उपस्थिति

हिन्दी में मैथिलीशरण गुप्त का आगमन उस समय हुआ जब एक नयी बोली सक्षम काव्य भाषा बनने के लिए संघर्ष कर रही थी। जहाँ सबसे अधिक प्रहार इस भाषा पर हो रहे थे, वहीं आलोचक इस दौर की कविता की विषय-वस्तु की भी निर्मम आलोचना कर रहे थे। ठीक इसी समय यानी द्विवेदी युग के प्रारम्भ में दो बड़े कवि अयोध्या सिंह उपाध्याय 'हरिऔध' और मैथिलीशरण गुप्त का आगमन होता है और इसके बाद समूचा काव्य-परिदृश्य बदलने लगता है। 'ठेठ हिन्दी का ठाठ' रचने वाले 'हरिऔध' खड़ी बोली हिन्दी के पहले महाकाव्य 'प्रिय-प्रवास' रचकर खड़ी बोली हिन्दी को समर्थ और सार्थक काव्य-भाषा के रूप में प्रस्तावित करते हैं और मैथिलीशरण गुप्त अपने 'भारत-भारती', 'यशोधरा', 'साकेत' इत्यादि काव्य ग्रन्थों में खड़ी बोली की उर्वरता रेखांकित करने के साथ आधुनिक भावों को कविता में परिष्कृत और विकसित करते हैं। मैथिलीशरण गुप्त कविता में संस्कृति का आधुनिक रचनात्मक भाष्य करते हैं।

मैथिलीशरण गुप्त का जन्म 3 अगस्त, 1886 को उत्तर प्रदेश के चिरगाँव, जिला झांसी में हुआ था। उनका परिवार व्यवसाय से जुड़ा हुआ था। उनके चार भाइयों में से एक सियारामशरण गुप्त भी साहित्य के क्षेत्र में चर्चित हुए। मैथिलीशरण गुप्त कुछ समय तक स्कूली शिक्षा प्राप्त करने के बाद घर पर ही हिन्दी, संस्कृत, बंगला, मराठी और अंग्रेजी भाषा का ज्ञान प्राप्त करते हुए काव्य रचना करते रहे। इन्हें आचार्य महावीर प्रसाद द्विवेदी का विश्वास 'सरस्वती' पत्रिका के माध्यम से प्राप्त था। इनकी आरंभिक कविताएँ इसी पत्रिका में प्रकाशित होती रहीं। राम-भक्ति और कविता के प्रति लगाव उन्हें विरासत में प्राप्त हुए।

मैथिलीशरण गुप्त को अपनी रचनाशीलता के लिए 1936 ई. में हिन्दी साहित्य

सम्मेलन, प्रयाग से 'साकेत' के लिए 'मंगला प्रसाद पुरस्कार', 1946 में सम्मेलन की ओर से साहित्य वाचस्पति की उपाधि और 1948 ई. में लखनऊ विश्वविद्यालय ने इन्हें मानद डी.लिट. की उपाधि से सम्मानित किया। मैथिलीशरण गुप्त 1952 से 1964 तक राज्य सभा के मनोनीत सदस्य रहे। हिन्दी जगत में वे राष्ट्रकवि और दद्दा के रूप में पहचाने जाते रहे। 1964 ई. में इनका देहावसान हुआ।

द्विवेदी युग से काव्य-लेखन शुरू करने वाले मैथिलीशरण गुप्त हिन्दी की राष्ट्रीय-सांस्कृतिक काव्य-धारा के माखनलाल चतुर्वेदी, बालकृष्ण शर्मा 'नवीन', सोहनलाल द्विवेदी, रामधारी सिंह 'दिनकर' आदि कवियों के साथ एक महत्त्वपूर्ण कवि के रूप में स्वीकृत हैं। उनकी प्रमुख काव्य-रचनाएँ इस प्रकार हैं—'रंग में भंग', 'भारत-भारती', 'साकेत', 'यशोधरा', 'कुणाल', 'झंकार', 'उच्छ्वास', 'द्वापर', 'सिद्धराज', 'विष्णुप्रिया', 'जयभारत', 'जयद्रथ वध', 'पंचवटी', 'नहुष', 'वन वैभव', 'बक-संहार', 'मंगलघट', 'अर्जन और विसर्जन', 'काबा और कर्बला', 'अंजलि और अर्घ्य', 'स्वदेश संगीत', 'वैतालिक', 'हिन्दू', 'शक्ति', 'गुरुकुल', 'विकट भट', 'पद्य प्रबन्ध', 'पत्रावली', 'शकुंतला', 'हिडिम्बा', 'विश्व वेदना', 'किसान', 'पृथ्वी पुत्र', 'राजा-प्रजा', 'तिलोत्तमा', 'अजित लीला', 'अनघ', 'चन्द्रहास', 'स्वप्न वासवदत्ता', 'मेघनाद वध', 'विरहिणी ब्रजांगना' तथा 'उमर खैयाम की रुबाइयाँ' आदि।

इतनी विपुल मात्रा में काव्य-रचना करने वाले कवि मैथिलीशरण गुप्त को शब्द-कोश सामने रखकर तुक मिलाने वाला तुकवादी सामान्य कवि सिद्ध करने की कोशिश कुछ आलोचक करते रहे हैं। कविता की यह सतही समझ है। यह नहीं भूलना चाहिए कि उस समय नयी काव्य-भाषा बन रही थी और काव्य-विषय तेज़ी से बदल रहे थे। यह पहली बार हुआ था कि परपंरित काव्य-भाषा, मूल्य और विषय कवियों की मदद नहीं कर रहे थे। छायावाद से पहले तक 'हरिऔध' के साथ मैथिलीशरण गुप्त ही काव्य-रचना के मोर्चे पर डटे हुए दिखायी देते हैं। लम्बे समय तक इनकी टक्कर का कोई अन्य कवि नज़र नहीं आता।

मैथिलीशरण गुप्त ने समकालीन तथा बाद में आने वाली अनेक काव्य पीढ़ियों को रचना के रास्ते आने वाली मुश्किलों से निकलने का रास्ता भी सुझाया है। मैथिलीशरण गुप्त की कविता हिन्दी नवजागरण काल की शुरुआती देन है। वह द्विवेदी युग के पहले साहित्यिक नागरिक महावीर प्रसाद द्विवेदी के प्रिय शिष्य हैं। द्विवेदी जी ने 'सरस्वती' के माध्यम से हिन्दी लेखकों को भाषा लिखना सिखाया। वहीं दूसरी तरफ़ देशी-विदेशी खासकर अंग्रेजी और बांग्ला की उत्कृष्ट रचनाओं की मिसाल समाने रखकर उन्होंने अपने समय के रचनाकारों को बेहतर रचना लिखने के लिए प्रेरित किया। मैथिलीशरण गुप्त पर इसका काफी प्रभाव पड़ा।

उनका सारा रचनाकर्म हिन्दी की शुरुआती नवजागरणकालीन चेतना से सम्पन्न लेखन का प्रमाण है।

मैथिलीशरण गुप्त का रचनाकाल लगभग पाँच दशकों तक फैला हुआ है। शायद ही किसी दूसरे रचनाकार ने इतने लम्बे समय तक कविता में अपने समय और समाज को विश्लेषित किया हो। समाज की बात करें तो मैथिलीशरण गुप्त को जो समाज मिला उसमें वर्ग और वर्ण से लेकर धर्म और अध्यात्म में अनेक विभ्रम और अन्तराल मौजूद थे। मैथिलीशरण गुप्त जैसे द्विवेदीयुगीन रचनाकारों ने रूढ़ियों में जकड़े उस समाज को नवजागरणकालीन चेतना से परिचित कराने की कोशिश की। उनके समय में लैंगिक धरातल पर औरतों से भेदभाव किया जाता था। समाज की लगभग आधी समस्याएँ स्त्री-जीवन से जुड़ी हुई थी। बाल-विवाह, कन्या-हत्या, बहु-विवाह, सती-प्रथा ये सभी समस्याएँ स्त्री-जीवन को घेरे हुए थी।

द्विवेदी युग के कवियों ने शायद पहली बार देखा कि स्त्री दलितों में सबसे दलित और शोषितों में सबसे अधिक शोषित है। उन्होंने इन विकराल समस्याओं के बुनियादी कारणों पर विचार किया। आँसू नहीं बहाए बल्कि इनसे जूझने का संकल्प और उबरने का साहस जुटाया। हिन्दी समाज अनेक जातिगत जंजीरों में जकड़ा हुआ था। उन्होंने सबको एक ईश्वर की सन्तान माना। वहीं हिन्दू समाज, वर्ण-संघर्ष के साथ-साथ धर्म-संघर्ष भी कर रहा था। हिन्दू, मुस्लिम, सिख, जैन और बौद्ध आपसी भाईचारे को भुला चुके थे। मैथिलीशरण गुप्त ने हिन्दू-मुस्लिम दोनों को यह आत्मघाती वैमनस्य की नीति छोड़ने को कहा। इस धरातल पर वह गाँधी के दर्शन से प्रभावित दिखायी देते हैं। वह जातीय या धार्मिक हिंसा की बजाय मानवीय भाईचारे और प्रेम के द्वारा सभी सांप्रादायिक, प्रांतीय और भाषागत भेदभाव को मिटाना चाहते हैं क्योंकि वह पहचानते हैं कि यह लड़ाई आज़ादी की निर्णयात्मक लड़ाई को कमज़ोर करती है। इसके चलते, सभी प्रकार से सम्पन्न होने के बावजूद भारत सरीखा महाद्वीप लगातार गुलाम रहा और ग़रीबी के दल-दल में धँसता चला गया। इससे बचने का सीधा उपाय मैथिलीशरण गुप्त के पास है—'जितने अधिक तन भले हो, मन हमारे एक हैं/ आचार में कुछ भेद हो पर प्रेम हो व्यवहार में/देखो हमे कौन सुख मिलता नहीं संसार में।' मैथिलीशरण गुप्त सभी प्रकार के भेदभाव को भुलाकर उन्नति के रास्ते पर चलने की सलाह देते हैं। लेकिन साथ ही वह तमाम मुश्किलों के बीच स्वयं को हीन, दुर्बल और दैन्य नहीं समझने की प्रेरणा भी देते हैं—'अपने युग को हीन समझना आत्महीनता होगी/जिस युग में हम हैं, वही तो हमारे लिए बड़ा है। हमारे आगे कितना कर्म क्षेत्र पड़ा है/' स्पष्ट है कि उन्होंने मुश्किलों से भरे

समय में जूझने का रास्ता दिखाया है और बिल्कुल साफ़ कहा है कि अन्याय और अत्याचार के खिलाफ़ लड़ना चाहिए–'निर्दय राज्य से निर्भय होकर जूझो/यह न्याय की लड़ाई है।' औरत के हक की बात करते हुए मैथिलीशरण गुप्त उसके साथ अब तक किये गये सभी प्रकार के अत्याचारों से दुखी होकर अपना गुस्सा भी ज़ाहिर करते हैं–'नर के बाँटे क्या नारी नग्न मूर्ति हो।' वह इन शब्दों के माध्यम से औरत को केवल शरीर मानने से इनकार करते हैं–'जबकि नर के तो सौ दोष क्षमा हैं।' मैथिलीशरण गुप्त की नारी-विषयक दृष्टि बाद में उठने वाले नारीवादी शोर से अलग है। वह कम से कम शब्दों में ज़्यादा से ज़्यादा कह देते हैं। दरअसल मैथिलीशरण गुप्त जानते हैं कि औरत परिवार ही नहीं समाज की भी महत्त्वपूर्ण इकाई है। मैथिलीशरण गुप्त का मानना है कि वही समाज तरक्की करेगा जो औरत को 'पाप पिटारी' न समझकर समाज का केन्द्र मानकर, उसे उसकी असली जगह देगा। स्त्री-जीवन की व्यथा-कथा मैथिलीशरण गुप्त के समूचे साहित्य का केन्द्रीय विषय है।

मैथिलीशरण गुप्त सांस्कृतिक अर्थ में धर्म को लेते हैं। उन्होंने दुनिया के लगभग सभी प्रमुख धर्मों को समझने की कोशिश की है और यह साबित किया है कि धर्म को नैतिक मूल्यों या संस्कृति के रूप में देखने पर धार्मिक समस्याओं का समाधान हो जाता है। सिक्ख गुरुओं के जीवन को आधार बनाकर उन्होंने 'गुरुकुल' की रचना की। 'मंगल घट' में आकर उन्होंने स्पष्ट कर दिया राम-रहीम एक हैं। वह धर्म को लोक कल्याण से जोड़ते हैं। उन्होंने ईश्वर के सारे रूपों को राम के रूप में देखा है और यह कहा है कि ईश्वर के नाम पर कलह नहीं होनी चाहिए।

मैथिलीशरण गुप्त ने जहाँ समाज और संस्कृति पर ध्यान दिया है, वहीं अपने समय की राजनीति की अनदेखी भी नहीं की है। उन्होंने देखा कि साम्राज्यवादी अंग्रेजी शासन के सामने एक आदमी निहत्था खड़ा है। एक व्यक्ति यानी महात्मा गाँधी की शक्ति पर उन्होंने अटूट विश्वास था। इसी भरोसे के साथ वे स्वतन्त्रता की लड़ाई में सक्रिय रूप से शामिल हुए। मैथिलीशरण गुप्त को 'भारत रक्षा विधान धारा' के अन्तर्गत 14 नवम्बर 1941 में आगरा केन्द्रीय जेल में राज बन्दी बनाया गया। इस घटना से उनके राजनीतिक स्टैण्ड का पता चलता है। उनकी बड़ी रचना 'भारत-भारती' में विदेशी सत्ता के अत्याचार का साफ़ विरोध मिलता है। 'भारत-भारती' की रचना मैथिलीशरण गुप्त ने 1912 में की थी। इसका घोषित उद्देश्य हाली के 'मुसद्दस' की तर्ज पर हिन्दुओं के लिए ऐसी रचना का सृजन करना रहा है जो उन्हें अपने राष्ट्र और अपनी सभ्यता के प्रति जागरूक कर सके।

'भारत-भारती' में मैथिलीशरण गुप्त ने भारतीय सभ्यता के उत्थान-पतन की कहानी को अतीत, वर्तमान, एवं भविष्य इत्यादि खण्डों में चित्रित किया है। 'अतीत' खण्ड में कवि भारतीय सभ्यता के उत्कर्ष की चर्चा करता हुआ उसके निरन्तर पतन की ओर ध्यान दिलाते हुए कहता है कि उत्थान-पतन तो प्रकृति का नियम है। पत्ते और फूल झड़ते हैं, फिर से प्रगट होने के लिए—इस रास्ते अच्छा मौसम आता है किन्तु कवि की चिन्ता यह है कि भारतीय सभ्यता का जब से पतन हुआ है, तब से उत्थान का समय आया ही नहीं, वह निरन्तर पतनशील हो रही है। कवि सोचता है कि शायद भारत के भाग्य ने उससे मुँह मोड़ लिया है।

'भारत-भारती' में उन्होंने समकालीन राष्ट्रीय प्रश्नों को मुखर करने का प्रयास किया है। 'भारत-भारती' में स्वदेश के प्रति निष्ठा और प्रेम है। मैथिलीशरण गुप्त का मानना है कि उत्थान और पतन जीवन की स्थितियाँ हैं। जैविक प्रक्रिया के अनुसार वन-उपवन में पत्ते पीले पड़कर पेड़ से गिरते हैं। पत्ते गिरने के बाद पेड़ में नयी कोंपलें फूटती हैं। उत्थान-पतन को समझाने के लिए कवि ने प्रकृति से एक उदाहरण लिया है। प्रकृति की स्वाभाविक प्रक्रिया द्वारा कवि ने समय की गति को रेखांकित करने की कोशिश की है। राष्ट्रीय जीवन में भी पतन की एक अलग ही कहानी है। इस उद्यान में पतन ही पतन है। जीवन में अन्धकार ही अन्धकार है। उसे पेड़ का पतझड़ कहा जाये या पौधे का नष्ट होना कहा जाय? —कवि कुछ समझ नहीं पाता है। स्थितियाँ इतनी विकट और उलझी हुई हैं कि उस पर कवि स्पष्ट मत व्यक्त नहीं कर पाता है। इसलिए कवि कहता है कि इस नयी स्थिति को कायाकल्प कहा जाये या विनाश की निशानी।

देश और समाज की स्थिति उस समय बहुत अच्छी नहीं थी। देशी उद्योग-धन्धे नष्ट हो चुके थे। सारा कच्चा माल भारत से विदेश जा रहा था। सामाजिक बुराइयाँ समाज को खोखला कर रही थीं। राष्ट्रीय स्वतन्त्रता आन्दोलन अपनी प्रारम्भिक अवस्था में ही था। इसलिए कवि कहता है कि पुराने का जाना नये के आगमन की निशानी है किन्तु देश की स्थिति ऐसी है जिसमें पुराना पतनशील है और नये की दिशा का कोई अच्छा संकेत नहीं है।

'भारत-भारती' के 'भविष्य' खण्ड में मैथिलीशरण गुप्त भारतीय समाज के विभिन्न वर्गों—ब्राह्मण, क्षत्रिय, शूद्र, वैश्य, साधुसन्तों से सम्बोधित होकर उन्हें उनके कर्त्तव्य की याद दिलाते हैं। गुप्त वैष्णव कवि हैं, वर्ण-व्यवस्था पर उनकी आस्था है। भाग्यवाद और वर्णव्यवस्था पर विश्वास, उनकी मानसिक बनावट में मौजूद है। उनकी सीमाएँ हैं। इसलिए उनका सोचना है कि यदि समाज के ये विभिन्न पारम्परिक जाति-समुदाय अपने कर्त्तव्यों को नैतिकतापूर्वक निभाने

लगे तो यह देश फिर तरक्की के मार्ग पर आगे बढ़ सकता है। 'भारत-भारती' का आगमन हिन्दी कविता में आधुनिक संवेदना के प्रतीक के रूप में हुआ था। इस काव्य-कृति में एक जागरूक भारतीय कवि का संशय और विषाद प्रस्तावित हुआ है। मैथिलीशरण गुप्त इस काव्य कृति में भारत के अतीत की गौरवगाथा के साथ वर्तमान भारत की विषमता को आमने-सामने रखते हैं। वर्तमान भारत की समसामयिक समस्याओं में अकाल, दारिद्र्य तथा कृषि, संस्कृति, उद्योग आदि की दुर्दशा जैसे कई विषयों को वे कविता का प्रश्न बनाते हैं। 'भारत-भारती' में अतीत खण्ड में यदि शाश्वत प्रकृति का विवेचन है तो भविष्य खण्ड में भारत के नव-निर्माण पर विचार किया गया है। 'भारत-भारती' का महत्त्व देश-प्रेम को दर्शन और मूल्य बना देने के कारण है। इस काव्य-कृति का प्रभाव परवर्ती कवियों निराला, नवीन और दिनकर पर व्यापक रूप से पड़ा। राष्ट्रीयता के सन्दर्भ में इस कृति की प्रासंगिकता आज भी बनी हुई है।

'भारत-भारती', 'गुरुकुल', 'स्वदेश संगीत', 'द्वापर' आदि रचनाओं में मैथिलीशरण गुप्त ने देश की अखण्डता के लिए सामाजिक समता और भावनात्मक एकता के महत्त्व को रेखांकित किया है। मैथिलीशरण गुप्त गुलामी की जंजीरों से मुक्त होने के लिए सक्रिय संघर्ष पर बल देते हैं। वह यहाँ तक कहते हैं कि बेहतरीन विदेशी शासन भी स्वदेशी का विकल्प नहीं हो सकता। यह उन पर तीखी टिप्पणी है जो अंग्रेजी शासन की प्रशंसा में शोर मचा रहे थे। मैथिलीशरण गुप्त की स्वदेशी विषयक यह पंक्तियाँ उनका प्रतिकार है। 'किसान' और 'स्वदेश संगीत' में उनकी इस भावना का विकास मिलता है।

मैथिलीशरण गुप्त का युद्ध-दर्शन अहिंसा पर आधारित है और वह इस धरातल पर गाँधी के विचार दर्शन से जुड़ जाते हैं। उनकी 'गाँधी शती' और 'बारदूलि जय बोल' 'स्वराज की अभिलाषा' 'सत्याग्रह' 'भारत का झण्डा' 'विचित्र संग्राम' जैसी 'स्वदेश संगीत' में संकलित उनकी कविताएँ सत्याग्रह पर आधारित आज़ादी की लड़ाई को एक मूल्य बनाकर प्रस्तुत करने वाली कविताएँ हैं।

मैथिलीशरण गुप्त ने जहाँ लोकतन्त्र पर आधारित राजनीतिक व्यवस्था की तारीफ की है, वहीं उन्होंने आम-आदमी की योग्यता पर भी विश्वास किया है। उनके नायक किसान और मज़दूर हैं। शायद यह पहली बार है कि हिन्दी में किसी कवि ने किसान-मज़दूरों की शक्ति और सामर्थ्य पर ऐसी पंक्तियाँ लिखी हैं।

आगे चलकर मैथिलीशरण गुप्त ने भारतीय परिस्थितियों के अनुरूप साम्यवादी विचार दर्शन के प्रति आस्था व्यक्त की है। 'साकेत' में उन्होंने पुश्तैनी राजशाही के स्थान पर जनता द्वारा चुने गये प्रतिनिधियों को ही देश चलाने के योग्य माना

है। वैष्णव विचारों वाले इस राष्ट्रकवि ने मार्क्सवाद के प्रवर्तक कार्ल मार्क्स की प्रेमिका जेनी के ऊपर महत्त्वपूर्ण रचना 'जेनि' शीर्षक से लिखी और प्रत्यक्ष तौर पर मार्क्सवाद पर लिखी गयी है। इस रचना में उन्होंने समतावादी विचार दर्शन को मानवता के सबसे अधिक कल्याणकारी माना—'धन रूपी कला का परिश्रम ही मूल है/किन्तु श्रमिकों को फल मिलता है कितना' यानी सारा माल पूँजीपतियों की जेब में समा जाता है। स्पष्ट है कि मैथिलीशरण गुप्त मज़दूर की मज़दूरी उसके परिश्रम के अनुरूप तय करने के हिमायती हैं। यही मार्क्सवादी विचारधारा का भी मूल स्वर है। हालाँकि मैथिलीशरण गुप्त के नज़दीक गाँधीवादी विचार दर्शन था लेकिन फिर भी उन्होंने अन्य दर्शनों और विचारधाराओं के प्रति भी सम्मान व्यक्त किया है।

मैथिलीशरण गुप्त अपने समय के ऐसे रचनाकार हैं जिनके यहाँ उनका समय बोलता है। उन्होंने द्विवेदी युग से कविता लिखनी शुरू की और छायावादी, प्रगतिवाद, प्रयोगवाद इत्यादि चार काव्यों युगों में उनका काव्य सृजन चलता रहा। शुरुआत में देखते हैं कि उनके यहाँ इतिवृत्त की अधिकता है। उस समय स्थूल विषयों का बाहरी वर्णन करने वाली शैली कविता के केन्द्र में थी। द्विवेदीयुगीन आदर्श, गाँधीवादी नैतिकता, नवजागरणकालीन उपदेशात्मकता, गौरवशाली अतीत का इतिवृत वर्णन; यह सभी मैथिलीशरण गुप्त के यहाँ मिलता है। एक आत्मविश्वासी स्वर में वह 'भारत-माता के बच्चे/विश्व बन्धु तुम हो सच्चे/फिर तुमको किसका भय है/अर्थात् जय ही जय है।' यह कहकर भारतवासियों को विश्वकल्याण के लिए प्रेरित करते हैं। यहाँ कवि का उपदेशात्मक स्वर कर्मशीलता की प्रतिष्ठा कर रहा है। जैसा कि हम देख आये हैं—मैथिलीशरण गुप्त के यहाँ उपदेशपरकता के साथ-साथ मानवीय मूल्य-आधारित नैतिकतावादी आदर्श जीवन चेतना जैसी विशेषताएँ तो हैं ही इनके अलावा द्विवेदीयुगीन 'हरिऔध' जैसे महत्त्वपूर्ण कवि के साथ मैथिलीशरण गुप्त ने एक नयी शैली हिन्दी कविता को सौंपी। यह थी प्रकृति का स्वतन्त्र विषय के रूप में चित्रण करना; हिन्दी कविता में प्रकृति को इससे पहले इस रूप में नहीं देखा जाता था। लेकिन मैथिलीशरण गुप्त ने ऐसी अनेक कविताएँ लिखी जिसमें प्रकृति एक स्वतन्त्र विषय है।

स्थूल सौन्दर्य-चित्रण से शुरुआत करने वाले इस कवि ने सूक्ष्म और जटिल संवेदनाओं की कविताएँ भी लिखी हैं। 'झंकार' में अनेक ऐसे गीत हैं। मैथिलीशरण गुप्त की युगानुकूल सजगता प्रकृति या सौन्दर्य-चित्रण में ही नहीं दिखती बल्कि उन्होंने समय के अनुरूप अपना निजी मुहावरा बार-बार तोड़ा। प्रगतिशील सौन्दर्य दृष्टि की भी उनके यहाँ ऐसी अनेक कविताएँ मिल जायेगी।

जो अपने विषयवस्तु में प्रगतिवादी हैं। वहाँ पर उनकी हकीकत को देखने वाली नज़रें यह पहचान जाती हैं कि मज़दूरों और किसानों का शोषण सामन्तों और पूँजीपतियों ने लगातार किया है। इस दृष्टि से 'किसान' और 'पृथ्वी पुत्र' जैसी रचनाएँ देखी जा सकती हैं।

भाव और भाषा, बिम्ब और विचार, विषय और वस्तु किसी भी धरातल पर देखें तो मैथिलीशरण गुप्त की काव्य-यात्रा लगातार गतिशील नज़र आती है। उनके यहाँ अपने समय का विवेक मिलता है। वैचारिक दृष्टि से हिन्दी का यह वैष्णव कवि गाँधीवादी रहा। लेकिन यह उनकी उदारता ही है कि उन्होंने एक मामूली इन्सान के हक में हाथ उठाने वाले विचारों की भी हिमायत की है। इतना ही नहीं बार-बार अपनी शैली को तोड़ने का जोखिम भी उठाया है। साहित्य के इतिहासकार आचार्य शुक्ल ने इस कवि की महत्त्वपूर्ण उपस्थिति और ताकत को पहचानते हुए लिखा है 'गुप्त जी की प्रतिभा की क्षमता अर्थात् उत्तरोत्तर बदलती हुई भावनाओं और काव्य प्रणालियों को ग्रहण करते चलने की शक्ति' अद्भुत है। अपनी तीन श्रेष्ठ रचनाओं—'साकेत', 'यशोधरा' और 'भारत-भारती' के द्वारा उन्होंने हिन्दी कविता का लगभग आधी सदी का रचनात्मक इतिहास रचा है। वस्तु संगठन और विषयवस्तु की प्रस्तावना की दृष्टि से 'यशोधरा' और 'साकेत' अर्थ-सम्पन्न रचनाएँ हैं।

'साकेत', 'द्वापर', 'पंचवटी', 'यशोधरा', 'हिडिम्बा' आदि रचनाओं में गुप्त जी ने भारतीय नारी के जीवन की समस्याओं पर गम्भीरता से प्रकाश डाला है। नारी-मुक्ति की समस्या को, भारतीय नारी के आदर्श को, नारी की ममतामयी मूर्ति को उपर्युक्त प्रबन्ध काव्यों में अत्यन्त सहानुभूति के साथ उन्होंने चित्रित किया है। 'साकेत' मैथिलीशरण गुप्त का प्रतिनिधि प्रबन्धकाव्य माना जाता है। इसकी रचना गुप्त जी ने 1931 ई. में की थी। रामकाव्य-लेखन की परम्परा में उर्मिला सदा से उपेक्षित रहती आयी है। यह रचना एक प्रकार से उर्मिला की अनकही कथा का प्रत्यक्ष कथन है।

कथा-प्रस्तावित करने वाले शुरुआती प्रसंगों में ही गुप्तजी अपना अलग नजरिया साफ़ कर देते हैं। 'साकेत' के नवम सर्ग के आरम्भ में राजा जनक की प्रशंसा है। राजा जनक राजा होते हुए भी वीतरागी थे। उनमें सांसारिक भौतिकता के प्रति आकर्षण नहीं था। जनक सरीखे महामानव की पुत्री उर्मिला थी। यहाँ रामकथा के महत्त्वपूर्ण पात्रों का संक्षिप्त वर्णन है और उसके बाद उर्मिला का वियोग वर्णन है। उर्मिला अपने त्याग से वंश की कालिमा को मिटा देती है। राम का वनगमन दशरथ के कुल का ऐसा प्रसंग है जो उज्ज्वल नहीं है। उर्मिला

का पति लक्ष्मण, राम के साथ वन जाता है। यह एक उदात्त भाव है, परन्तु इस उदात्त भाव के पीछे उर्मिला का त्याग है। यह उसे उदात्तता देता है। उर्मिला को पति का वियोग सहना पड़ता है। वह अपने आत्म को भुला देती है। वह प्रिय के अनुराग को अपने जीवन को जीने का उद्देश्य समझती है। उसमें समर्पण और निष्ठा है। लक्ष्मण जब उर्मिला से मिलने उसकी कुटिया में प्रवेश करते हैं तब उन्हें मात्र उर्मिला की छाया-रेखा ही दिखायी पड़ती है। उर्मिला का मानना है कि स्त्री, पुरुष को जकड़ने वाला बन्धन नहीं है उसमें परिवार और कुल की मर्यादा की रक्षा के लिए आत्म-बलिदान करने की अपूर्व क्षमता होती है। 'साकेत' प्रबन्धात्मक काव्य रचना है। उर्मिला के वियोग वर्णन में मैथिलीशरण गुप्त ने नयी काव्य-युक्तियों का प्रयोग किया है। नवम सर्ग में उर्मिला के वियोग का वर्णन ही नहीं है, उसके विरह में चौदह वर्ष बीतने का ब्यौरा भी है। इस प्रकार उर्मिला का वियोग केवल घटना नहीं होकर काल की गति का बिम्ब भी है। यह समय की विकटता को सीने पर झेलने वाला साहसी साक्षी भाव है।

मैथिलीशरण गुप्त 'साकेत' में शोषित और उपेक्षित नारी के प्रति अपनी आत्मीयता प्रदर्शित करते हैं। उर्मिला के प्रति उनमें सहानुभूति है। यह किसी नारीवादी आन्दोलन का परिणाम नहीं है। यह सहानुभूति एक वैष्णव कवि की सहज और स्वाभाविक अनुभूति का परिणाम है। उर्मिला और यशोधरा के त्याग को मैथिलीशरण गुप्त ने अपने काव्य में विशेष स्थान दिया है। उर्मिला लक्ष्मण को बन्धन का नहीं मुक्ति का सन्देश देती है। परिवार के लिए उर्मिला अपनी कामनाओं को त्याग देती है और पति के वियोग को सहती है।

मैथिलीशरण गुप्त ने सन् 1933 में 'यशोधरा' के प्रकाशन के साथ ही फिर से अपनी काव्य-सामर्थ्य का परिचय दिया है। यहाँ उनकी नवजागरणकालीन नारी-विषयक सवालों और चिन्ताओं का विस्तार है। प्रस्तावना में अपने छोटे भाई कवि सियारामशरण गुप्त को सम्बोधित करते हुए उन्होंने लिखा—'मेरी शक्ति के विचार किये बिना ही मुझसे ऐसे ही अनुरोध किया करते हो—कविता लिखो, गीत लिखो, नाटक लिखो, कविता, लोक-गीत, नाटक और गद्य-पद्य, तुकांत—अतुकांत लो, सब कुछ परन्तु वास्तव में कुछ भी नहीं—' उनकी यह विनम्रता बताती है कि यह समर्थ कवि सब कुछ लिखने में सक्षम है। हालाँकि यह एक बड़े कलाकार की विनम्रता ही मानी जायेगी कि वह अपनी अद्भुत सृजन क्षमता को हमेशा कम करके आँकता है। उनका कवि-कर्म हिन्दी कविता का बेहतरीन दस्तावेज है। 'यशोधरा' में उनकी रचनात्मकता के वह सभी धरातल मौजूद हैं जिनमें मानवता के सन्दर्भ जीवन के मार्मिक प्रसंगों के रूप में मौजूद हैं।

'यशोधरा' नवजागरणकालीन चेतना की रचना है। 'सरस्वती' के सम्पादक आचार्य द्विवेदी के आह्वान को ध्यान में रखकर की गयी इस रचना में स्त्री-जीवन के ऐसे मार्मिक पहलू मौजूद हैं जो एक नये क़िस्म के स्त्री-विमर्श की भूमिका बनते हैं। कवि ने यह सब बिना किसी नारेबाजी और शोरगुल के किया है। 'यशोधरा' में पुरुष द्वारा ठुकराई गयी औरत परेशान तो होती है, लेकिन हारती नहीं है। उसका जीतना पुरुषवादी मानसिकता को झटका देता है और यह सच साबित करता है कि आदमी की दुनिया में इन्सानियत औरत के कारण बची हुई है।

मैथिलीशरण गुप्त सच्चे अर्थों में खड़ी बोली हिन्दी के पहले नवजागरणकालीन कवि इसलिए हैं कि उन्होंने ही पहली बार नवजागरणकालीन चेतना के एक प्रमुख घटक स्त्री के प्रति इतिहास और पुराण के रचनाकारों द्वारा की गयी उपेक्षा का प्रतिकार किया है। उनकी दो बड़ी रचनाएँ इस मायने में बेजोड़ हैं। 'साकेत' में वे रामकथा के वाल्मीकि, तुलसीदास जैसे बड़े महान कवियों की गलती को सुधारते हैं। समूची राम-काव्य-परम्परा में उपेक्षित रह गयी स्त्री पात्र उनके यहाँ अपनी समस्याओं और उपेक्षाओं का उचित और वास्तविक हल पाती है। 'साकेत' में उन्होंने उर्मिला के महत्त्व को दिखाया है और पाठक को यह समझ भी दी है कि बड़े-बड़े रचनाकार और इतिहासकार जिन चरित्रों को मामूली निबन्धों का विषय बना देते हैं; उनके जीवन बड़े सन्दर्भों से युक्त होते हैं। 'यशोधरा' में उन्होंने बुद्ध के सामने यशोधरा की अहमियत को दर्शाया है। वे यह साबित करने में सफल रहे हैं कि बुद्ध सरीखे बौद्धिक और संवेदनशील महात्मा भी एक सामान्य स्त्री को मोक्ष पाने की राह में बाधक मानते रहे। बुद्ध जितना ही बड़ा त्याग यशोधरा ने किया है। उसका जीवन-संघर्ष इसलिए भी बड़ा हो जाता है कि उसने बुद्ध के बुद्धत्व-प्राप्ति में सहयोग ही नहीं दिया बल्कि उसे उच्चतम मानवीय सन्दर्भ भी दिये। संस्कृत, पाली, प्राकृत अपभ्रंश, हिन्दी इत्यादि तमाम भाषिक परम्पराओं में इन स्त्री चरित्रों के बारे में प्रायः रिक्तता ही मिलती है। इस भीषण रिक्तता को भरने के लिए मैथिलीशरण गुप्त आगे आए। उन्होंने 'साकेत' में उर्मिला का ऋण चुकाया तो 'यशोधरा' में यशोधरा को ही केन्द्रीय चरित्र बना दिया। इस रचना में शुद्धोधन के इन शब्दों में 'गोपा बिना गौतम भी ग्राह्य नहीं मुझको' जैसे खुद समूचा पुरुष समाज यशोधरा के प्रति आभार व्यक्त कर रहा है।

'यशोधरा' इतिहास और कल्पना का अच्छा संश्लेषण है। मैथिलीशरण गुप्त ने गौतम बुद्ध और यशोधरा के जीवन के ऐसे मार्मिक स्थल ढूँढ निकाले हैं, जिनमें पुरुष द्वारा राह का रोड़ा समझी जाने वाली स्त्री की पीड़ा व्यक्त हुई है।

उर्मिला के विरह की एक सीमा है लेकिन यशोधरा का विरह अनंत तक फैला हुआ है। सबसे बड़ी विडम्बना यह है कि वह शिशु राहुल की माँ भी है। उसे अपना दुख भुलाकर पुत्र और परिजनों को देखना है। वह ऐसी औरत है जो आँखों में पानी और आँचल में दूध के साथ जीवित है। वह अपना दुख अकेला ही सहन कर रही है। वह गम्भीर और उदात्त चरित्र है इसलिए वह अपने बड़े दुख को आँसुओं में जाया नहीं कर सकती है। वह खुद पर सब कुछ झेलने वाली पृथ्वी का प्रतिरूप है। जो अन्याय या उपेक्षा; सबके बदले में केवल स्नेह देना जानती है। ऐसा नहीं है कि मैथिलीशरण गुप्त ने कवियोचित-भावावेश में उसे सब कुछ झेलने वाली अविश्वसनीय औरत बनाया है। अगर मैथिलीशरण गुप्त ऐसा करते तो वह यशोधरा को मशीन बना देते जो इन्सान की नकल मात्र होती। उसमें इन्सानी संवेदन नहीं होते।

मैथिलीशरण गुप्त ने उर्मिला के वाजिब गुस्से को भी चरित्र का एक रंग बनाया है। रचना के आखिर में वह दुनिया की मुक्ति-कामना के लिए रास्ता खोजने गये गौतम को अपना पुत्र राहुल और खुद को समर्पित कर देती है। यहाँ भी उसका चरित्र बड़ी मानवीय ऊँचाइयों को छूता है। यह कहकर कि 'मेरे दुख भरे, विश्व में सुख/ क्यों न भरूँ फिर हामी' वह बुद्ध की शरण में चली जाती है। यहाँ कवि ने फिर उस मानवीय विश्वास को पुख्ता किया है कि औरत अपने पर हुए अत्याचार का पुरुषों की तरह पशुओं जैसे बदला नहीं लेती। वह हर बार बड़ी से बड़ी गलती के लिए पुरुष को माफ कर देती है। पुरुष को इसी प्रकार क्षमादान देने में वह आकाश को छू लेती है। लेकिन पुरुष रसातल में धँस जाता है। इस प्रकार के वर्णन की 'यशोधरा' में गुंजाइश नहीं थी। फिर भी भारतीय संस्कृति का वैष्णव व्याख्याकार यह कवि अन्त में आकर ही थोड़ा बदलता है। लेकिन उससे पहले वह यशोधरा के तर्क, अभिमान और गुस्से को इस स्थाई भाव के साथ व्यक्त करता है–'सखी वह मुझसे कहकर जाते' यानी यशोधरा का यह गुस्सा समूची स्त्री-जाति का गुस्सा है। इसलिए इसमें सकारात्मक परिवर्तन कर सकने की सम्भावनाएँ हैं। यही उसकी विजय है। यशोधरा के मामूली लगने वाले शब्द पुरुष जाति के लिए बड़े सवाल बन जाते हैं। यशोधरा ने दरअसल उस पुरुषवादी रवैये की निंदा की है जो स्त्री को केवल वासना का साधन मानता है। वह यह मानकर चलता है कि स्त्री पुरुष को अपने रूप जाल में फँसाकर उसे सभी प्रकार की उन्नति से दूर करती है। यशोधरा खुद को और स्त्री जाति को केवल शरीर मानने से इनकार करती है। इसी भावना का विकास आगे चलकर छायावादी कवियों ने किया। उन्होंने भी स्त्री को एक सम्पूर्ण मानव और पुरुष

की जीवनी शक्ति के रूप में प्रतिष्ठित किया। 'यशोधरा' में बौद्ध और हिन्दू दर्शनों के सांस्कृतिक मूल्य एक हो गये हैं।

'यशोधरा' वस्तु-संगठन की दृष्टि से एक प्रयोगशील रचना है। इसमें गद्य-पद्य यानी कविता, नाटक सब कुछ है। काव्यशास्त्रीय की दृष्टि से यह चंपू-काव्य है। इस नजरिए से इसे यशोधरा और गौतम की कथा प्रस्तुत करने वाला ऐसा खण्डकाव्य कह सकते हैं, जिसमें स्पष्ट कथा बिन्दु हैं। इसके अलावा दिल को छूने वाले गीत हैं। सकर्मक संवाद हैं। इस प्रबन्ध में कवि नयी काव्य-शैलियों के साथ में परम्परित काव्य-शैलियों के साथ अच्छा तालमेल स्थापित करता है। वियोग के लगभग सारे अनुभवों का वर्णन करने वाली यह रचना छायावादी प्रतीकात्मक लाक्षणिकता और परिपक्व संगीतात्मक शैली का पूर्वाभास है। मैथिलीशरण गुप्त ने अवकाश होते हुए भी रचना में अनावश्यक सजावट नहीं की है। इसके बावजूद यह रचना कथ्यरूप दोनों दृष्टियों से शायद मैथिलीशरण गुप्त की सबसे उत्कृष्ट और समृद्ध रचना है।

मैथिलीशरण गुप्त अपनी सुदीर्घ काव्ययात्रा में नये विषय अर्जित करने के साथ-साथ सक्षम काव्य-भाषा कमाने के लिए भी अनथक लड़ाई करते रहे। अपने विस्तृत भाव-जगत को अत्यन्त व्यापक पाठक समुदाय के सामने प्रस्तुत करने के लिए मैथिलीशरण गुप्त ने भारतेन्दु की तरह रोज़मर्रा की हिन्दी शब्दावली को अपनी रचना का आधार बनाकर महावीर प्रसाद द्विवेदी द्वारा निर्धारित व्याकरण-सम्मत भाषा का रचनात्मक इस्तेमाल किया है—'झुकते किसी को थे न जो नृप-मुकुट रत्नों से जड़े, /वे अब शृंगालों के पदों की ठोकरें खाते पड़े,/पेशी समझ माणिक्य को वह विहग देखो, ले चला,/पड़ भोग की ही भ्रांति में संसार जाता है छला।।' मुहावरों और लोकोक्तियों के प्रयोग द्वारा कवि ने अपनी भाषा को लोकोन्मुखी बनाने की कोशिश की है। संस्कृतनिष्ठ तत्सम शब्दों के कुशल संयोग से कवि ने तद्भव प्रधान भाषा को अपनी काव्य-भाषा का मुख्य आधार बनाया है—'इस और देखो, रक्त की यह कीच कैसी मच रही।/है पट रही खंडित हुए बहु रुण्ड-मुण्डों से मही।/कर-पद असंख्य कटे पड़े, शस्त्रादि फैले हैं तथा,/रंगस्थली की मृत्यु का एकत्र प्रकटी हो यथा!' उनकी भाषा में खड़ी बोली हिन्दी का जातीय स्वरूप पूरी तरह उभरता है। मैथिलीशरण गुप्त की काव्य-भाषा का प्रमुख गुण इतिवृत्तात्मकता है—'सर्वत्र तेजः पुज-सा है जल रहा संसार में!/पर देखने में चर्म के ये चक्षु अति असमर्थ है,/तब तो मनुज कर्त्तव्य का अभिमान करते व्यर्थ है।। /किसकी महत्ता थी कि जिसने आज की प्रण की पूर्ति की! /हिल जाये पत्ता तो कहीं सत्ता बिना इस मूर्ति की!/चलता 'सुदर्शन' यदि न तो दिन ढल गया होता

तभी, /अर्जुन चितानल में कभी का जल गया होता अभी!' कथ्य को सीधे और सपाट शब्दों में रख देना उनकी विशेषता है। कविता में तुकबन्दी का अच्छा प्रयोग किया गया है। सरल तुक को मिलाकर सहज छन्दों का गठन किया गया है—'बहु विज्ञ तत्वज्ञानियों ने बात यह मुझसे कही—/माधव! तुम्हें जो इष्ट होता सर्वदा होता वही। /अज्ञानता से मूर्ख जन मानव तुम्हें है मानते,/ज्ञानी, विवेकी, विज्ञवर, विश्वेश तुमको जानते।।' छन्दों में आन्तरिक लय है परन्तु उसमें बारीक पच्चीकारी नहीं है। काव्य-भाषा में अभिधा का सौन्दर्य है। 'साकेत' के रचे जाने तक हिन्दी में छायावाद का आन्दोलन प्रारम्भ हो चुका था। छायावादी आन्दोलन के प्रभाव से 'साकेत' में खासकर उर्मिला का वियोग गीतात्मक है। उसकी भाषा की भंगिमा भी लाक्षणिक है। 'भारत-भारती' नये ढंग की काव्य कृति है। इसमें युग की वास्तविकता और देशप्रेम का प्रश्न मुख्य है। युग की मनोवृत्ति ने काव्य की शैली को नये प्रकार से प्रस्तावित किया है। 'भारत-भारती' को किसी पारम्परिक काव्य-शैली की कोटि में नहीं रखा जा सकता। कृति प्रबन्ध और मुक्तक ढाँचे को तोड़ती मालूम पड़ती है। यह इस तरफ़ इशारा करने वाला तथ्य है कि कवि भाषा-शिल्प को कथ्य पर नहीं थोपता बल्कि विषय, रूप को गठित करता है।

रामनरेश त्रिपाठी

(4 मार्च 1881–16 जनवरी 1962)

उठो त्याग दो द्वेष

द्विवेदी युग के राष्ट्रीय सांस्कृतिक काव्यधारा को समृद्ध करने वाले स्वच्छन्दतावादी कवि रामनरेश त्रिपाठी का जन्म 1881 ई. में उत्तर प्रदेश के जौनपुर जिले के कोईरीपुर गाँव में तथा मृत्यु सन् 1962 ई. में हुई। द्विवेदी युग से काव्य सृजन शुरू करने वाले रामनरेश त्रिपाठी का रचनाकाल उत्तरछायावादी दौर तक फैला हुआ है। उन्होंने काव्य के अतिरिक्त नाटक, उपन्यास, आलोचना तथा टीका ग्रन्थ भी लिखे पर वे मूल रूप से कवि हैं। उनकी रचनाएँ उनके समय की उत्कृष्ट पत्रिकाओं 'सरस्वती' और 'प्रवाह' में प्रकाशित और चर्चित हुईं। उनकी प्रमुख साहित्यिक कृतियाँ हैं–

काव्य-संग्रह - मिलन, पथिक, स्वप्न (खण्डकाव्य), मानसी (मुक्तक)।
नाटक - सुभद्रा, जयन्त, प्रेमलोक।
उपन्यास - वीरांगना, वीरबाला, लक्ष्मी।
आलोचना - तुलसीदास और उनकी कविता, हिन्दी साहित्य का संक्षिप्त इतिहास।
टीका - रामचरितमानस की टीका।

सुकवि और अच्छे गद्यकार होने के अतिरिक्त रामनरेश त्रिपाठी परिश्रमी काव्य-संकलनकर्ता भी हैं। जिसका प्रमाण आठ भागों में संकलित 'कविता कौमुदी' है। इसमें हिन्दी सहित संस्कृत, उर्दू, बांग्ला तथा अन्य भाषाओं की कालजयी कविताओं का संकलन रामनरेश त्रिपाठी ने किया है। हिन्दी में यह इस प्रकार का पहला महत्त्वपूर्ण कार्य था। जिसे बाद में देवेन्द्र सत्यार्थी ने आगे बढ़ाया है।

रामनरेश त्रिपाठी ने अनेक पुस्तकों का सम्पादन किया और अपने समय की महत्त्वपूर्ण पत्र-पत्रिकाओं से जुड़े रहे। अपने चार काव्य ग्रन्थों 'मिलन', 'पथिक',

'स्वप्न' और 'मानसी' के कारण उन्हें ख्याति मिली। प्रारम्भिक तीन खण्ड-काव्यों में इन्होंने दाम्पत्य प्रेम का वर्णन किया है। यह एक ऐसी शुरुआत थी जिसने रीतिकालीन परकीया प्रेम की बजाय स्वकीया प्रेम की पद्धति प्रस्तावित की। इस प्रेम में पति-पत्नी प्रेम का स्वछन्द उपभोग करने की जगह प्रेम के अर्थ को व्यापकता देते हैं। इसलिए वहाँ प्रकृति-प्रेम और देश-प्रेम, स्त्री-पुरुष के प्रेम के संकुचित दायरों को तोड़ देते हैं। रामनरेश त्रिपाठी के काव्य में स्वच्छन्दता की प्रवृत्ति को रेखांकित करते हुए आलोचक डॉ. विश्वनाथ त्रिपाठी उनके प्रबन्ध काव्यों के सन्दर्भ में कहते हैं कि 'इनके प्रबन्ध काव्य पौराणिक या ऐतिहासिक आख्यानों पर आधारित नहीं हैं। इन्होंने देश के राजनीतिक वातावरण के अनुसार कथा की कल्पना की है। इस दृष्टि से ये विशिष्ट प्रबन्धकार हैं। कथा-कल्पना की यह प्रवृत्ति स्वच्छन्दता की द्योतक हैं। कथा-कल्पना में नर-नारी का मनोविज्ञान, युगीन बोध एवं प्रकृति की रमणीयता का योगदान है। प्रेम की भावना और कर्त्तव्य का विवेक-बोध इन दोनों के द्वन्द्व में देश-प्रेम को बलवती भावना बताकर कवि ने प्रेम को विस्तार दिया है।'/आचार्य शुक्ल के अनुसार, 'देशभक्ति को रसात्मक रूप त्रिपाठी जी द्वारा प्राप्त हुआ यह एक नया काव्यानुभव था'। प्रबन्धात्मक साँचे में देशराग की प्रस्तुति की दृष्टि से रामनरेश त्रिपाठी महत्त्वपूर्ण कवि ठहरते हैं। ऐसा नहीं है कि कवि ने तत्कालीन द्विवेदीयुगीन सुधारवादी विचारधारा के अतिरेक में बहकर प्रेम के नैर्सगिक प्रवाह को अवरुद्ध कर दिया है। ऐसा अगर होता तो वह आखिरकार नकली हो जाता। 'स्वप्न' में नायक अर्थात् पति अपनी पत्नी के प्रति बेहद आसक्ति का भाव प्रदर्शित करता है। यह आसक्ति का भाव एक स्त्री की एकनिष्ठ आसक्ति के उच्च मानदण्डों के समकक्ष हो जाता है। रामनरेश त्रिपाठी के तीनों खण्ड-काव्यों की नायिकाएँ अतिशय सौन्दर्य-सम्पन्न हैं और पति से प्रेम करते हुए भी उसके देश-प्रेम में बाधक नहीं बनती। इसलिए प्रेम उदात्त हो जाता है। वहाँ प्रेम व्यक्तिगत हित-लाभ की बजाय लोक-कल्याण को अपना केन्द्रीय लक्ष्य बना देता है। सीधे कवि के शब्दों में देखें तों—'गन्ध विहीन फूल हैं जैसे चन्द्रे-चन्द्रिकाहीन,/यों ही फीका है मनुष्य का जीवन प्रेम विहीन,/प्रेम स्वर्ग है स्वर्ग प्रेम है, प्रेम अशंक, /ईश्वर का प्रतिबिम्ब प्रेम है, प्रेम हृदयालोक।' यह प्रेम मनुष्य के जीवन में बड़े अर्थ-प्रसंग भर देता है। वह जीवन को बाधित करने वाली शंकाओं और शोकों का नाश कर करता है। हृदय का आलोक होने के कारण उसमें ईश्वर की छवि मौजूद रहती है।

रामनरेश त्रिपाठी के यहाँ प्रकृति-प्रेम भी प्रदर्शित हुआ है। 'मिलन' के केन्द्रीय चरित्र जंगल में शान्ति से रहते हैं। वे वहाँ के जीवन से पलायन नही

करते बल्कि जनसेवा के बाद वे शान्ति का जीवन बिताने के लिए प्रकृति की गोद में चले जाते हैं। इस कवि ने उत्तर और दक्षिण भारत की प्रकृति के अविराम चित्र खींचे हैं। 'पथिक' में वह दक्षिण भारत की प्रकृति और विशेषकर समुद्र के विपुल सौन्दर्य का चित्रण करता है। 'स्वप्न' में उन्होंने हिमालय और कश्मीर के प्राकृतिक बिम्ब खींचे हैं। इस वर्णन में मानवीय स्पर्श है। इसलिए उसमें जीवन की सहज गति है। इन खण्ड-काव्यों के पात्र देश के सुदूर तटों पर जाकर वहाँ की प्रकृति से साक्षात् परिचित होते हैं। इसलिए पक्षियों, बगीचों, नदियों, झरनों, पहाड़ों, खेतों इत्यादि का अद्‌भुत नज़ारा उसमें दिखायी देता है। वहाँ कवि के सम्मुख 'थिरकती हुई वारिदमाला' है। नीचे 'नील समुद्र मनोहर' है। इन्द्रधनुष दिनभर झरनों से हिल-मिल कर खेलता है। तारे जल-क्रीड़ा करते हैं। यानि प्रकृति के गतिशील बिम्ब कवि उपस्थित कर देता है।

प्रकृति को लेकर रहस्यानुभूतियाँ भी रामनरेश त्रिपाठी के यहाँ मिलती हैं। इनमें आध्यात्मिक अर्थ छिपे हैं। लेकिन वहाँ दार्शनिक रहस्यवाद के बजाय प्रकृति के रहस्य को समझने वाली प्रश्नाकुलता है। बादलों में चपला अपने किस प्रियतम से हँस-हँस कर विनोद करती है? उषा किसके लिए प्रतिदिन श्रृंगार करती है? ऐसी कुछ सूक्ष्म प्रकृति विषयक प्रश्नाकुलता श्रीधर पाठक के साथ रामनरेश त्रिपाठी ने पन्त सरीखे बेहतरीन छायावादी कवियों से पहले ही व्यक्त कर दी थी। इस लिए इन्हें स्वछन्दतावाद का प्रस्तावक कवि या प्रवर्तक माना जाता है।

तीन खण्ड-काव्यों के अलावा 'मानसी' में रामनरेश त्रिपाठी ने मुक्त कविताओं को संकलित किया है। सभी में कवि की कल्पनाशीलता, भावुकता देश और प्रकृति प्रेम जैसी विशेषताएँ दिखायी देती हैं। वीर, शान्त, करुण और श्रृंगार जैसे रसों पर आधारित मनोभाव इस कवि के यहाँ देखे जा सकते हैं। उन्होंनें कुछ ऐसी रचनाएँ भी की है जिनका पाठशालाओं में प्रार्थना की तरह गायन होता रहा है—'मैं ढूँढ़ता तुझे था कुंज और वन में,/तू खोजता मुझे था तब दीन के वतन में,/तू आह बन किसी की मुझको पुकारता था,/मैं था तुझे बुलाता संगीत में भजन में,/बन के किसी के आँसू मेरे लिए बहा तू,/आँखें लगी थीं दूर मेरी मान और धन में।' इस तरह के प्रार्थना गीतों ने अन्य कई कवियों को इस तरफ़ आकर्षित किया। भक्ति रस के अलावा इस कवि ने हास्य-व्यंग्य की भी प्रस्तुति की है। खासकर के आधुनिक व्यापारिक प्रणाली से उपजा आर्थिक असन्तोष और विषमताओं पर उन्होंने तीखे शब्दों में व्यंग्य के तीर चलाए हैं। कश्मीर के व्यापारियों का चित्रण करते हुए वे व्यापारी समाज के मनोविज्ञान को व्यक्त कर देते हैं।

रामनरेश त्रिपाठी ने अपनी कविताओं में अपने देशकाल की समस्याओं

और आवश्यकताओं को व्यक्त किया है। उन्होंने देश की ग़रीबी, सत्ता के स्वार्थ, राजनीति के छल-छद्म को ऐसे प्रस्तुत किया है कि पाठक केवल भाव-विगलित नही होता बल्कि अपनी वास्तविक पक्षधरता की पहचान करने लगता है। यह पक्षधरता किसी विचारधारा-विशेष से जुड़ाव से नहीं उपजी है। यह कवि की देशकालगत परिस्थितियों की देन है। यह कवि को जन-सामान्य के जीवन से जुड़ने में मदद करती है।

निजी सुख और स्वार्थ को छोड़कर देश पर जीवन बलिदान की प्रेरणा रामनरेश त्रिपाठी की रचनाओं में मिलती है। कवि की दृष्टि में वास्तविक प्रेम, देश-प्रेम है– 'सच्चा प्रेम वही है, तृप्ति आत्म-बलि पर ही निर्भर।/त्याग बिना निमाण प्रेम है, करो प्रेम पर प्राण निछावर।।/देश-प्रेम व पुण्य-क्षेत्र है, अमल असीम त्याग से विलसित। /आत्मा के विकास से जिसमें, मनुष्यता होती है विकसित।।' यह अद्भुत है कि रामनरेश त्रिपाठी की कविता में मानवीय-प्रेम और प्रकृति-प्रेम भी देश-प्रेम बन जाते हैं। इतना ही नहीं ईश-प्रार्थना और राष्ट्रगान भी उनके यहाँ एक हो जाते हैं। कई पीढ़ियाँ जिसे सुनकर रोमांचित होती रही है; वह राष्ट्रप्रार्थना–'हे प्रभो! आनन्ददाता ज्ञान हम को दीजिए' इसी रचनाकार की कलम से निकली है। काल्पनिक कथाश्रित प्रेमाख्यानक खण्डकाव्यों में भी रामनरेश त्रिपाठी देश-प्रेम की अभिव्यक्ति के लिए प्रसंग तलाश लेते हैं।

भारतीय लोकगीतों के सर्वप्रथम संकलनकर्ता रामनरेश त्रिपाठी का एक वैचारिक आधार गाँधी-दर्शन भी है। जिसकी छाप उनके रचनाकर्म पर है–'रक्तपात करना पशुता है, कायरता है मन की।/अरि को वश करना चरित्र से शोभा है सज्जन की।।' अशिक्षा, अज्ञान, आडम्बर और अन्धविश्वास जैसी देश को जर्जर कर रही व्याधियों से बचाव के लिए कवि गाँधीवादी एकता के सिद्धान्त पर आस्था व्यक्त करता है–'उठो त्याग दो द्वेष, एक ही सबके मत हों/सीख ज्ञान-विज्ञान, कला-कौशल उन्नत हों/भारत की उन्नति सिद्धि से हम सबका कल्याण है/दृढ़ समझो इस सिद्धान्त को, हम शरीर यह प्राण है/' यही सच्चा देश-भाव है। स्वतन्त्रता सेनानी कवि रामनरेश त्रिपाठी की कविता में 'स्वाधीनता संग्रामरत भारतीय मानस की नैतिकता, त्याग एवं बलिदान भावना का आग्रह' तथा नीति-निरूपण के साथ-साथ आलोचक डॉ. विश्वनाथ त्रिपाठी प्रकृति की स्थानीय विशेषताओं का उभार भी देखते हैं। उनकी दृष्टि में रामनरेश त्रिपाठी की कविता में मनुष्य के कर्म-सौन्दर्य एवं प्रकृति के सौन्दर्य का संश्लेष है। उनके यहाँ प्रकृति का स्वाभाविक सौन्दर्य मनुष्य के गहरे मनोरागों का चित्र बन जाता है। उनके काव्य में प्रकृति का स्वतन्त्र व्यक्तित्व झलकता है।

रामनरेश त्रिपाठी जिस युग में काव्य-लेखन कर रहे थे; उस समय ब्रज और खड़ी बोली का द्वन्द्व चरम पर था। इस कवि ने बदलते युग की आवाज़ पहचानी और काव्यगुण-सम्पन्न खड़ी बोली में कविता सम्भव की। उनकी भाषा-शैली की विशेषताएँ विश्वनाथ त्रिपाठी के शब्दों में—'त्रिपाठी जी व्याकरण सम्मत एवं व्यवस्थित भाषा लिखने में सिद्ध कवि हैं। उनका काव्य-गठन चुस्त है। उन्होंने उर्दू में प्रचलित छन्दों का प्रयोग भी कौशलपूर्वक किया है।' रामनरेश त्रिपाठी रस-छन्द-अलंकार का बेहतर प्रयोग जानते थे, काव्य-शास्त्र के ज्ञाता थे किन्तु उनकी भाषा-प्रणाली लोक जीवन की जीवन-शक्ति से परिपूर्ण है।

रामनरेश त्रिपाठी स्वच्छन्दतावादी कवि हैं। इसलिए उनमें जीवन-प्रसंगों का सहज उल्लास तो मिलता ही है साथ ही भाषा का अनुशासन भी साफ़-साफ़ दिखायी देता है। 'मिलन', 'पथिक' तथा 'स्वप्न' इन तीनों खण्ड काव्यों में चुस्त कथानक की अपेक्षा सूक्ष्म प्रबन्धन तत्व दिखायी देता है। यह विशेषता आधुनिक कवियों के यहाँ कम ही देखने को मिलती है।

रामनरेश त्रिपाठी को स्थापित करने वाली खण्डकाव्य रचना 'पथिक' लोक साहित्य के गुणों से युक्त है। जिसका विकास कर राष्ट्रीयता के भावबोध को कवि ने अधिक व्यापक और ग्राह्य बनाना चाहा है। त्रिपाठी ने भारत के भौगोलिक वैविध्य और प्राकृतिक समृद्धि को 'पथिक' नामक काल्पनिक कथा-आश्रयी प्रेमाख्यानाक काव्य प्रकृति के माध्यम से काव्यार्थ प्रस्तुत किया है। उत्तर और दक्षिण भारत की स्थानीय रंगत और मनोहारी, गतिशील, अविस्मरणीय और मानवीय चित्रांकन जैसी रचनात्मक विशेषताएँ एक साथ मिलनी कठिन है। खड़ी बोली का विशुद्ध प्रवाह, सुकुमार, अलंकृत, बिम्बधर्मी और प्रारम्भिक रचनात्मक रूप रामनरेश त्रिपाठी की कविताओं की मुख्य शिल्पगत विशेषताएँ हैं। उन्होंने खड़ी बोली को समृद्ध करते हुए इसमें उर्दू शब्दों के समावेश का भी रास्ता दिखाया है।

'पथिक' कविता के साँचे में कथा की प्रस्तुति है। इसके दूसरे सर्ग में पथिक घर से बहुत दूर वन-प्रदेश में आ गया है तथा समुद्र-तट पर चिन्तामग्न बैठा है। रात्रि के निस्तब्ध वातावरण में चन्द्रमा की चाँदनी चारों तरफ़ बिखर रही है। तभी एक मुनि पथिक के सामने आता है और कहता है कि उसने पथिक की प्रियतमा से विवाद की कथा प्रातःकाल में समुद्र तट पर सुनी थी। तभी निश्चय कर लिया था कि मैं तुमसे जीवन जीने के सम्बन्ध में वार्तालाप करूँगा। मुनि ने पथिक से कहा कि तुम संसार के लौकिक प्रेमास्वाद पाने के बाद प्रकृति के शरण में आये हो। प्राकृतिक सौन्दर्य देखकर तुम चकित और दिग्भ्रमित हो गये हो। मुनि आगे कहता है कि संसार के सभी चर-अचर पदार्थ किसी-न-किसी कर्म में

तल्लीन हैं। वृक्ष का पत्ता तपती पृथ्वी पर छाया करके ऋण चुकाता है तो पवन अपने वायु द्वारा वातावरण को सुगन्धित करती है। बादल वर्षा के द्वारा, सूर्य अपनी किरणों द्वारा, किसी न किसी तरह पृथ्वीवासियों के लिए उपयोगी सिद्ध होते हैं। कहने का तात्पर्य है कि छोटा-सा तिनका भी कहीं-न-कहीं इस पृथ्वी के लिए उपयोगी है। फिर तुम तो मनुष्य हो। तुम्हें इस तरह जीवन से विमुख होकर वन-प्रदेश में नहीं आना चाहिए। तुम्हें अपने कर्त्तव्यों का पालन करना चाहिए। जिस धरती पर तुमने जन्म लेकर अभी तक अपनी जीवनरूपी नैया पार की है उसके लिए तुमने क्या किया है? इसलिए तुम अपने कार्यों द्वारा इस पृथ्वी के लिए उपयोगी बनकर अपने जीवन की सार्थकता को सिद्ध करो। इस पूरे अंश में कवि ने मातृभूमि का ऋण चुकाने की बात की है।

नवजागरणकालीन चेतना को शुरुआती स्वच्छन्दतावादी काव्यधारा ने व्यापकता दी। इस मायने में श्रीधर पाठक और रामनरेश त्रिपाठी ने अपूर्व रचना-कौशल का परिचय दिया है। उन की कविताओं में स्वच्छन्दतावाद की लगभग तमाम विशेषताएँ मिलती हैं—वन का महत्त्व, प्रकृति-पर्यवेक्षण, प्रेम का स्वच्छन्द भंगिमाओं में चित्रण और बैलेड या कथा गीत का प्रयोग और काव्य भाषा के रूप में खड़ी बोली की स्वीकृति। ये सारी विशेषताएँ 'पथिक' में हैं। जीवन-संघर्षों से घबराकर पलायन करने की बजाय परिश्रम की संवेदना को महत्त्व देने वाले रामनरेश त्रिपाठी के खण्डकाव्य 'पथिक' के साथ 'मिलन' और 'स्वप्न' मिलकर खण्डकाव्य के आधुनिक प्रबन्ध कौशल का उदाहरण बनते हैं।

गोपालशरण सिंह

(1891–1960)

द्विवेदी युग का अल्पज्ञात रचनाकार

भारतेन्दु युग के बाद द्विवेदी युग में ऐसे कई कवि हुए, जिन्होंने महत्त्वपूर्ण काम किया। लेकिन उन्हें वह महत्त्व नहीं मिल सका जैसा मैथिलीशरण गुप्त और 'हरिऔध' को मिला। गोपालशरण सिंह और सियारामशरण गुप्त ऐसे ही कवि हैं, जो यश-प्राप्ति के धरातल पर अल्पज्ञात रह गये। सन् 1891 में रीवां में जन्मे गोपालशरण सिंह 1960 यानि अपने जीवन के अन्तिम समय तक काव्य रचना करते रहे। बहुत कम उम्र में महावीर प्रसाद द्विवेदी गोपालशरण सिंह की प्रतिभा से परिचित होकर इनकी कविताएँ सर्वकालिक साहित्यिक महत्त्व की पत्रिका 'सरस्वती' में छापने लगे। गोपालशरण सिंह पर आचार्य द्विवेदी, कालिदास और रवीन्द्रनाथ ठाकुर का गहरा प्रभाव पड़ा। उनके वैचारिक मानस का निर्माण महावीर प्रसाद द्विवेदी ने किया तो कालिदास और रवीन्द्रनाथ ठाकुर ने उनकी रचनात्मक मानसिकता निर्मित की है। गोपालशरण सिंह की प्रमुख रचनाएँ हैं—'माधवी', 'मानवी', 'कादम्बिनी', 'ज्योतिषमती', 'सुमना', 'विश्वगीत', 'जगतालोक' इत्यादि।

द्विवेदी युग से शुरू होकर गोपालशरण सिंह का रचनाकाल छायावाद-प्रयोगवाद तक फैला हुआ है। लेकिन आजीवन वे भाव और भाषा की दृष्टि से द्विवेदीयुगीन संवेदनाओं को ही जीते रहे। गोपालशरण सिंह को इस बात का श्रेय जाता है कि उन्होंने पूर्व निर्धारित विषयों पर पुराने छन्दों, कविता, सवैया, कुण्डलियाँ, घनाक्षरी में नये तरीके से कविताएँ लिखीं। अभिव्यक्ति के क्षेत्र में इनकी कविता अपनी बनावट में पुरानी लेकिन अनुभूति की दृष्टि से नयी है।

गोपालशरण सिंह ने प्रकृति के अनुपम चित्र खींचे हैं 'कानन तरु की डाल में', 'कुम्हलाए फूल', 'मधुबन का फूल' इत्यादि कविताओं में प्राकृतिक सौन्दर्य और विनाश दोनों को व्यक्त किया है। प्रकृति को सीधे सम्बोधित करने की

पद्धति खड़ी बोली में गोपालशरण सिंह ने पहली बार प्रस्तुत की—"प्रथम विकास विश्व का सुखमय,/हुआ तुम्हारे आँगन में,/जग-जीवन का प्रथम प्रकम्पन,/हुआ तुम्हारे जीवन में,/हो जगती के तुम अभियान,/हे कानन कलकान्ति निधान"—यहाँ कवि प्रकृति को केवल बिम्ब चाक्षुष में नहीं बदल रहा, बल्कि उसे एक सजीव प्राणी के रूप में देख रहा है।

गोपालशरण सिंह के यहाँ प्रेम का कोमल पक्ष वर्णित हुआ है। फिर भी प्रेम विशेषकर नारी सौन्दर्य को निश्छल रूप में व्यक्त करना, प्रिय की निकटता चाहना, उसकी प्रतीक्षा में चिन्ता करना, विरह के सन्ताप झेलना इत्यादि सभी कुछ सहज रूप में चित्रित हुए हैं। इनके यहाँ प्रेम के ऐसे पक्ष भी हैं, जो इससे पहले उस रूप में प्रस्तुत नहीं हुए। ऐसे स्थलों पर प्रेम का सार्वजनिक स्वीकार और उसका वर्णन देखते ही बनता है।

इस कवि ने आध्यात्मिक विषयों की अभिव्यक्ति भी की है लेकिन इनकी ईश्वर को देखने और पाने की पद्धति आधुनिक है। वहाँ कवि ने उदारवादी नजरिए से सताए हुए लोगों के दर्द को व्यक्त किया गया है। युद्ध की विकरालता से लेकर अनाथ स्त्री की पीड़ा इत्यादि का वर्णन इस गाँधीवादी कवि ने किया है। उन्होंने हमेशा यही चाहा कि 'मानव सदा रहे', उसके 'हृदय में प्रेम का पारावार' बहता रहे। उसका मन 'उच्च और उदार भावों' से भरा रहे। घनघोर दुख और अतिशय सुख में वह 'कभी अपनी मानवता को' न भूले। वे गहरे अर्थों में सांस्कृतिक भक्तिभाव को आधुनिक सन्दर्भ देने वाले रचनाकार हैं। भावगत सहजता के साथ-साथ भाषा के क्षेत्र में भी गोपालशरण सिंह ने सरलता को प्रमुखता दी है।

सियारामशरण गुप्त

(4 सितम्बर 1895–29 मार्च 1963)

अमल अनिंद्य हमारे हिन्द

द्विवेदीयुगीन कवियों में सियारामशरण गुप्त की छवि ऐसे कवि की है जिसने आचार-व्यवहार में महात्मा गाँधी और रवीन्द्रनाथ ठाकुर से काफी कुछ सीखा है। वे हिन्दी कविता के एकनिष्ठ गाँधीवादी कवि हैं। उनका जन्म 1895 में चिरगाँव (झांसी) में हुआ और मृत्यु 29 मार्च 1963 दिल्ली में हुई। 'मौर्य विजय' (1914), 'अनाथ', 'आर्द्रा' (1928), 'विषाद', 'दूर्वादल', (1934), 'मृण्मयी' (1963), 'बापू', 'उन्मुक्त' (1940)। 'नकुल', 'नौआखाली में', 'जयहिन्द', 'आत्मोसर्ग', 'दैनिक', 'गोपिका' इत्यादि उनकी प्रमुख रचनाएं हैं।

सियारामशरण गुप्त के यहाँ भाव और विचार एक सन्तुलन में दिखायी देते हैं। वे गहरे सोचने वाले ऐसे कवि हैं जिनके यहाँ कोरी भावुकता नहीं है। जबकि कई द्विवेदीयुगीन और छायावादी कवि इस आदत से बुरी तरह त्रस्त थे। व्यर्थ की पच्चीकारी से बचे रहने वाले उस युग के कुछ ही कवियों में सियारामशरण गुप्त जैसे कवि आते हैं। उनकी कविता की बनावट सरल लेकिन सहज सम्प्रेषणीय है। एक व्याख्याकार की दृष्टि अपनाते हुए वे विषय को कविता की संरचना में ढाल देते हैं। इसके अलावा उनके यहाँ कविता में कहानी कहने की तकनीक भी मिलती है। यानि काव्य में आख्यानपरकता उनके यहाँ है। एक प्रकार से वे आधुनिक रचनाकारों को रास्ता दिखा रहे थे कि इस काव्य-रूप को महाकाव्य के विकल्प के तौर पर रखा जा सकता है। उनकी यह काव्य-शैली आगे और विकसित हुई। उन्होंने अपनी कविताओं में सांकेतिकता का भी इस्तेमाल किया इससे उनकी कविता में अर्थ की अलग चमक दिखायी देती है।

सियारामशरण गुप्त ने कविता को गद्य के नजदीक ले जाने का साहस उस समय प्रदर्शित किया जब छन्द, रस, अलंकार के बिना काव्य रचना की कल्पना भी

नामुमकिन थी। लेकिन उस दौर में निराला के साथ उन्हें दिखायी दे रहा था कि कविता की मुक्ति गद्य में है और आखिरकार कविता एक अच्छे गद्य में बदलकर ज़्यादा पठनीय हो जाती है। उसकी सम्प्रेषणशीलता बढ़ जाती है। इस सिलसिले में सियाशरण गुप्त ने अज्ञेय और दूसरे प्रयोगवादियों से बहुत पहले मुक्त छन्द और उससे भी आगे जाकर विशुद्ध गद्यात्मक कविता लिखने का जोखिम उठाया। उनकी इस कोशिश की तरफ़ आलोचकों का ध्यान नहीं गया क्योंकि उस दौर में वे अपने बड़े भाई प्रसिद्ध कवि मैथिलीशरण गुप्त की विराट छवि के आगे निस्तेज रह गये। उनकी सरल कविताओं को तो अवसर उद्धृत किया जाता रहा है लेकिन उन्होंने मुक्त छन्द में जो प्रतीकात्मकता और कथात्मकता का सन्तुलन कर नया काव्य मुहावरा गढ़ा उसे अनदेखा कर दिया गया।

सियारामशरण गुप्त ने नवजागरणकालीन विषयों को अपने काव्य-क्षेत्र में स्थान दिया। दलित जीवन को लेकर उनके यहाँ कुछ अत्यन्त महत्त्वपूर्ण काव्य प्रसंग मिलते हैं। जिनमें मार्मिकता और प्रश्नाकुलता है। अपनी मरणासन्न बेटी की अन्तिम इच्छा पूरी करने के लिए एक दलित पिता देवी के मन्दिर से फूल लाने के लिए अनथक परिश्रम करता है और आखिरकार नाकाम रह जाता। उसे मन्दिर की पवित्रता भंग करने के आरोप में इस समय के अमानवीय क़ानून के कारण जेल में जाना पड़ता है और जब वह विवश पिता लौटकर घर जाता है तो उसके हाथ में केवल मृत बेटी की राख आती है। यहाँ एक 'फूल की चाह' में तीखा विषय और सरल होने के भ्रम देने वाला कठिन यथार्थ छिपा है। फूल थोड़ी सी सुविधाओं का प्रतीक है। जो दलित वंचित समाज को नहीं मिल पाई। उनके हाथ में केवल मृत अभिलाषाओं की राख आयी। ऐसी कविताएँ हमारे समाज की जातिगत विषमताओं पर जैसे सवालिया निशान लगा देती हैं। उनके उत्तर समाज को ढूँढ़ने होते हैं। सियारामशरण गुप्त की कविता अपनी आन्तरिक बनावट में ऐसा ही रास्ता दिखाती है।

सियारामशरण गुप्त आस्थाओं के भी कवि हैं। इस नजरिये से उनकी 'वृद्ध' कविता देखनी चाहिए। वहाँ काव्य-नायक के सामने मरण सागर लहरा रहा है। लेकिन कविता उसे दिलासा देती है कि मृत्यु से डरने की ज़रूरत नहीं। इसके अलावा 'बूँद' कविता में कवि एक मामूली लगने वाली बूँद को मानवीय जीवन-सन्दर्भ में बदल देता है। बूँद केवल भंगुर बूँद नहीं रहती। सियारामशरण गुप्त अपने समय के देश काल का वृत्तान्त लिखने वाले कवियों में प्रमुख हैं। उन्होंने भारत के अतीत का गौरवगान भी किया और ऐसा करते हुए यह बताया कि वर्तमान विपरीत परिस्थितियों से लड़ना चाहिए। हालाँकि उनका यह संघर्ष

गाँधी के अहिंसा दर्शन से प्रभावित है। इसमें रक्तपात की जगह नहीं है। नैतिकता और मानवीय करुणा ही असली हथियार है—'जय-जय भारत वर्ष हमारे/जय-जय हिन्द हमारे हिन्द/विश्व सरोवर के सौरवमय /प्रिय अरविन्द हमारे हिन्द/गंगा यमुना के प्रवाह हैं/अमल अनिन्द्य हमारे हिन्द /जय-जय भारत वर्ष हमारे/जय-जय हिन्द हमारे हिन्द/'ऐसी पंक्तियों में हार्दिक देश-वन्दना है। इसमें भारतवासियों पर विश्वास किया गया है। इस विश्वास में सच्चा मानवीय उल्लास है लेकिन इस कवि के यहाँ विषाद की रेखाएँ भी हैं। 'आर्द्रा' में कवि का समाज में फैले अत्याचार से हृदय द्रवित हो जाता है। किसानों की दयनीय स्थिति का वर्णन वह 'अनाथ' में करते हैं। वह दूसरे विश्व युद्ध में हताहत हो रहे मनुष्य के दुखों से व्यथित होते हैं जबकि 'विषाद' में वह अपना व्यक्तिगत दुख व्यक्त करते हैं। वहाँ कवि अपनी पत्नी की मृत्यु पर बच्चों की तरह विलाप करता है। यह विलाप हिलाकर रख देता है।

सियारामशरण गुप्त ने आजीवन गाँधीवादी दर्शन को जिया। 'बापू', 'उन्मुक्त', 'नौआखली' जैसी रचनाओं में उनका गाँधीवादी रुझान देखा जा सकता है जबकि दूसरी कविताओं में भी भाषा और भाव के धरातल पर यह कवि गाँधीवादी दर्शन को ही कविता में प्रस्तावित करता रहा है।

(ख) छायावाद (स्वच्छंदतावादी युग)

(9) जयशंकर प्रसाद : 30 जनवरी 1890–15 नवम्बर 1937
छोटे से जीवन की बड़ी कथाएँ

(10) सूर्यकान्त त्रिपाठी निराला : वसन्त पंचमी, 1896–15 अक्टूबर 1961
तोड़ो, तोड़ो, तोड़ो, कारा

(11) सुमित्रानन्दन पन्त : 20 मई 1900–28 दिसम्बर 1977
मानव तुम सबसे सुन्दरतम

(12) महादेवी वर्मा : 26 मार्च 1907–11 सितम्बर 1987
स्त्री-पहचान का छायावादी पाठ

(13) रामकुमार वर्मा : 15 सितम्बर 1905–1990
रहस्यवादी आकुलता

जयशंकर प्रसाद

(30 जनवरी 1890–15 नवम्बर 1937)

छोटे से जीवन की बड़ी कथाएँ

छायावाद के आधार-स्तम्भ जयशंकर प्रसाद का जन्म 30 जनवरी 1890 ई. में एक समृद्ध व्यापारी परिवार में हुआ। बहुमुखी प्रतिभा-सम्पन्न प्रसाद की प्रारम्भिक शिक्षा घर पर ही सम्पन्न हुई। इन्होंने संस्कृत, हिन्दी, फारसी और अंग्रेजी में विशेष ज्ञान अर्जित किया। प्रकृति की निर्ममता के आगे प्रसाद बेबस हो गये। 12 वर्ष की अल्पायु में ही पिता एवं बड़े भाई के निधन के बाद पैतृक व्यवसाय के नष्ट होने के कारण पारिवारिक बोझ इनके कन्धों पर आ गया। जिससे जीवन-भर वह उभर नहीं सके। 15 नवम्बर 1937 ई. को उनका देहान्त हो गया।

जयशंकर प्रसाद ने साहित्य की लगभग सभी विधाओं में अपनी भावप्रणता तथा बुद्धि-कौशल का परिचय दिया है। जीवन की जटिलताओं से पीड़ित प्रसाद ने 'सावन पंचक' नामक पहली कविता लिखी जो 1906 ई. में 'भारतेन्दु मैगजीन' में प्रकाशित हुई। 1906 ई. में प्रसाद की पहली कहानी 'ग्राम', 'इन्दु' पत्रिका में प्रकाशित हुई। 1918 ई. में प्रकाशित 'चित्राधार' उनका प्रथम काव्य संग्रह है। उनकी 'कामायनी' हिन्दी काव्य जगत में अपना एक विशिष्ट स्थान रखती है। प्रसाद ने 'स्कन्दगुप्त', 'चन्द्रगुप्त', 'एक घूँट', 'कामना', 'सज्जन', 'ध्रुवस्वामिनी' जैसे प्रसिद्ध नाटकों की भी रचना की है। 'कंकाल', 'तितली' तथा 'इरावती' उनके उपन्यास हैं। 'काव्य और कला तथा अन्य निबन्ध' उनका प्रसिद्ध आलोचनात्मक निबन्ध-संग्रह है।

साहित्य की सभी विधाओं में सक्षम प्रसाद ने हिन्दी साहित्य की सर्वांगीण उन्नति के लिए अपना अमूल्य रचनात्मक योगदान दिया। एक तरफ़ श्रेष्ठ काव्य रचना करके कविता को समृद्ध किया वहीं दूसरी ओर उच्च श्रेणी के नाटकों की रचना करते हुए श्रेष्ठ नाटककार के रूप में प्रतिष्ठा प्राप्त की। प्रसाद ने सजीवता

एवं विलक्षणता से सम्पन्न जीवन्त कहानियों का भी सृजन किया तथा इतिहास और कल्पना का मिश्रण करते हुए श्रेष्ठ नाटक भी हिन्दी साहित्य को दिये। इतना ही नहीं प्रसाद ने उच्चकोटि के साहित्यिक, ऐतिहासिक और समीक्षात्मक निबन्धों का सृजन करके निबन्ध-साहित्य में भी अपनी अद्‌भुत प्रतिभा प्रदर्शित की है।

भाषा-शिल्प की दृष्टि से प्रसाद का गद्य भी काव्यात्मक शैली से युक्त है। वहाँ संस्कृतनिष्ठ तत्सम शब्दावली का प्रयोग सहजता से किया है। प्रसाद के साहित्य में भारतीय दर्शन, इतिहास और साहित्य का संश्लेषण देखने को मिलता है। प्रेमानुभूति, रागात्मकता, ऐतिहासिकता और आदर्शवाद प्रसाद के गद्य तथा पद्य की विशेषताएँ है।

जयशंकर प्रसाद की छवि एक बड़े छायावादी कवि की है लेकिन वे उतने ही महत्त्वपूर्ण नाटककार और कथाकार हैं। उल्लेखनीय तथ्य यह है कि प्रसाद का समूचा कथा-साहित्य यथार्थवादी है। उसमें जीवन और जगत की दिल दहलाने वाली घटनाएँ और बिम्ब बोलते हैं। भाषा और शिल्प की दृष्टि से प्रसाद की कविता का उत्कर्ष देखते ही बनता है। संस्कृतनिष्ठ परिनिष्ठित हिन्दी के प्रयोग के साथ ही उन्होंने अपने काव्य में प्रतीक विधान और लाक्षणिक शैली का प्रयोग कर अमूर्त्त एवं सूक्ष्म भावों को मूर्त रूप प्रदान किया है। भावों के साथ ही प्राकृतिक एवं मानवीय सौन्दर्य के चित्रण में इन्होंने बिम्बों का सहारा लेकर उसे अत्यधिक प्रभावशाली बनाया है। 'आँसू' से लेकर उनकी सभी मुक्तक और प्रबन्धात्मक रचनाएँ गीति शैली में प्रस्तुत की गयी हैं। गीतात्मकता की यह प्रवृत्ति उनके प्रसिद्ध महाकाव्य 'कामायनी' की प्रमुख विशेषता बन गयी है। गीति शैली में प्रबन्ध-रचना का यह सर्वोत्तम उदाहरण है। भावानुकूल शब्द-योजना, लाक्षणिक शैली, समुचित प्रतीक विधान, बिम्बों के कुशल प्रयोग आदि के माध्यम से प्रसाद ने अपने काव्य को सरस, आकर्षक और अत्यधिक प्रभावोत्पादक बनाया है। प्रसाद की प्रमुख रचनाएँ निम्नलिखित हैं :

काव्य — 'कानन कुसुम', 'महाराणा का महत्त्व', 'चित्राधार', 'प्रेम पथिक', 'झरना', 'आँसू', 'लहर' तथा 'कामायनी'।

नाटक — 'विशाख', 'अजातशत्रु', 'जनमेजय का नागयज्ञ', 'कामना', 'स्कन्दगुप्त', 'एक घूँट', 'चन्द्रगुप्त' तथा 'ध्रुवस्वामिनी'।

उपन्यास — 'कंकाल', 'तितली' तथा 'इरावती' (अपूर्ण)।

कहानी संग्रह — 'छाया', 'प्रतिध्वनि', 'आकाशदीप' तथा 'इन्द्रजाल'।

निबन्ध — 'काव्य और कला तथा अन्य निबन्ध'।

प्रसाद की 'लहर' छायावादी कविता-आन्दोलन के बुनियादी ग्रन्थों में से एक

है। छायावाद ऐसा काव्य-आन्दोलन माना जाता है जिसे भक्तिकाल के बाद हिन्दी कविता का स्वर्ण-युग माना जाता है। इसमें लगभग 200 कवियों ने भागीदारी की लेकिन पन्त, प्रसाद, निराला, और महादेवी वर्मा ही इसके चार आधार स्तम्भ के रूप में स्थापित हुए।

इस काव्यान्दोलन ने हिन्दी कविता को लगभग 50 साल आगे ले जाकर उसे विश्व-कविता के समकक्ष खड़ा कर दिया। छायावाद ऐसा काव्य आन्दोलन रहा है जिसने भाषा और विषय की दृष्टि से हिन्दी कविता को अपने समय से आगे की कविता बना दिया। पन्त, निराला, महादेवी वर्मा के साथ जयशंकर प्रसाद ने यह बड़ा काम किया है—'कौन, प्रकृति के करूण काव्य-सा,/वृक्ष-पत्र की मधु छाया में।/लिखा हुआ सा अचल पड़ा है, /अमृत सदृश नश्वर काया में।/अखिल विश्व के कोलाहल से,/दूर सुदूर विभृत निजन में।-/गोधूलि के मलिनांचल में,/कौन जड़्गली बैठा वन में।' छायावादी कविता द्विवेदीयुगीन इतिवृत्तों से आक्रांत स्थूल संवेदना के खिलाफ़ सूक्ष्मतम भावों से प्रवाहित ऐसी कविताधारा थी जिसमें कवियों ने परम्परित नैतिक उपदेशों को एक किनारे कर कविता में निजी अनुभूतियों को व्यक्त करने वाली बेजोड़ काव्य शैली प्रस्तुत की है। भारतेन्दु और द्विवेदीयुगीन कविता नवजागरणकालीन सुधारवादी आशयों की कविताएँ हैं। उनमें आज़ादी के स्थूल भाव हैं। जबकि छायायावाद में वास्तविक अर्थों में नवजागरणकालीन चेतना क्रान्तिकारी संवादों में व्याख्यायित हुई है। कला-सौन्दर्य से सम्पन्न यह कविता मनुष्य की मुक्ति को प्रस्तावित करती है। इसीलिए विशिष्ट सौन्दर्य-बोध, सूक्ष्म भावनिरूपण के कारण इसे स्थूल के प्रति सूक्ष्म का विद्रोह भी कहते हैं। छायावादी कविता प्राचीन सामाजिक-सांस्कृतिक और यहाँ तक कि साहित्यिक रूढ़ियों के खिलाफ़ आधुनिक भावबोध संप्रेषित करने वाली ऐसे प्रतिकात्मक बिम्ब-विधान वाली कविता है, जिसमें कोमल-भाव और भाषा एवं शब्दार्थ व्यंजित होते हैं। यह हिन्दी की पहली कविता है, जिसमें काव्यार्थ शब्द की सतह की बजाय निहितार्थ में व्यक्त होते हैं। अपनी काव्य-रूपगत विशेषताओं-स्वच्छन्दता, भावुकता, वैयक्तिकता, सूक्ष्मता, ध्वन्यात्मकता और वृतात्मकता के कारण यह कविता मानवीय सौन्दर्य को मानसिक और ऐन्द्रिक धरातल पर व्यंजित कर रही थी। इसका केन्द्रीय दर्शन विश्व मानवतावाद था।

यह बड़ा दिलचस्प तथ्य है कि शुरुआत में छायावादी कविता को बोझिल, जटिल और शुष्क भावों की नीरस प्रस्तुति कहकर हँसी-दिल्लगी में इसे छायावाद कहा गया। लेकिन क्योंकि इसमें अर्थ की अनेक छायाएँ थी। शब्द की कई परतें थी। इसलिए शुरू में इसे समझना मुश्किल था। आलोचक नयी काव्य-भाषा और

नवीन काव्य-विधा से जूझने की बजाय उसका तिरस्कार करते हैं। शुरुआती दौर में छायावादी कविता के साथ भी ऐसा हुआ था लेकिन देखते ही देखते इस अर्थ-सम्पन्न कविता को सघन व्यंजनाओं से युक्त कविता के रूप में सम्मान दिया गया। जबकि उस समय के प्रसिद्ध आलोचक आचार्य महावीर प्रसाद द्विवेदी यही कहते रहे कि 'छायावाद से लोगों का क्या मतलब है? कुछ समझ में नहीं आता।' दरअसल यह स्पष्टता-अस्पष्टता आलोचकों की निजी होती है। कई कारणों से जटिल पहेलियों को वे उत्कृष्ट कविता कह देते हैं और सहज कविता को सरलीकृत वाक्य कहकर खारिज कर देते हैं। पन्त-काव्य का विश्लेषण करते हुए आचार्य शुक्ल ने छायावाद की शक्तियों को पहचान लिया था। सबसे पहले अपने समय के आलोचकों का जबाव पन्त और प्रसाद ने दिया। इन कवियों ने आलोचकों की आपत्तियों को अस्वीकार करने के लिए आलोचना-कर्म किया। प्रसाद ने छायावादी काव्य-शैली का अपने समय की श्रेष्ठतम अभिव्यक्ति बना दिया। उन्होंने यह सिद्ध किया कि 'छायावाद से तात्पर्य कविता की ऐसी नयी प्रणाली से है जो भारतीय दृष्टि से अनुभूति और अभिव्यक्ति की भंगिमा' पर अधिक निर्भर करती हैं। जिसमें ध्वन्यात्मकता, लाक्षणिकता, सौन्दर्यात्मक विधान तथा उपचार-वक्रता के साथ-साथ सहानुभूति की विवृति होती है। जिसमें अपने भीतर से मोती के पानी की तरह अन्तर स्पष्ट करके भाव-समर्पण करने वाली अभिव्यक्ति को महत्त्व दिया जाता है। प्रसाद ने अपने रचनाकर्म से छायावादी कविता की शक्ति का एहसास करा दिया। 'कामायनी' जैसे अद्‌भुत महाकाव्य और 'आँसू', 'लहर' इत्यादि मार्मिक मुक्तकों के माध्यम से छायावादी कविता ही नहीं अपने बाद में आने वाली कविता को भी प्रसाद ने प्रभावित किया है। 'लहर' में उनकी कविता के सारे गुण मिल जाते हैं। ब्रजभाषा से काव्य सृजन शुरू करने वाले प्रसाद खड़ी बोली के बड़े कवि के रूप में प्रतिष्ठित हुए तो उसके पीछे उनकी बड़ी काव्य-साधना ही है।

'लहर' अपने विशिष्ट सौन्दर्य विधान के कारण जयशंकर प्रसाद की काव्य उपलब्धि है। 'कामायनी' में इस कवि ने कई विषयगत प्रयोग किये हैं। लेकिन उच्छल भावों के संवेग और उन्हें एक अद्‌भुत काव्यात्मक सन्तुलन के साथ शब्दों में बाँधने की कला 'लहर' को कई मायनों में उत्कृष्ट बनाती है। इसमें प्रसाद की कविता की अदा देखते ही बनती है। इस संग्रह का नामकरण एक सुविचारित प्रक्रिया है। जीवन के छोटे-छोटे बिम्बों को यादगार प्रतीकों में बदलने की क्षमता 'लहर' में दिखती है। 'लहर' वस्तुतः मनोलोक की लहरें हैं। लेकिन जिस प्रकार लहरें विलीन हो जाती हैं, ऐसा इस कविताओं के साथ नहीं हुआ। प्रसाद का

ही सौन्दर्यबोध उधार लेकर कहें तो यह पाठक के मन में वैसे ही छप जाती है जैसे रेत पर पाँव के निशान! 'लहर' की कविताएँ मानवीय सौन्दर्य और प्रेम को जीवन जीने की ज़रूरी शर्त बना देती हैं।

'लहर' की कविताओं में प्रसाद ने प्रेम को एक उदात्त मानवीय मूल्य बना दिया है। उसमें कोई संकोच या दुराव-छिपाव जैसी कुटिलता नहीं है। इस कविताओं का वाचक कवि की आवाज़ में बोलता है। और पाठक उसी आत्मीय आवाज़ को जैसे अपने कंठ से निकलते हुए सुनता है। यह इन कविताओं की शक्ति है। 'लहर' की कविताएँ किशोर वय की अछोर उम्मीदों और सपनों के चित्र हैं। उल्लेखनीय यह है कि इनमें छिछले क़िस्म का भावुकतावादी रोमान नहीं है बल्कि एक ऐसी मार्मिकता है जिसे मनुष्य अपना जीवन देकर अर्जित करता है। कवि ने स्वयं को देकर इनका काव्यार्थ कमाया है। इसलिए इनमें विश्वसनीयता है। सौन्दर्य का गायन करने वाली 'लहर' की कविताएँ ऐसी स्मृतियाँ हैं जो कवि का देर तक और दूर तक पीछा करती रही हैं। इसमें एक ऐसी बेखुदी है जो इससे पहले केवल सूफी कवियों के यहाँ मिलती है। मुख्य बात यह है कि इन कविताओं में व्यक्त प्रेम, सर्वस्व-समर्पण का ऐसा शाश्वत भाव रचता है जो दुख और पीड़ा से मुक्त करती है। इन कविताओं में प्रसाद ने अपने प्रिय समरसता के दर्शन को कविता का केन्द्रीय विषय बनाया है। कुल 33 कविताओं की यह लघु आकारपरक रचना प्रसाद की वैयक्तिक प्रेम कविताओं की प्रस्तुति है। इसमें ऐसी निजी कथा है जो सबकी हो जाती है। कवि 'आह रे वह अधीर यौवन' 'तुम्हारी 'आँखों का बचपन', 'वह दिन कितने सुन्दर थे', 'उठ-उठ री, लघु-लघु लोल लहर', 'मधुप गुनगुनाकर कह जाता', 'उस दिन जब जीवन के पथ में' जैसी भुलाएँ न भूलने वाली अतीत की यादों के अर्थ अपने वर्तमान में खोजता है तो ऐसा महसूस होता है जैसे शून्य हो चुके जीवन को नये अर्थ मिल गये हों। यहाँ पर वाचक के अतीत की 'उज्ज्वल गाथा' और 'यौवन की मादक स्मृतियाँ' 'बचपन के अल्हड़ खेल' जैसे अनूठे अनुभव में पाठक भी भागीदार बन जाता है। इसी तरह 'मेरी आँखों की पुतली में/मधुर माधवी संध्या में/चिरतृषित बिछड़ने' की मार्मिक अनुभूतियाँ भी पाठक को अन्दर तक भिगो जाती हैं। यहाँ पर रहस्यात्मक प्रेम की अभिव्यक्ति नहीं है। कविता की सतह पर अर्थ ढूँढ़ने वाले या उसमें दार्शनिक पहेलियाँ देखने वाले इसके सरल-सहज काव्यार्थ को नहीं समझ पाते।

'लहर' की कविताएँ केवल मनुष्य प्रेम की ही बात नहीं करती। बल्कि वह मनुष्य के प्रकृति प्रेम को भी दिखाती है। 'बीती विभावरी जाग री', 'ओ री मानस की गहराई', 'सागर संगम' जैसी कविताओं में जयशंकर प्रसाद जैसे सुमित्रानन्दन

पन्त से होड़ करते नज़र आ रहे हैं। 'बीती विभावरी जाग री' एक विशिष्ट प्रकार का आह्वान गीत भी है। इसमें जयशंकर प्रसाद नवजागरणकालीन चेतना को व्यक्त करते हैं। अज्ञानता और पराधीनता के विरुद्ध वह सोए हुए को जगाने की बात करते है। इस रचना में कवि ने सबसे नीचे पायदान पर खड़े मनुष्य को भी नये सन्दर्भ में समझा है और साधारण व्यक्ति की ताकत को रेखांकित किया है। मनुष्य के जीवन सन्दर्भों को समझने वाली 'मानस की गहराई' कविता मन की ताकत का बयान है।

'लहर' में प्रसाद प्राकृतिक सौन्दर्य या दार्शनिक पहेलियों में ही नहीं खोए बल्कि उन्होंने अपने समय और समाज की ठोस हकीकतों को भी कविता का विषय बनाया है। 'लहर' की इस प्रकार की कविताएँ एक संवेदनशील आधुनिक मनुष्य की यथार्थ से उसकी लड़ाई को प्रस्तावित करने वाली कविताएँ हैं। प्रसाद के देशगानों में प्रस्तावित वीर भाव बताता है कि छायावादी कवि अपने समय के आज़ादी के संघर्ष में अपनी तरह से अपनी भूमिकाएँ निभा रहे थे। यह आज़ादी की मुक्ति की संवेदना है–'असंख्य कीर्ति-रश्मियाँ,/विकीर्ण दिव्य दाह-सी/सपूत मातृभूमि के- रूको न शूर साहसी/अराती सैन्य सिंधु में–सुवाडवाग्नि-से,/प्रवीर हो जयी बनो-बढ़े चलो बढ़े चलो।।' इसी तरह–'अरे कहीं देखा है तुमने मुझे प्यार करने वाले को', 'अन्तरिक्ष में अभी सो रही है उषा', 'वसुधा के आँचल में कन-कन सा गया बिखर' और 'ले चल वहाँ भुलावा देकर मेरे नाविक धीरे-धीरे' जैसी कविताएँ समय के सामने निहत्थे खड़े और परेशानियों से लगभग अकेले जूझ रहे व्यक्ति के मानसिक द्वन्द्व और संघर्ष की कहानियाँ हैं। 'ले चल वहाँ भुलावा देकर' छायावादी काव्य की एक ऐसी रचना है जिसे कई बार उद्धृत किया जाता है। संघर्षशील स्वर वाली इस रचना को आलोचक पलायनवादी संवेदना की रचना साबित करते रहे हैं जबकि महत्त्वपूर्ण तथ्य यह है कि रचना उस आदमी का बयान है जो दिनभर मोर्चे पर खड़ा रहता है। यह मोर्चा कोई रणक्षेत्र नहीं है। आधुनिक मनुष्य हर रोज़ काम पर आजीविका कमाने नहीं जाता बल्कि लड़ने जाता है। वह हर कदम पर, हर रोज़ छोटी-छोटी बात के लिए युद्ध कर रहा है। यह बचे रहने का युद्ध हो सकता या अपनी पहचान बनाने की लड़ाई हो सकती है या फिर परिजनों को बचाए रखने के लिए उस आदमी का तर्क हो सकता है जो आत्मीयों को लगातार अपने जीवन से जाते देखकर थक गया है। इस द्वन्द्व से लगातार जूझने के बाद वह थोड़ा सा आराम चाहता है और उसकी यह चाहत जीवन के संघर्षों से भागने का रास्ता सुझाने वाला कोई मानसिक विलास नहीं है। इसमें प्रसाद का सामरस्य जीवन-दर्शन देखने की कोशिश भी आलोचक करते रहे

हैं। दरअसल सुख और दुख से ऊपर जीवन में समरसता की बात प्रसाद बार-बार करते हैं। यह भी आधुनिक संवेदनशील मनुष्य का जीवन की विषमताओं को साधने का संघर्ष है। जीवन विद्रूपता, असंगतियों और विरोधों से भरा हुआ है। ऐसे में जीवन-समर में लगातार रहना अपने आप में एक बड़ा मानसिक युद्ध है।

इस कविता का वाचक जीवन के उस यथार्थ को जीता है जिसमें धोखा, वैभव-प्रदर्शन, हिंसात्मक अहम इत्यादि का भयानक शोर है। यहाँ कोई किसी का मित्र नहीं है। कवि ऐसे मनोलोक की तलाश करता है, जहाँ छल रहित प्रेम हो और ऐसी जगह पर अगर वह थोड़ी देर विश्राम करना चाहता है तो इसमें बुरा क्या है? यह तो एक सहज मानवीय इच्छा है। वह दुख और सुख से घिरे हुए ऐसे जगत में जीवित है जो मिथ्या लगता है लेकिन चिरन्तन सत्य है। वह नश्वर-सौन्दर्य से सम्पन्न दुनिया को पाना चाहता है। ऐसी कई रचनाएँ प्रसाद ने लिखी हैं जिसमें निरन्तर परिश्रम और निर्माण चल रहा है। वहाँ पर कवि ह्रास और विनाश की बजाय निर्माण पर ज़ोर देता है। ऐसी रचनाएँ पलायन की नहीं, संघर्ष की रचनाएँ हैं। इनमें लालच, दुख, हताशा की बजाय शाश्वत मानवीय प्रेम की पक्षधरता कवि प्रदर्शित करता है—'ले चल वहाँ भुलावा देकर, मेरे नाविक! धीरे-धीरे!/ज़िस निर्जन में सागर लहरी/अम्बर के कानों में गहरी/निश्छल प्रेम-कथा कहती हो,/तज कोलाहल की अवनी रे/' प्रसाद की इस रचना को लेकर हिन्दी आलोचकों ने प्रसाद तथा सम्पूर्ण छायावादी काव्य पर पलायनवादी होने का आरोप लगाया किन्तु यह पलायनवादी कविता नहीं है। यह कविता इच्छित संसार से मिलने की आतुरता को अपने संक्षिप्त कलेवर में संजोए हुए हैं। वाचक को सारा संसार धोखादेह और स्वार्थी प्रतीत होता है। यही कारण है कि छल-कपट से बने संसार के कोलाहल से वह दूर ऐसे आदर्श लोक में जाने की बात करता है, जिसे पाने की कामना या इच्छा हर कोई करता है।

संघर्ष, पीड़ा और व्यथा प्रसाद के अभिन्न और आत्मीय सहचर रहे थे। भुक्तभोगी होने के कारण वे प्रतिकूलताओं से जूझते मानव की व्यथा को अनदेखा नहीं कर पाते है। उनकी कविता में व्यक्त शान्ति का आकांक्षी हृदय व्याकुल हो जाता है। वे अपने अन्तश्चेतना रूपी नाविक से अनुरोध करते हैं कि वह उन्हें ऐसे आदर्श जगत में ले जाये जहाँ छल-कपट न हो, सुख-दुःख, श्रम-विश्राम की समरसता हो। यह मनोलोक है।

छायावादी कवियों के ऊपर जो पलायनवादी होने का लेबल लगा है वह इस कविता की शुरुआती दो पंक्तियों में आए 'भुलावा' और 'नाविक' इन दो शब्दों के कारण लगा है। सवाल उठता है कि यह नाविक कौन है? क्या यह ईश्वर है?

जिसे मझधार में फंसा व्यक्ति पार लगाने के लिए कहता है? या व्यक्ति का वह मन है, जो जीवन के दुखों से कुछ देर के लिए छुटकारा पाना चाहता है। इन दोनों ही स्थितियों में कवि या व्यक्ति पलायनवादी नहीं होता क्योंकि दुखों से आखिरकार हर कोई छूटना चाहता है। मुश्किल तब आती है जब पलायनवादी होकर मनुष्य दुखों को ओढ़ लेता है, और रहस्यवादी उसी में सुखमय बनावटी ख़ुशी महसूस करता है। यहाँ तो दुखों से छुटकारा पाने की बात हो रही है, जो एक सहज-स्वाभाविक इन्सानी इच्छा है।

कवि ऐसे मनोलोक में जाना चाहता है, जहाँ सागर की यह कमजोर लहर अम्बर से अपनी बात कह सकती है। यहाँ लहर को प्रेमिका, अम्बर को प्रेमी के रूप में प्रस्तुत किया है। यहाँ निश्छल प्रेम कथा कही गयी है। कवि वहाँ इसलिए जाना चाहता है क्योंकि वहाँ पाखण्ड नहीं है।

कवि इस कोलाहल की अवनी को छोड़ देना चाहता है। यहाँ पर मानवीकरण है। पृथ्वी पर व्यर्थ शोर मचा है या कहें पृथ्वी जो बेमतलब के शोर से भरी है, उसे छोड़ने में ही भलाई है। कवि ऐसा मानता है। उसे अपने प्रेम की असफलता का कटु अनुभव है। वह निष्कपट, स्थायी और गहन प्रेम-तृप्ति चाहता है। वह ऐसे लोक में जाना चाहता है जहाँ धरती और आकाश मिल सके। कवि मानता है कि मन को यदि साध ले तो मनुष्य दुख देने वाली इच्छाओं से छूट जायेगा। साधारण मनुष्य के लिए यह दुनिया शोर और छल से बनी है। इस मत को लेकर भी आलोचकों ने इसे पलायनवादी कविता कहा है, किन्तु यह पलायनवादी कविता नहीं है। क्योंकि अन्त में प्रसाद ऐसे मनोलोक की कामना करते हैं जहाँ सुख-दुख की, श्रम-विश्राम की समरसता हो। उन्होंने सुख के साथ दुख को अनिवार्य माना है। कवि विश्वव्यापी निराशा के अन्धकार को करुणा के द्वारा समाप्त करने तथा मानव जाति को कर्म पथ पर चलने की कामना करता है। इसमें वह संसार को नहीं, बल्कि संसार के भौतिकवादी धरातल को छोड़कर अध्यात्म में जीने की कामना करता है। प्रसाद संसार को झूठ नहीं कहते। मिथ्या नहीं कहते। उसमें रहकर वह संसार को अस्वीकार नहीं करते बल्कि कर्म करने को कहते हैं।

छायावादी दौर की अत्यन्त चर्चित इस कविता के शुरुआती अंश के आधार पर छायावादी कवियों को जीवन संघर्षों से डरकर स्वप्नलोक में पलायन करने वाला कहा जाता है, जबकि यह कविता अनन्त जीवन संघर्षों से जूझ रहे उस मनुष्य की मनोव्यथा को व्यक्त करती है, जो थोड़ी देर विश्राम कर जीवन संग्राम के लिए फिर से तैयार होना चाहता है। प्रसाद ने इस रचना के माध्यम में अपने सामरस्य दर्शन को भी अभिव्यक्त किया है।

प्रसाद इस मनोलोक को प्रकृति में देखते हैं। शाम का शान्त नीला आकाश और उगते हुए नये तारे उस लोक के वातावरण को निर्मित करते हैं। शाम प्रतीक है उस समय का जब दिन-भर का थका व्यक्ति थोड़ी देर आराम करना चाहता है। यह करुणा और दया से निर्मित प्रेम की उदात्त दुनिया है। जिसमें सबकी मंगल कामना का भाव निहिंत है। यह किसी अकर्मण्य व्यक्ति का दर्शन नहीं है बल्कि जीवन के प्रति आस्थावान जुझारू व्यक्ति की जीवन-चेतना को यहाँ प्रस्तावित किया गया है।

कवि अपने सामने उस संसार को घटित होते देखता है जैसे चित्रपट पर जीवित छाया चित्रों को देखते हैं। इस दुनिया में दुख और सुख दोनों सत्य हैं। श्रम के बाद विश्राम और फिर नये सृजन का संकेत तथा अमर जागरण की संवेदना इस रचना में अन्तर्निहित है। प्रसाद ने ऐसे बिम्ब निर्मित किये हैं, जिनमें अर्थ की कई परतें हैं। वह आपस में उलझे हुए लगते हैं लेकिन दरअसल वह बिम्बों की संश्लिष्ट शृंखला है। यह विषय जटिल है इसलिए इसे व्यक्त करने वाला शिल्प भी आसान नहीं है, कवि ने इस अकेली रचना में छायावादी कथ्यरूपगत कई विशेषताएँ प्रस्तुत कर दी हैं।

प्रसाद की आत्मकथात्मक कविता 'मधुप गुनगुना कर कह जाता कौन कहानी यह...अभी समय भी नहीं-थकी सोई है मेरी मौन व्यथा!/'—खड़ीबोली कविता में लिखा पहला काव्यात्मक आत्मकथ्य है। प्रसाद ने इस कविता में स्वयं को आत्मकथा लिखने के लायक नहीं माना है। उनके अनुसार इसकी कई वजहें हैं। सबसे बड़ी वजह यही है कि उन्होंने कोई महान जीवन नहीं जिया। खुद को बेहद मामूली इन्सान मानते हुए प्रसाद ने स्वीकार किया है कि उनमें कई दुर्बलताएँ हैं। अपनी क्षुद्रताओं और कमियों को सबको बताने से क्या लाभ होगा? क्योंकि आत्मकथा उसे लिखनी चाहिए जिसने ऐसा जीवन जिया हो जो बेदाग हो और जिससे समूची मानव जाति प्रेरणा ले सके।

प्रसाद ने उन लोगों पर भी व्यंग्य किया है जो आत्मकथा के नाम पर अपनी उन बातों को भी सार्वजनिक कर देते हैं, जिससे ऐसा कुछ नहीं मिलता जो जीवन को बेहतर बना सके। ऐसे लोगों को प्रसाद ने अपने जीवन की कुरूपताएँ उजागर करने वाला और अपना मज़ाक उड़ाने वाला कहा है। प्रसाद मानते हैं कि अगर उन्होंने अपनी आत्मकथा लिखी तो उसमें दूसरों को देने के लिए, सिखाने के लिए कुछ नहीं मिलेगा। दूसरी तरफ़ वह यह भी इशारा करते हैं कि उनसे कई भूलें हुई हैं। इसके अलावा दूसरों ने भी उनके साथ छल कपट किया है। आत्मकथा अपनी सच्ची कहानी होती है। ऐसे में उन लोगों का कुरूप चेहरा और विकृतियाँ दूसरों को बतानी पड़ेगी जिससे वे बचना चाहते हैं।

प्रसाद यहाँ एक और इशारा करते हैं बल्कि यह लगभग सीधा संकेत है कि उनका प्रेम अधूरा रह गया। इस प्रसंग को भी प्रसाद एक छायावादी भद्र कवि की तरह सार्वजनिक नहीं करना चाहते। दूसरी तरफ़ जीवन के कई ऐसे दुख हैं जिन्हें सबको बताने से क्या मिलेगा? इसलिए प्रसाद उन थोड़ी सी ख़ुशनुमा यादों को निजी सम्पत्ति की तरह छुपाए रखना चाहते हैं। अपने साधारण जीवन की छोटी कहानियों को सुनाने की बजाय दूसरों की महागाथाएँ सुनने में दिलचस्पी लेते हैं। यहाँ दरअसल जीवन की उन कटुताओं से बचने की भी कोशिश दिखायी देती है, जिन्हें प्रसाद फिर से याद नहीं करना चाहते। प्रसाद की यह विशुद्ध आत्मपरक रचना है–'जिसके अरुण कपोलों की मतवाली सुन्दर छाया में/अनुरागनी उषा लेती थी निज सुहाग मधुमाया में।/उसकी स्मृति पाथेय बनी है थके पथिक की पन्था की?/सीवन को उधेड़ कर देखोगे क्यों मेरी कन्था की?/छोटे-से जीवन की कैसे बड़ी कथाएँ आज कहूँ?/क्या यह अच्छा नहीं कि औरों की सुनता मैं मौन रहूँ?' इन पंक्तियों में प्रसाद अपने हृदय की पीड़ा को व्यक्त करते हैं।

इस कविता का शिल्प आत्मकथ्य का है। प्रसाद यहाँ जैसी उत्कृष्ट निजी कविता को सम्भव करते हैं, वह विरल है। कवि का जीवन संघर्षों, विपदाओं, दुख और वेदना की अनन्त कथा है। वह प्रेम को पाने तथा उसके सान्निध्य में प्राप्त होने वाले सुख की केवल कल्पना ही करता रहा। उसे जीवन में वह प्रेम कभी नहीं मिल पाया जिसकी वह कल्पना करता रहा। इस कविता में प्रसाद छायावादी महीन स्थापत्य का उदाहरण पेश करते हैं। यहाँ वाचक को लगता है कि प्राची दिशा उसके प्रियतमा के कपोलों की लालिमा से अपना सौभाग्य ग्रहण करती है। अर्थात् सूर्य की पहली किरण जो पृथ्वी पर आती है, और जिससे चारों तरफ़ आकाश में लालिमा छा जाती है, वह लालिमा उसकी प्रियतमा के कपोलों की लालिमा का प्रभाव है। जिसे पाकर उषा अपने को सौभाग्यशाली समझती है। यहाँ प्रेम और सौन्दर्य का अद्भुत मेल है। 'निज सुहाग मधुमाया' से तात्पर्य हैं कि वाचक प्रेम में इतना डूबा हुआ है, कि वह उषा की शोभा का कारण अपनी प्रिया के कपोलों की लालिमा को बताता है।

'लहर' की कविताएँ बुनियादी तौर पर स्मृति की रचनाएँ हैं। जहाँ प्रसाद स्मृति की बात करते हैं वहाँ वह अतीत में ले जाते हैं। मधुर सपनों के टूटने की उनके यहाँ कई यादें हैं। स्वप्न के समान अल्पकालीन उस नष्ट जीवन की स्मृतियाँ ही अब शेष जीवन का अवलम्बन है। जो थके पथिक की पन्था है। जीवन एक कठिन वर्तमान है, उसको काटने लायक यह स्मृतियाँ रास्ते में सहारा देने वाली बचाकर रखी गयी पूँजी है। जिस प्रकार एक पथिक सफर पर जाने के लिए अपने

साथ एक पोटली में आवश्यक चीज़ें रख लेता है, उसी तरह वाचक स्मृतियों की पोटली सहेजकर रखता है। स्मृतियाँ ही थोड़ी सी ज़रूरी चीज़ों की तरह हैं जो ताकत देती है तथा वर्तमान को सहने लायक बनाती हैं। कवि ने स्मृतियों को व्यक्तिगत चीज़ों की तरह रखा है। वह अपनी उन बातों को सार्वजनिक नहीं करना चाहते। यहाँ प्रसाद ने उन लोगों पर व्यंग्य किया है, जो आत्मकथा के नाम पर उन बातों को भी सार्वजनिक कर देते हैं, जिनका कोई अर्थ नहीं होता। ऐसे लोगों को प्रसाद ने अपना ही मज़ाक उड़ाने वाला नासमझ व्यक्ति कहा है।

वाचक कहता है कि तुम मेरी कन्था की सीवन उधेड़कर क्या देखना चाहते हो? जैसे ऊपर से आकर्षक गूदड़ी को उधेड़ने पर पुराने कपड़े, रुई एवं कतरन ही मिलते हैं, उसी प्रकार वाचक का शान्त लगने वाला जीवन भी कष्टों से भरा हुआ है। निरन्तर अभ्यास और संयम से वाचक ने दंशों को सहनीय बना लिया है। इसलिए वह उन कष्टप्रद स्मृतियों को कुरेदना नहीं चाहता।

मामूली-व्यक्ति का छोटा-सा जीवन इस रचना का मूल है। 'मैं बहुत तुच्छ हूँ,'—यह कहना वाचक की विनम्रता है। वाचक कहता है कि मैंने अपने छोटे-से जीवन में कोई महान कार्य नहीं किया। और वह मानते हैं कि आत्मकथा उसे लिखनी चाहिए जिसने ऐसा जीवन जीया हो जिससे समूची मानव-जाति प्रेरणा ले सके। वाचक कहता है कि यदि उसने अपनी आत्मकथा लिखी तो उसमें दूसरों को देने के लिए, सिखाने के लिए कुछ नहीं मिलेगा। क्योंकि उनके जीवन के कई ऐसे दुख हैं, जिन्हें सबको बताने से क्या लाभ मिलेगा? वह किसी का बुरा भी नहीं चाहते। यहाँ वाचक की उदात्त भावना उजागर होती है। उसका मानना है कि अगर मैं आत्मकथा लिखूँगा तो लोगों को पता चल जायेगा कि मैं साधारण-सा व्यक्ति हूँ। जिसका दुनिया मज़ाक उड़ाएगी। साथ ही उन लोगों का कुरूप चेहरा और विकृतियाँ दूसरों को बतानी पड़ेगी जो वाचक के साथ छल-कपट करते हैं। इससे वह बचना चाहता है।

वाचक जीवन की थोड़ी-सी ख़ुशनुमा यादों को निजी सम्पत्ति की तरह छुपाएँ रखना चाहता है। अपने साधारण जीवन की बजाय दूसरों की महागाथाएँ सुनने में दिलचस्पी लेता है। कटुताओं से बचने की वाचक की कोशिश दिखायी देती है। जिन्हें वह फिर से याद नहीं करना चाहते।यह कविता में प्रस्तुत आत्मकथा है—आत्मपरक रचना का यह अप्रतिम निदर्शन है। स्वानुभूति की विवृत्ति; छायावाद की महत्त्वपूर्ण विशेषता इस कविता में प्रकट हुई है।

छायावादी कवियों ने आत्म-प्रस्तुति करने के साथ-साथ मनुष्य और प्रकृति-सौन्दर्य के माध्यम से अपने समय और समाज की समस्याओं को जगह दी

है—'बीती विभावरी जाग री,/अम्बर पनघट में डुबो रही,/तारा-घट उषा नागरी।/ खग-कुल कुल-कुल सा बोल रहा,/किसलय का अंचल डोल रहा/लो यह लतिका भी भर लाई,/ मधु मुकुल नवल रस गागरी/' यहाँ प्रसाद ने नवजागरणकालीन सौन्दर्य और प्रभातकालीन प्रकृति की विविध छवियों का चित्रण किया है। यह सोते हुए राष्ट्र को जगाने वाला गीत है। वह युग नवजागरणकालीन चेतना का था। देश आज़ादी की लड़ाई के लिए संघर्ष कर रहा था और मनुष्य की मुक्ति की आवाज़ें भी चारों ओर वातावरण में फैल रही थी। इसीलिए प्रसाद ने प्रकृति के बहाने मुक्तिकामी चेतना को व्यक्त किया है।

इस कविता में कवि ने उषाकालीन नैसर्गिक सुषमा का शब्दचित्र अंकित किया है। रातभर प्रज्ज्वलित नक्षत्र-दीप सुबह होने तक श्रम-शिथिल हो जाते हैं। उनका प्रकाश मलिन हो जाता है। उषा का आगमन चारों तरफ़ लालिमा युक्त प्रकाश को फैलाता है, बाहरी साँचा छायावादी है। अन्तर्कथ्य है—पर्यावरण में जागरण की चेतना और स्फूर्ति फैल रही है। कुछ देर पहले आकाश में जो नक्षत्र चमक रहे थे, अब वे छिप रहे हैं। उनका तेज कम हो रहा है। नीलाकाश में धीरे-धीरे ऊपर उठता बालरूप रवि, कवि को पानी में आधे डूबे धड़े-जैसा दिखता है। कवि-कल्पना है कि सुबह हो जाने के कारण उषा नायिका प्रतिदिन की तरह आकाशरूपी पनघट पर पहुँचकर सूर्यरूपी घड़े को कुएँ में डाल रही हैं, उसमें शोभारूपी जल भरने के बाद उसने उसे चारों तरफ़ बिखेर दिया था। यह अज्ञानता के खिलाफ़ ज्ञान की व्याप्ति है। सर्वत्र रस ही रस व्याप्त है। संसार में आनन्द की वृद्धि हो रही है। सब चेतन होकर अपने-अपने काम में जुट गये हैं। मोह या अज्ञान निद्रा में सोयी सखी को भी आलस त्यागकर उठ जाना चाहिए। वहाँ कवि द्वारा प्रस्तावित निहित अर्थ कविता को बड़ा बनाता है।

प्रसाद की इस कविता में अर्थ की दो परतें हैं। जहाँ एक तरफ़ उषाकालीन प्रकृति के दृश्यों का चित्रण है तो दूसरी ओर वातावरण में व्याप्त आज़ादी की नयी चेतना का अर्थ भी इस रचना में मिलता है। यहाँ जो नक्षत्र दीप हैं, वह दरअसल साम्राज्यवाद के आखिरी निशान है। जो नवजागरणकालीन आलोक की चकाचौध में ओझल हो रहे हैं।

कविता की बाहरी बनावट प्रकृति-चित्रण जैसी है। इस नजरिए से कविता उषा का बिम्ब निर्मित करती है। कवि इस अविराम दृश्य को देखने के लिए नायिका और उसकी सखी को आमन्त्रित करता है। दरअसल रीतिकालीन 'आली' यानी सखी यहाँ पर उन लोगों में रूपान्तरित हो गयी है, जो अपने धन-पद और प्रतिष्ठा में बेसुध सोए हुए हैं। कवि उन्हें आलस्य त्यागकर कर्मठ और सक्रिय

बनने का आवाहन करता है। 'उषा-नागरी' आज़ादी की चेतना है। 'विभावरी' गुलामी की रात। 'उषा' यहाँ एक सौम्य-शालीन स्वभाव वाली शिक्षित स्त्री है। जो आज़ादी की इस लड़ाई में अपना पूरा सहयोग दे रही है। वह सबको जगाने का सन्देश दे रही है कि स्त्री जो सबसे कमज़ोर थी वह भी अब शिक्षित होकर अपने अधिकारों को जान गयी है; तथा उन्हें पाने के लिए इस स्वतन्त्रता-प्राप्ति की लड़ाई में सबके साथ मिलकर संघर्ष कर रही है।

उषा का आगमन चारों तरफ़ जिस रक्तिम प्रकाश को फैलाता करता है, उससे जागरण, नवचेतना और स्फूर्ति फैल जाती है। पक्षियों के समूह घोंसलों में सूर्य की पहली किरण पड़ने से मधुर स्वर में गा रहे हैं। शीतल, मन्द, सुगन्धित हवा का कोमल स्पर्श पल्लवों को मदमस्त करता है तथा कलियाँ पुष्पित हो सुगन्धि बिखेरने लगती हैं। रस लोभी भ्रमर उन पर गुंजार करने लगते हैं। कलियों को, लताओं को कवि देखकर कहता है कि लता ने भी कलियों में उसी प्रकार मधुर-पराग रस भर लिया है। जिस प्रकार पनघट पर पनिहारिनों ने अपने घड़ों में जल भर लिया है। यहाँ पर कोमल पल्लव भविष्य के नागरिक हैं और पुष्पित कलियाँ नारी शक्ति हैं। लताएँ जो अब तक पेड़ों के सहारे आगे बढ़ती थी। वह भी अब जीवनदायी संवेदना से परिपूर्ण है। अर्थात् स्त्री जो अभी तक पिता, पति, पुत्र पर आश्रित थी। समाज में जिसे सबसे कमजोर समझा जाता था। वह भी अब भविष्य के नागरिकों के साथ इस आज़ादी की लड़ाई में अपना सहयोग दे रही है। समाज में जिन्हें सबसे साधारण समझा जाता रहा वे भी अब हाथ उठाकर सबके साथ मिलकर आगे बढ़ने के लिए तैयार हो गये हैं। वे समझ गये हैं कि इस आज़ादी को सभी मिलकर हासिल कर सकते हैं।

इस कविता में कवि सारे भोग-विलास और आलस्य को त्यागकर सबको एकजुट होकर लड़ने का रास्ता दिखाता है। यह प्रकृतिपरक जागरण गीत है। कवि ने अर्थ को व्यंजित किया है। अर्थ के एक से अधिक धरातल हैं। इस नवजागरणकालीन गीत में प्रकृति बिम्ब को कवि ने आज़ादी की चेतना के बिम्ब में बदल दिया है।

छायावादी कविता 'बीती विभावरी जाग री' में प्रकृति का एक लोकप्रिय घटक—उषा एक सौन्दर्य सम्पन्न नायिका दिखायी देती है। वह सबको जागने का सन्देश देती है। लेकिन कविता का निहितार्थ यह है कि लोगों की चेतना जाग गयी है। भाषा में सजीव गति और संगीत गूँजता है। अलंकार सायास नहीं है। इसलिए अनिवार्य लगते हैं। एक प्राकृतिक बिम्ब को कवि ने आज़ादी की चेतना में बदल दिया है।

कविता 'उठ उठ री लघु लघु लोल लहर' 'करुणा की नव अंगराई-सी.../ आ चूम पुलिन के विरस अधर!' प्रसाद की प्रेम-विषयक सौन्दर्यशास्त्र को प्रस्तावित करती है। इस कविता का वाचक प्रेम की उस विलुप्त धारा को फिर से अनुभव करना चाहता है, जो अब केवल अतीत की स्मृतियों में बची है। प्रसाद इस जटिल यथार्थ के संप्रेषण के लिए सूक्ष्म उपमानों का प्रयोग करते हैं। 'लहर' कभी कवि को करुणा का नया रूप लगती है और कभी चंदन-वन से आने वाली हवा की परछाई महसूस होती है। इस वाचक की यही कामना है कि उसका वर्तमान जीवन रसहीन हो गया है। प्रेम की स्मृतियाँ ऐसी लहरे हैं जो उसके जीवन के सूखे तट पर छिटक जाय, तो नये जीवन का संचार हो जायेगा। लेकिन वह लहर बार-बार उससे दूर हो जाती है। वह वाचक के मन में कोमल स्पन्दन की तरह बसी हुई है और हठीले बचपन की तरह उसके पास आकर दूर चली जाती है। कवि केवल ये आग्रह करता है कि वह लहर उसके जीवन में आकर कुछ देर यह क्रीड़ा करती रहे।

लहर का स्वभाव चंचल है। प्रसाद प्रेम की मानसिक लहर को प्राकृतिक लहर के साथ जोड़कर अद्भुत बिम्ब का निर्माण करते हैं। जिस प्रकार लहर अपनी विकराल धारा से अलग होकर किनारे से टकराती है। इस प्रक्रिया में वह उठ-उठकर गिरती है और बार-बार आती है। उसके कदमों के चिह्न तट की रेत पर ऐसे अंकित हो जाते हैं जैसे किसी नर्तकी के पदचिह्न मंच पर छप जाते हैं। कदमों के वह चिह्न रेत की रेखाओं को उभार देते हैं और कुछ देर तक उनमें तरल सिहरन बसी रहती है।

बिम्बों में मनोभावों की बार-बार आवृत्ति प्रेम के रूपक को महाबिम्ब में बदल देती है, कवि एक ही मनोभाव को कई-कई बिम्बों में व्यक्त करता है। कविता के अन्त में प्रसाद जीवन के सूनेपन और अकेले रह जाने की पीड़ा को सार्वजनिक कर देते हैं। वह स्पष्ट करते हैं कि मनुष्य के जीवन में प्रेम एक अनिवार्य घटना है। उसके बिना मनुष्य का जीवन रिक्त और बेमानी हो जाता है। इन पंक्तियों में प्रेम केवल स्मृतियों में बचा है। वह स्मृतियाँ इतनी जीवन्त हैं कि नीरस जीवन को कुछ देर के लिए रससिक्त कर देती हैं। इसलिए कवि यहाँ प्रेम पाने का प्रत्यक्ष निवेदन करता है। प्रेम एक जीवनदायी शक्ति है और एक मानवीय ज़रूरत भी! यहाँ तट के किनारे सूखे हुए नहीं हैं। बल्कि वाचक का जीवन ही अर्थहीन हो गया है। उसमें अर्थ भरने के लिए वह प्रेम की आकांक्षा करता है।

यह कविता कथ्य और बनावट दोनों दृष्टियों से अपने समय से आगे की रचना है। प्रसाद जब इसे लिख रहे थे उस समय ऐसा सोचने एवं लिखने वाले

कम कवि थे। छायावादी कवियों का आभार और ऋण इसीलिए बाद के कवियों पर चढ़ा हुआ है कि छायावादियों ने मनुष्य जीवन के नितांत निजी गोपनीय विषयों और वर्जित प्रदेशों में पहलकदमी करने का जोखिम उठाया। इस रचना में भी प्रसाद ने खड़ीबोली की ऐसी तत्सम शब्दावली निर्मित की है जो लचीली है। हर बार नया अर्थ करने की क्षमता उसमें बची रहती है।

जयशंकर प्रसाद एक दार्शनिक कवि हैं। वैसे भी दर्शन और काव्य का एक लगभग अनिवार्य रिश्ता है। लेकिन प्रसाद विशेष अर्थों में तत्ववादी कवि हैं। 'ओ री मानस की गहराई'—जैसी कविताओं में उन्होंने दार्शनिक मनोविज्ञान सम्बन्धी अपनी वैचारिक क्षमता का परिचय दिया है। इसमें उन्होंने मनुष्य के मन को ऐसा मानसरोवर माना है जो व्यापक और गहन है। वह जलहीन बादलों की तरह हवा से उड़ नहीं जाता; जल से भरे बादलों की तरह शान्त और सम्पन्न रहता है। जबकि खोखले बादल हवा के मामूली झोंको से उड़ जाते हैं। प्रसाद मनुष्य को अपने मन में मानसरोवर बनाने का रास्ता दिखाते हैं। जिसका जल इतना स्वच्छ होता है कि प्रतिबिम्ब बिल्कुल साफ़ दिखायी दे। इसीलिए वे मन की निष्कलुषता और शुद्ध होने पर बल देते हैं; जैसे पारदर्शी नीलमणि होती है। अगर मनुष्य अपने मन को ऐसा ही समर्थ बना ले तो हमेशा चलायमान रहने वाली जादुई दुनिया को भी अपने में प्रतिबिम्बित कर सकता है और इसके बाहरी प्रभावों से निष्कम्प रह सकता है।

यहाँ वाचक मनुष्य-मन की उदारता और संवेदना पर बल दे रहा है। मन का ऐसा होने से ही दुनिया के सामान्य जीवों का सुख-दुख व्यक्ति का अपना हो जाता है। कटु-सच्चाइयों का जहर भी ऐसे मन को संवेदना-शून्य नहीं बना पाता।

प्रसाद मन को खुशियों से भरपूर रहने के लिए इसलिए कहते हैं कि मन के उल्लसित होने के कारण सम्पूर्ण सृष्टि सुखमय और प्रसन्न दिखायी देती है। जैसा मन होता है मनुष्य को बाहरी वातावरण भी उसके प्रतिबिम्ब के कारण वैसा ही दिखता है। मन असीम शक्तियों से भरा है, इसलिए उसमें परिस्थितियों को बदलने की ताकत भी है। वह मृत्यु, शोक और संघर्ष जैसी विषम परिस्थितियों को भी हँसकर झेल सकता है। इसलिए जीवन में सकारात्मक बदलावों के लिए मन सदा हर्ष से भरा होना चाहिए।

प्रसाद की यह कविता मन और मनुष्य के प्रति आस्था और विश्वास को व्यक्त करने वाली आशावादी रचना है। जो बताती है कि प्रसन्न मन इतना उदार हो जाता है कि वह किसी को दुखी नहीं देख सकता और दूसरों के जीवन को सुखमय बनाने के लिए लगातार कोशिश करता है। इस अमूर्त भाव को प्रसाद ने

सरल और आपस में जुड़े बिम्बों के द्वारा सजीव कर दिया है। इसमें मनुष्य के मन की एक निरन्तर लय विद्यमान है। जिसमें सारी कटुताओं और शोर शराबे को भूलकर शान्ति का सन्देश प्रस्तुत किया गया है।

जयशंकर प्रसाद छायावादी कविता में रहस्यवादी जटिलता की बजाय ऐसे जीवन दर्शन को प्रस्तावित करने वाले कवि हैं, जिनकी कठिन बातें भी सामान्य मनुष्य को इसलिए सहज समझ में आ जाती हैं, क्योंकि कवि उन्हें सबका जीवन दर्शन बनाकर प्रस्तुत करता है। 'अरी वरुणा की शान्त कछार!' जैसी कविताओं में प्रसाद का रूझान अतीत की ओर जाता है। वह याद करते हैं कि उस शान्तिपूर्ण वातावरण में देश के मनस्वी मनुष्य, ईश्वर, जगत, आत्मा इत्यादि के रहस्य सुलझाने के सिलसिले में जो विचार-विमर्श करते थे उनमें मनुष्य के लघु और नश्वर जीवन को महानता की ओर ले जाने की चिन्ता थी। उस विमर्श की मुख्य बात यह होती थी कि उसमें मस्तिष्क और हृदय दोनों सन्तुलित होकर निष्कर्ष निकालते थे।

यह कविता 'मूलगन्ध कुटि विहार-गमन' के उपलक्ष्य में लिखी गयी थी। इसलिए इसमें कवि तथागत बुद्ध को भी याद करता है कि किस प्रकार वे संसार के सारे भोग-विलास, पत्नी का प्रेम, पिता का वात्सल्य और पुत्र का शिशु-सुलभ दुलार छोड़कर प्राणियों के उद्धार के लिए वहाँ पर आए थे। उन्हें जगत में फैली नश्वरता की ज्वाला, अज्ञानता का अन्धकार और मोहपाश की जंजीरें दुख देती थीं। उन्होंने अपने सूर्यमय तेज से दीन-दुखियों का जीवन बदल दिया। प्रसाद कहते हैं कि यहीं पर विश्व मानवता का जयघोष हुआ था। सांसारिक विध्वंसों के विरुद्ध करुणा और अहिंसा के संवाद यहीं स्थापित हुए थे।

प्रसाद यह कामना करते हैं कि आज फिर मनुष्य का जीवन जगत के छल-छद्म, कपट और स्वार्थ से पीड़ित है। ऐसे में जीवन के दुखों से छुटकारा पाने के लिए मनुष्य वरुणा की शान्त कछार तक जाना चाहता है। दरअसल यह स्थान मनुष्य के भीतर ही होता है। जिसको याद करने भर से उसे दुखों से मुक्ति मिल जाती है। दुखों से मुक्ति के लिए ही प्रसाद अपने अपने मन रूपी नाविक को भुलावा देकर एक ऐसे मनोलोक में जाना चाहते हैं जहाँ मनुष्य सुख-दुख के प्रति समरसता अनुभव करता है।

'लहर' की कविताएँ प्रेम के अतीत राग, मनोलोक की रचनात्मक कल्पनाशीलता और ऐतिहासिक आख्यानों की काव्यात्मक प्रस्तुति सहित अपनी लम्बी कविताओं के लिए भी पहचानी जाती है। प्रसाद ने छायावादी युग में **'प्रलय की छाया'** जैसी लम्बी कविता का एक ऐसा मॉडल दिया जो आख्यान

पर आधारित था। 'थके हुए दिन के निराशा भरे जीवन की/गिरता नक्षत्र नीचे कालिमा की धारा-सा असफल सृष्टि सोती-प्रलय की छाया में/' उससे थोड़ा पहले पन्त अपनी 'परिवर्तन' कविता के द्वारा लम्बी कविता का एक ऐसा मॉडल प्रस्तावित कर चुके थे जिसमें न कोई आख्यान है न कोई चरित्र; केवल घटनाओं जैसे लगते कुछ प्रसंग हैं, जिन्हें बिम्बों में बाँधकर कविता विकसित होती है। दूसरी तरफ़ प्रसाद ने 'प्रलय की छाया' के बहाने एक ऐसा काव्यरूप दिया जिसमें नाटकीयता और पूर्वदीप्ति का रचनात्मक इस्तेमाल किया गया है। इसमें अतुकान्तता से युक्त स्वच्छन्द मुक्तक और नयी काव्य-भाषा के बीज भी मिलते हैं। प्रसाद ने गुजरात की रानी कमला के बचपन से लेकर अन्त तक के जीवन का मनोविज्ञान और सच प्रस्तुत किया है।

कमला गुजरात नरेश कर्णदेव की रानी है। वह अतुलनीय सौन्दर्य की स्वामिनी हैं। अपने सौन्दर्य को लेकर उसमें एक स्त्री-सुलभ रूपदर्प है। इतना ही नहीं, इस महत्त्वाकांक्षी और विलास-प्रिय स्त्री में वह सब कमियाँ मौजूद हैं, जिसका इस्तेमाल कर पुरुष औरतों का शोषण करते हैं। लेकिन यहाँ वह स्वयं अपना शोषण करवाने के लिए तत्पर ऐसी स्त्री के रूप में सामने आती हैं, जिसे आखिरकार कुछ भी हासिल नहीं होता।

'प्रलय की छाया' ऐतिहासिक महत्त्व की लम्बी कविता है। इसमें अपने सौन्दर्य पर आसक्त एक ऐसी औरत का चित्रण प्रसाद ने किया है जो लगातार गहरे अन्तर्द्वन्द्व से जूझती है। गुजरात की महारानी कमला के माध्यम से प्रसाद ने एक ऐसे पात्र की त्रासद व्यंग्य-कथा प्रस्तुत की है जो थोड़े लालच के लिए अपने जीवन के मायने खो देती है। अपने पति गुजरात नरेश के पराभव के वक़्त वह चाहे जैसे बन पड़े सत्ता के केन्द्र में रहना चाहती है। बाद में वह महसूस करती है कि उसकी यह चाहत ऐसा लालच था जिसने उसे पतन की चाह पर धकेल दिया। उसे अपना अनिंद्य सौन्दर्य श्राप लगने लगा। इस रचना में तीव्र अनुभूतियाँ ऐसे बिम्बों में व्यक्त हुई हैं जो दूर तक पाठक का पीछा करती हैं। इस लम्बी कविता में प्रसाद ने दिखाया है कि कर्णदेव सुल्तान अलाउद्दीन के खिलाफ़ खुद को गुजरात का सम्राट घोषित कर देते हैं। सुलतान इस बगावत को दबाने के लिए युद्ध छेड़ देता है। कर्णदेव सुल्तान के खिलाफ़ बहादुरी से लड़ते हैं। इसके बावजूद उन्हें जान बचाने के लिए भागना पड़ता है।

कमला दूसरी क्षत्रिय रानियों की तरह जौहर में जलने की बजाये सुल्तान को मारने का संकल्प करती है। यहाँ तक उसका चरित्र एक उच्चतम मानवीय मूल्यों से सम्पन्न स्त्री का लगता है लेकिन प्रसाद जीवन की नाटकीयता दिखाते

हुए एक-दूसरी सच्चाई दिखाकर पाठक को स्तब्ध कर देते हैं। कमला भोग-विलास और ऐश्वर्य पाने के लिए सारी सीमाओं को लाँघ जाती है। माणिक जो कि कणदिव का विश्वस्त सैनिक है, उसके यह बताने पर कि कर्णदेव अभी जीवित है। कमला उसकी प्रतीक्षा नहीं करती। कमला भारतेश्वरी बनने की कल्पना में डूबकर खुद को सुल्तान के आगे समर्पित कर देती है। माणिक सुल्तान का वध करके खुद सिंहासन सँभाल लेता है। ऐसे में कमला हीनता-बोध से ग्रस्त हो जाती है, क्योंकि एक मामूली सैनिक ने अपने प्राणों पर खेलकर हथियार नहीं डाले लेकिन कमला जैसी सम्राज्ञी ने ऐश्वर्य के वशीभूत होकर अपना चारित्रिक पतन स्वयं करवाया।

प्रसाद ने देवसेना, पद्मिनी, श्रद्धा जैसी आदर्श नारियों को अपनी श्रद्धा का पात्र बनाया है और कमला सरीखी विलासी औरतों के सन्दर्भ में निर्णय पाठकों पर छोड़ दिया है। आज के परिदृश्य में देखें तो कमला का चरित्र पाठकों की घृणा का नहीं शायद सहानुभूति का पात्र भी दिखायी दे। क्योंकि समय बदल चुका है। आज आदर्श की बजाय यथार्थ व्यक्ति-जीवन के केन्द्र में है। कमला ने ऐसा जीवन जिया जो काफी हद तक आत्मकेन्द्रित लगता है। लेकिन युगीन परिस्थितियाँ बदलने के साथ ऐसे चरित्र आज घृणा के पात्र नहीं रह गये हैं क्योंकि स्त्री-मुक्ति आन्दोलन ने औरतों को अपना मनचाहा जीवन चुनने और अपने प्रिय पात्र का हर कदम पर वरण करने का रास्ता दिखाया है।

प्रसाद को अतीत आकर्षित करता रहा है। अपनी प्रेम और करुणा विषयक व्यक्तिगत धरातल वाली रचनाओं में प्रसाद छटपटाते अतीत की शरण में जाते हैं तो ऐतिहासिक सन्दर्भों वाली कविताओं में वे वर्तमान मुश्किलों का सामना करने के लिए इतिहास में कदम रखते हैं। गौरवपूर्ण अतीत के सुनहरे पन्नों में दर्ज गाथाएँ प्रसाद के यहाँ नया काव्य-आख्यान रचती हैं। लहर की चार कविताएँ 'प्रलय की छाया', 'अशोक की चिन्ता', 'शेर सिंह का शस्त्र-समर्पण' और 'पेशोला की प्रतिध्वनि' इसी संवेदना की रचनाएँ हैं।

'अशोक की चिन्ता' शास्त्रीय नजरिए से प्रगीत मुक्तक है। इस चर्चित रचना में कवि इतिहास के बाहरी साँचे में अपनी रचनात्मक वैचारिकी प्रस्तुत करता है। इस रचना में अरविन्द दर्शन का नया भाष्य और बौद्ध दर्शन की करुणा तथा दुखवाद संश्लिष्ट रूप में मिलता है।

कविता के केन्द्र में दुनिया को जीतने की महत्त्वाकांक्षा रखने वाला सम्राट अशोक है। लेकिन कविता का बीज-भाव यह है कि कोई भी सम्राट और राजा अपने पराक्रम के आतंक से राज नहीं करता बल्कि राजा वही है, जो प्रजा के दिलों पर राज कर सके। अशोक की चिन्ता इसलिए करुणा में बदल जाती है

कि उसने विरोधी राजा को पराजित किया लेकिन जनता को खो दिया। कलिंग विजय तो प्राप्त की लेकिन चारों तरफ़ बिखरा हुआ रक्त देखकर उसे युद्ध से नफरत होने लगी। अशोक की विरक्ति उस बलशाली के मन में उपजा विराग है जो आखिरकार खुद को खाली हाथ पाकर ठगा-सा रह जाता है। विरोधी योद्धा और मासूम नागरिक बेवजह मारे गये। अशोक ने जिस कलिंग को जीता उसमें शवों के ढेर थे। घायलों की कराहटें थी। विधवाओं की आहें और अनाथों का हाहाकार था। रूदन और चीत्कार के शोर के ठीक सामने प्रसाद श्मशान की वीरानी को तान देते हैं। यानि एक तरफ़ बेवजह सताएँ लोगों का शोर है, तो दूसरी तरफ़ अशोक के मन में एक मरघट पसर गया है। कविता में इसी तनाव के कारण जो प्रसंग-गर्भत्व प्रसाद रचते हैं, उसके अनेक अर्थ हैं। अशोक अपने विजयी दंभ को तबाह होते देख तीखी आत्म-ग्लानि से भरकर एक ऐसे मनोलोक में पहुँच जाता है, जहाँ अथाह दुख है। वह दुख कहीं आत्मघाती न हो जाये इसलिए अशोक हमेशा के लिए हथियार त्यागकर बौद्ध भिक्षु बनने का फैसला करता है। यह मामूली ज़िन्दगी को बड़ा करने का उपक्रम था।

प्रसाद ने सम्राटों के बर्बरतापूर्ण जीवन के सामने दुनिया की नश्वरता को व्याख्यायित किया है। यह वह बिन्दु है, जो अशोक का जीवन बदल देता है। अनन्त ऐश्वर्य और वैभव दुनिया के सारे सुख-उत्सवों का रागरंग, राजपाट और प्राकृतिक सौन्दर्य भी क्षणभंगुर और नश्वर है। इसे अशोक अपने जीवन में घटित होते देख लेता है। तभी उसमें एक बड़ा इन्सानी एहसास जागता है कि ताकत से जो विजय मिलती है वह अस्थाई है। प्रेम से मनुष्य को हमशेा के लिए जीता जा सकता है। उसके सामने यह साफ़ हो जाता है कि मनुष्य के जीवन और दुनिया के उपभोग में वास्तविक सुख की उपस्थिति कम है। दुखों ने ज़्यादा जगह घेरी हुई है। यह आन्तरिक क्रान्ति का पल है। जिससे अशोक की अन्दरूनी और बाहरी दुनिया बिल्कुल बदल जाती है। वह संकल्प लेता है कि दुखी दुनिया और मनुष्यों को सुख और शान्ति प्रदान करना ही सच्ची वीरता है।

अशोक का हृदय जब बदलता है तो निर्ममता की बजाय करुणा, घृणा की बजाय प्रेम, शत्रुता की बजाय मैत्री; अपनी भूमिका निभाने लगते हैं। प्रसाद इस बदलाव में भाईचारा, प्रेम, करुणा जैसे उदात्त मानवीय भावों को जागते हुए देखते हैं। इस विषयवस्तु के अनुरूप ही कविता की भाषिक प्रणाली भी गम्भीर होते हुए भी सहज है। उसमें परिष्कृति है, तो सरलता भी है। प्रसाद ने इन्सानी चिन्ता को उस मनोभाव के रूप में चित्रित किया है जो अगर सही अर्थ पा जाये, तो दुनिया बदल जाती है।

जयशंकर प्रसाद इतिहास और अतीत प्रेम के अनुभवों को बार-बार कविता का विषय बनाते हैं। 'तुम्हारी आँखों का बचपन' प्रेम के उन क्षणिक अनुभवों को कालातीत बनाने की इच्छा की कविता है। इस कविता में प्यार की क्षणभंगुरता और उसकी नश्वरता के सामने प्रेम की अमिट स्मृतियों को खड़ा किया गया है।

इस कविता में काल के कई रूप हैं। प्रेम में काल जीत करके भी नहीं जीतता। बीत कर भी नहीं बीतता! प्रेमी की स्मृतियों में वह हमेशा जीवित रहता है। क्योंकि प्रेम हमेशा किशोर रहता है। उसमें यौवन का उत्साह सदा बचा रहता है। प्रसाद जब प्रेम के अतीत में जाते हैं, तो उन्हें चिन्तन छल-कपट से दूर ऐसा जीवन दिखता है जहाँ प्रेम क्रीड़ा करता है। प्रिय से हारकर भी जीतने की उमंग, जीवन को खुशियों से भरती है। प्रसाद बार-बार प्रेम के लुप्त हो जाने, उसके दूर चले जाने को याद कर दुखी होते हैं। क्योंकि उसके बिना जीवन पीड़ा और दुखों का संघर्षशील वृत्तान्त रह जाता है। लेकिन यही जीवन की कड़वी सच्चाई है। प्रेम और उसके सुख, अल्पकाल के लिए आते हैं। जीवन में धीरे-धीरे उनकी उपस्थिति कम हो जाती है। लेकिन उसकी स्मृति ही (बेशक थोड़े समय के लिए) जीवन में थोड़ा सा सुख अवश्य देती है। प्रेम कुछ स्मृतियों में ऐसे ही बचा रहता है, जैसे आँखों में बचपन। वह कविता उन सुख स्मृतियों की बात करती है जो जीवन को मुश्किल वक़्त में सहारा देती है।

छायावादी दौर में लिखी हुई तीन महत्त्वपूर्ण कविताओं—'राम की शक्ति पूजा' ('निराला'), 'परिवर्तन' (पन्त) और 'प्रलय की छाया' (प्रसाद) मिलकर लम्बी कविता के बेहतरीन नमूने के रूप में देखी गयीं। इन रचनाओं ने आगे चलकर कई रचनाओं को प्रभावित किया है। 'लहर' में प्रसाद ने 'अशोक की चिन्ता', 'शेरसिंह का शस्त्र समर्पण', 'पेशोला की प्रतिध्वनि', 'प्रलय की छाया' जैसी ऐतिहासिक लम्बी कविताएँ और 'अरी वरुणा की शान्त कछार', 'जगति की मंगलमयी उषामयी करुणा उस दिन आयी थी' जैसी बौद्ध दर्शन को व्यक्त करने वाली कविताएँ भी संकलित की हैं।

प्रसाद ने 'लहर' में मनुष्य के मामूली जीवन के महत्त्वपूर्ण विषयों को ही शब्दों का अनुभव नहीं बनाया बल्कि इस सिलसिले में उन्होंने अद्‌भुत अभिव्यक्ति सामर्थ्य अर्जित किया। यह 'लहर' की कविताओं के विषय ही है जिसके कारण उन्हें उत्कृष्ट कला-रूप मिला है। वस्तु, रूप को निर्धारित करने वाला घटक है—'शीतल कोमल चीर कम्पन-सी, /दुर्ललित हठीले बचपन-सी, /तू लौट कहाँ जाती है री—/यह खेल खेल ले ठहर ठहर। /उठ उठ गिर-गिर फिर-फिर आती, /नर्तित पद चिह्न बना जाती, /सिकता की रेखाएँ उभार—/भर जाती अपनी

तरल-सिहर/' 'लहर' की रचनाओं में संगीत और नाद से भरी भाषा है। मुक्त छन्द के ऐसे प्रयास जिसकी अलग ही छटा है। यहाँ प्रसाद ने नया छन्द विधान रचने की कोशिश की है। इसका सरस और आवेगपूर्ण शैली पक्ष भी अलग से विश्लेषण की माँग करता है।

'लहर' की रचनाओं में अर्थ के कई धरातल हैं। बिम्ब ऐसे हैं जो प्रतीकों में विकसित हो जाते हैं और प्रतीक गतिशील बिम्बों में बँधकर जीवन की गति को प्रस्तुत करते हैं—'बीती विभावरी जाग री। / अम्बर पनघट में डुबो रही—/तारा-घट उषा नागरी। /खग-कुल कुल-कुल-सा बोल रहा, / किसलय का अंचल डोल रहा, /लो यह लतिका भी भर लाई—/मधु मुकुल नवल रस गागरी।/' इसके अतिरिक्त गौर करने की बात यह है कि इनका काव्यार्थ सतह पर नहीं है यानी सरल बात भी लक्षित और व्यंजित होती है। प्रसाद ने निहितार्थ यानी वास्तविक छिपे हुए अर्थ वाली शैली 'लहर' में विकसित की है। इसमें अर्थ सजीव और गहरा होने के साथ-साथ मार्मिक भी है। अर्थ का एक केन्द्रीय बिन्दु है। लेकिन उसको घेरे हुए, अनेक अर्थ-वृत्त कविता का हर बार नया अर्थ करते हैं। जैसे आत्मकथात्मक रचना 'उज्ज्वल गाथा कैसे गाऊँ मधुर-चाँदनी रातों की' में 'मधुर चाँदनी रात' जैसी शब्दावली अनेको अर्थ के उजाले को जैसे प्रकाशित कर रही है। इसी तरह 'साथ ले सरस वसन्त में' वसन्त के अनेक अर्थ या आयाम हैं। वसन्त बीते हुए प्रेम का अर्थ भी देता है और उस गत जीवन की स्मृति भी जिसमें अथाह सौन्दर्य भरा हुआ है।

अर्थ में चमक और सहज कला भरने का कौशल प्रसाद प्रदर्शित करते हैं लेकिन अतिरिक्त आलंकारिता या व्यर्थ चमत्कार-प्रदर्शन नहीं करते। वह अर्थ की गहराई को उसकी सरलता और सहजता में पा सकते हैं। प्रसाद अर्थ को व्यंजित करते हैं जैसे ले चल वहाँ बुलावा देकर' शीर्षक रचना में 'वहाँ' और 'नाविक' में अथाह ध्वन्यात्मकता छिपी है। इसीलिए भाव व्यंजित होते हैं। नाविक के आध्यात्मिक और भौतिक, कई अर्थ हैं। उसी प्रकार से 'वहाँ' मनोलोक या कवि की इच्छाओं के गणतन्त्र की ध्वनि भी देता है। 'उठ-उठ री लघु-लघु लोल लहर में' भी कई अर्थ-ध्वनियाँ व्यंजित होती हैं। 'अब जागों जीवन के प्रभात' में कवि ने प्रभात को नये युग का सवेरा और जागने के भाव को नवजागरण से जोड़ लिया है। 'विभावरी' के जागने को भी नवजागरण से जोड़ दिया है। प्रसाद ने अज्ञानता और परतन्त्रता की काली रात बीतने और आज़ादी की लड़ाई में सबके शामिल होने के व्यंग्यार्थ को साकार कर दिया है। 'लहर' के गीतों में जीवन की गति से भरे बिम्बों का सौदर्य तो है ही; युग के अनुरूप नये छन्द, लय-तान को पाने का भी उपक्रम दिखायी देता है—'हँस, झिलमिल हो लें तारागन,/हँस, खिलें

कुंज में सकल सुमन,/हँस, बिखरें मधु मरंद के कन,/बन कर संसृति के नव श्रम कन,/-सब कह दें 'वह राका आई' ।/हँस ले भय शोक प्रेम या रण, /हँस ले काला पट ओढ़ मरण, /हँस ले जीवन के लघु लघु क्षण,/देकर निज चुबंन के मधुकण,/ नाविक अतीत की उतराई।' यह अपेक्षाकृत लघुकाय किताब समूची छायावादी कविता का प्रतिनिधित्व करती है। छायावाद की तमाम कलात्मक ऊँचाइयाँ उसकी पहचान के चिह्न और छायावाद की सीमाओं को भी अकेली इस रचना के माध्यम से समझा जा सकता है। यह हिन्दी काव्य की एक उपलब्धि है।

प्रसाद ने अपनी महत्त्वपूर्ण काव्य-रचनाओं 'कामायनी', 'लहर', 'आँसू', 'झरना' इत्यादि में अपनी बेजोड़ काव्य-प्रतिभा का सबूत दिया है। प्रसाद अत्यन्त महत्त्वपूर्ण छायावादी कवि होने के साथ-साथ प्रेमचन्दयुगीन श्रेष्ठ कथाकार भी थे। कविता में बड़ा औपन्यासिक कैनवॅस देखना हो तो प्रसाद की 'कामायनी' एक उत्कृष्ट उदाहरण बनती है। 'कामायनी' खड़ी बोली हिन्दी में लिखा अब तक का अन्तिम क्लासिक महाकाव्य है। इसमें प्रसाद ने प्रलय के बाद सृष्टि के नये आरम्भ में मनुष्य जीवन के विकास को प्रस्तावित किया है। उल्लेखनीय यह है कि इस महाकाव्य में तीन प्रमुख पात्र 'मनु', 'श्रद्धा', और 'इड़ा' क्रमशः मन, बुद्धि और हृदय के प्रतीक हैं। यानी कवि ने अपनी प्रयोगशीलता का परिचय देते हुए अमूर्त मानवीय भावनाओं को चरित्रों में बदल दिया है। उनका मनोवैज्ञानिक विश्लेषण करते हुए प्रसाद सृष्टि के बुनियादी सच को समझना चाहते हैं। इसमें प्रसाद ने चिन्ता, आशा, काम, श्रद्धा, लज्जा ईर्ष्या, आनन्द इत्यादि सर्गों में आधुनिक मनुष्य के जीवन के विकास को विश्लेषित किया है। सर्गों के यह नाम इन्सानी भावनाओं के प्रतीक हैं।

प्रसाद ने अपनी काव्य-रचना के शुरुआती दौर में 'आँसू', जैसी मुक्तक कविताओं की किताब हिन्दी को दी। इससे हिन्दी कविता का परिदृश्य बदल गया। इस संग्रह की कविताओं में प्रसाद ने मानवीय प्रेम की अनेक छवियाँ प्रस्तुत की हैं। इनमें आशा-निराशा, सुख-दुख, अस्वीकार-स्वीकार इत्यादि परस्पर विरोधी मनोभावनाओं का रचनात्मक तनाव मिलता है। 'लहर' में आकर जयशंकर प्रसाद प्रेम के सघन चित्रों को प्रस्तुत करने के साथ-साथ अपने समरसतावादी जीवन-दर्शन को काव्य-विषय बनाते हैं। कवि ऐसे मनोलोक की खोज करता है जहाँ पहुँचकर मनुष्य दुख और सुख से इतना ऊपर उठ जाये कि दुख से वह त्रस्त न हो और सुख में डूबकर जीवन के अर्थ न गँवा दे। इस नजरिए से 'लहर' की कविताएँ वर्तमान की जटिल परिस्थितियों से टकराकर और कभी अतीत की यादों में ले जाकर कवि के निहितार्थ को प्रस्तुत करती हैं।

भाषा-शिल्प की दृष्टि से प्रसाद ऊँचे दर्जे के कलाकार हैं। छायावादी युग में जैसी भाषा पन्त लिख रहे थे दूसरा कोई कवि उस भाषा में नहीं लिख रहा था। लेकिन प्रसाद ने ऐसी काव्य-भाषा विकसित की जिसमें संस्कृत की तत्समता होने के बावजूद वह भाषा कहीं क्लिष्ट नहीं हुई है। इतना ही नहीं उन्होंने लाक्षणिक शैली में नया प्रतीक विधान रचते हुए भावों को साकार कर दिया। उन्होंने प्रकृति और मनुष्य-सौन्दर्य का ऐसा चित्रण किया है कि वह अपने उत्कृष्ट रूप में उजागर हो जाते हैं। प्रसाद का बिम्ब-विधान ध्यान खींचता है। एक ही तथ्य को अनेक बिन्दुओं के द्वारा कई-कई बार प्रस्तुत करने की तकनीक प्रसाद निर्मित करते हैं। यह कैमरा की आधुनिक तकनीक है। जिसमें किसी वस्तु को कई कोणों से देखा जाता है। प्रसाद की मनोरचना गीतात्मक है। प्रबन्ध और मुक्तक दोनों काव्यरूपों में प्रसाद ने प्रगीत-शैली का अद्‌भुत प्रयोग किया है। विषय और भावों के अनुकूल शब्द-चयन, लक्षणिक शैली, प्रतीक-विधान और बिम्बों का कुशल संयोजन प्रसाद को एक महत्त्वपूर्ण-छायावादी कवि के रूप में स्थापित करने वाली विशेषताएँ हैं।

सूर्यकान्त त्रिपाठी निराला

(वसन्त पंचमी, 1896–15 अक्टूबर 1961)

तोड़ो, तोड़ो, तोड़ो, कारा

खड़ी बोली हिन्दी कविता के पहले स्वर्णकाल छायावाद को निराला, पन्त, प्रसाद, महादेवी वर्मा सरीखे बड़े रचनाकार मिले। इनमें निराला अपने प्रगतिशील रुझान के कारण विशिष्ट कवि हैं। विपुल मात्रा में पन्त ने भी लिखा। लेकिन कई विधाओं में वैविध्यपूर्ण रचनाकर्म की दृष्टि से निराला उत्कृष्ट रचनाकार हैं। निराला की लोकोन्मुखी उदार चेतना मनुष्य के व्यक्तित्व का सामाजिक परिप्रेक्ष्य में विश्लेषण करती है। यह एक नया सौन्दर्यबोध है। दरअसल निराला नयेपन के हिमायती हैं। उन्होंने खुद कहा है कि 'मैंने भाव भाषा और छन्द की उल्टी गंगा बहाई है।' यह दरअसल नयी गंगा का निर्माण करना है। ऐसा निराला ही कर सकते थे। सूर्यकान्त त्रिपाठी 'निराला' का जन्म 1896 ई. में बंगाल के मेदिनीपुर जिले के अन्तर्गत महिषादल में श्री रामसहाय त्रिपाठी के पुत्र के रूप में हुआ। वसन्त पंचमी के दिन जन्में छायावादी काव्य के वसन्त के अग्रदूत निराला शुरू से ही विद्रोही स्वभाव के थे। अपने जन्म-नाम सूर्यकुमार को उन्होंने खुद बदलकर सूर्यकान्त कर दिया और 'मतवाला' पत्रिका के सम्पादक बनने पर सूयकान्त के आगे 'निराला' जोड़ दिया। जीवन के प्रारंभिक दौर में उन्हें बांग्ला के साहित्यिक संस्कार मिलें। निराला ने विधिवत शिक्षा नौवीं कक्षा तक ग्रहण की लेकिन स्वाध्याय से उन्होंने हिन्दी-बांग्ला के अतिरिक्त संस्कृत, अंग्रेजी, उर्दू-फारसी का समुचित ज्ञान अर्जित किया, जिसका असर समूचे निराला-साहित्य में दिखायी देता है।

निराला की कविता इस कटु-सत्य का साक्ष्य है कि उनका सारा जीवन संघर्ष, कष्ट और अभावों से घिरा रहा लेकिन एक प्रतिभाशाली व्यक्तित्व में निहित ओज, नम्रता, गर्व और प्रगतिशीलता इत्यादि गुणों ने उनके साहित्य को अलग ही स्वरूप और रंगत प्रदान की। उनके यहाँ अन्याय के प्रति आक्रोश, शोषित के

लिए करुणा, सामाजिक विद्रूपों से उपजा व्यंग्य और प्रतीकार्थ-सम्पन्न बिम्बात्मक भाषा-शैली जैसी काव्यगत विशेषताएँ मिलती हैं। बहुमुखी प्रतिभा का धनी यह रचनाकार 15 अक्टूबर सन् 1961 ई. को स्मृति शेष हो गया।

निराला ने साहित्य की लगभग सभी विधाओं में अपनी प्रतिभा साबित की है। कविता, कथा, साहित्य, निबन्ध, रेखाचित्र, बाल-साहित्य का प्रचुर सृजन करने के अलावा निराला ने 'मतवाला', 'समन्वय', 'सुधा' जैसी पत्रिकाओं का कुशल सम्पादन भी किया। उनकी प्रमुख रचनाएँ इस प्रकार हैं–

काव्य संग्रह–अनामिका, परिमल, गीतिका, अणिमा, तुलसीदास, बेला, कुकुरमुत्ता, नये पत्ते, अर्चना, सान्ध्य-काकली, गीत पुंज, आराधना।

कहानी संग्रह–चतुरी चमार, सखी, लिली, सुकुल की बीबी।

उपन्यास–अलका, अप्सरा, निरुपमा, प्रभावती, उच्छृंखल, चोटी की पकड़, तथा काले कारनामे।

रेखाचित्र–बिलेसुर बकरिहा, कुल्ली भाट, पन्त और पल्लवी।

ललित गद्य–प्रबन्ध पद्म, रवीन्द्र कविता कानन, प्रबन्ध प्रतिमा।

आलोचनात्मक निबन्ध–चाबुक, प्रबन्ध-परिचय इत्यादि।

बालोपयोगी साहित्य–भक्त प्रहलाद, भीम, भक्त ध्रुव, महाराणा प्रताप, सीख भरी कहानियाँ।

नाटक–शकुन्तला।

अनुवाद–महाभारत, श्रीरामकृष्ण वचनामृत, विवेकानन्द के भाषण, देवी चौधरानी, कृष्णकांत का बिल तथा आनन्द मठ।

निराला को छायावादी कविता का आधार स्तम्भ माना जाता है। विवेकानंद, टैगोर, गाँधी, रामकृष्ण परमहंस जैसी महान् विभूतियों के विचारों से निराला ने अपनी वैचारिक समझ विकसित की है। कवि के रूप में निराला छायावाद तक सीमित नहीं रहे। उनका कवि निरन्तर विकास करता रहा। 'जूही की कली' से काव्य-सृजन आरम्भ करने वाले निराला ने 'सरोज-स्मृति', 'तुलसीदास', 'राम की शक्ति पूजा' जैसी लम्बी कविताएँ लिखीं और बाद में चलकर 'बादल-राग', 'जागो फिर एक बार', 'वह तोड़ती पत्थर', 'भिक्षुक', 'विधवा' जैसी प्रगतिशील कविताओं का सृजन किया। निराला के काव्य-लेखन में आद्यंत संवेदना और शिल्प के धरातल पर स्वच्छन्दता देखी जा सकती है। प्रकृति, मानवीय प्रेम, श्रम-सौन्दर्य, नारी उदात्त दर्शन और मनुष्य-केन्द्रित अध्यात्म इनकी कविताओं के प्रथम चरण में ही दिखायी देते हैं। निराला ने मर्मभेदी हास्य-व्यंग्यपूर्ण रचनाएँ लिखने के साथ-साथ सामाजिक विसगंतियों, ग़रीबी, बेरोज़गारी और अभावों से नष्ट होती

जनता के जन-जीवन से व्यथित होकर विद्रोह और क्रान्ति भाव से युक्त कविताएँ भी लिखीं वहीं दूसरी ओर सच्ची करुणापरक रचनाएँ भी निराला के यहाँ मिलती हैं। निराला ने प्रत्यक्ष राजनीतिक कविताएँ भी लिखी और विशुद्ध आध्यात्मिक काव्य-सृजन भी किया। सहज ही कंठस्थ होकर लोकगीत का आस्वाद देने वाले जनगीत भी उन्होंने लिखे हैं।

निराला ने उन अकाव्यात्मक स्थूल विषयों पर लिखने का जोखिम उठाया है जिन पर उनसे पहले किसी ने नही लिखा। इतना ही नहीं 'जूही की कली', 'संध्या सुन्दरी' जैसी कविताओं में मोहक प्राकृतिक सौन्दर्य की रचना करने वाले निराला ने 'सरोज-स्मृति', 'राम की शक्ति पूजा' जैसी विराट अनुभूतियों और उदात्त इन्सानी मूल्यों को स्थापित करने वाली महाकाव्यात्मक कविताएँ लिखी हैं। इतना ही नहीं नारेबाजी से बचते हुए उन्होंने 'वह तोड़ती पत्थर', 'बन-बेला', 'बादल राग', 'भिक्षुक' जैसी प्रगतिशील रचनाएँ भी लिखीं। उन्होंने पन्त की 'ग्राम्या' की तरह अपने 'नये पत्ते' काव्य संग्रह में मज़दूर-किसान-चेतना से सम्बद्ध क्रान्ति पर बल देने वाली प्रगतिशील कविताएँ भी लिखीं। हर युग के बड़े रचनाकारों की तरह निराला को भी जीवन-संघर्ष करना पड़ा लेकिन उनका महत्त्व इस रूप में बड़ा है कि उन्होंने निजी संघर्ष को सामाजिक संघर्ष और अन्ततः रचनात्मक संघर्ष में बदल दिया। उन्हें जैसा बीहड़ जीवन मिला ऐसे में निराला आसानी से आत्मपरक हो सकते थे लेकिन अपने दुखों को दूर करने के लिए वे दुनिया से नहीं भागे बल्कि उन्होंने समाज से जुड़ना पसन्द किया।

समस्याओं से जूझते समाज ने निराला को राजनीति के पाठ 'डी-कोड' करने सिखाये। 'राग-विराग' में संकलित 'तोड़ती पत्थर' निराला की राजनीतिक आशय से परिपूर्ण रचना है—'वह तोड़ती पत्थर!/देखा उसे मैंने इलाहाबाद के पथ पर/वह तोड़ती पत्थर/कोई न छायादार /पेड़ वह जिसके तले बैठी हुई स्वीकार, /श्याम तन, भर बँधा यौवन/नत नयन, प्रिय-कर्म-रत मन।/गुरु हथौड़ा हाथ,/ करती बार-बार प्रहार—/सामने तरु-मालिका अट्टालिका, प्राकार।' इलाहाबाद के पथ पर 'झुलसाती हुई लू' और 'जलती हुई भू' के बीच 'प्रिय कर्म रत मन' तथा 'नतनयन' से बार-बार प्रहार करने वाली मज़दूर युवती यहाँ सहज ही श्रमिक जन का प्रतीकार्थ ग्रहण कर लेती है। बाद में चलकर निराला के यहाँ 'अट्टालिका नहीं वह है आतंक भवन' अर्थात इलाहाबाद में खड़ा आनन्द भवन है जो आसानी से नेहरू द्वारा दिखाए और असमय टूट गये सपनों का अर्थ देता है। श्रमिक हाथ जो अनवरत प्रहार करता है, दरअसल इसी आनन्द भवन पर और अन्ततः अभिजनवादी छल पर चोट करने के निहितार्थ से युक्त है।

निराला कमजोर को संघर्ष करने का सलीका सिखाते हैं। शोषितों के प्रति सच्ची पक्षधरता उनके यहाँ मिलती है। 'दलित जन पर करो करुणा' रचना मानवीय अध्यात्म की भावना का सम्प्रेषण है। यहाँ भी कवि की दृष्टि दलित अर्थात् शोषित, उपेक्षित, अभावग्रस्त जन के कल्याण से लबालब भरी हुई है। शिल्प के धरातल पर यहाँ प्रार्थना का आस्वाद मिलता है लेकिन अर्थस्तर पर यह आधुनिक रचना इसलिए है कि यहाँ अपने नहीं, उस आम जन के प्रति करुणा बरसाने की बात कवि करता है जिसके जीवन में वंचना, तिरस्कार और अपमान का सूखा पड़ा है।

निराला की पहली कविता 'जूही की कली' बाहरी साँचे और अन्दरूनी प्रबन्ध में रीतिकालीन है। इस कविता की भाषा तत्सम प्रधान है परन्तु यह हमारे जीवन के अनुभवों के प्रति जड़ नहीं है। कवि ने रूप, रस, गन्ध और स्पर्श के ऐन्द्रिक बिम्बों का प्रयोग किया है—'विजन-वन वल्लरी पर/सोती थी सुहागभरी—/स्नेह-स्वप्न-मग्न अमल-कोमल-तनु-तरुणी जूही की कली,/दृग बन्द किये, शिथिल, पत्रांक में।/वामनी निशा थी/' यहाँ प्रकृति का उद्दीपनपरक वर्णन है। यह रीतिकालीन उद्दीपन से कतई अलग है। स्मृति और वियोग का समानान्तर प्रयोग इसे घिसे-पिटे रीतिकालीन उद्दीपन से अलग करता है। इस कविता में प्रकृति के उपादानों को आधार बनाकर मानवीय शृंगार भाव का अकुंठ वर्णन किया है। प्रेयसी 'जूही की कली' से संयोग की अनुभूति का स्मरण आते ही 'मलयानिल' उससे मिलने के लिए आतुर हो जाता है। वह विघ्न बाधाओं को पार कर उस उपवन में पहुँचता है जहाँ जूही की कली खिली हुई थी। मलयानिल और जूही की कली के बीच प्रेम के वर्णन में गत्यात्मक बिम्ब निराला के काव्य-सामर्थ्य का परिचय देते हैं। 'बाँधो न नाव इस ठाँव बंधु' में कवि किसी अपने का ध्यान कर भाव से भर उठता है। यह स्मृति कवि को पीड़ित करती है। किसी प्रिय का घाट पर आना और नहाना कवि को अच्छा लगता था। उसकी आकर्षक हँसी कवि को घेर लेती थी। दोनों कविताओं का नाभिकीय बिन्दु प्रेम है। निर्वेद भाव की 'मैं अकेला' कविता में कवि अपने को वृद्ध अनुभव करता है। वृद्धावस्था के लक्षण उसके चेहरे पर दिखायी पड़ने लगे हैं। इस बात की पीड़ा कवि में है। वृद्धावस्था में कवि अकेला है। वह कहता है जितना संघर्ष करना था कर चुका। अब जीवन को बिना किसी सहारे के पार कर जाना है।

निराला के यहाँ विरक्ति या पराजय के भाव कम हैं। उनका स्वर वीरता के ताप से ऊष्मित होता है। 'जागो फिर एक बार' शीर्षक कविता का स्वर उद्‌बोधनात्मक है। कवि राष्ट्रीय जीवन के संकट के क्षणों में अतीत का स्मरण

करता है। वह विभिन्न उदाहरणों के माध्यम से यह समझाने की कोशिश करता है कि भारतवासी वीरों की सन्तान है। निराला का विरोध अंग्रेजों के शासन तक सीमित नहीं है। वे उस मानसिकता के विरुद्ध भी हैं जो पश्चिम की उक्ति की दुहाई दिया करती है। कवि गीता का स्मरण करने को कहता है, जिसमें निष्काम कर्मयोग की शिक्षा दी गयी है।

सत्ता अपने अनुकूल व्यवस्था रचती है। साहित्यकार, विद्वान, कलाकार, सिपाही आदि इस तन्त्र के अंग होते हैं। सत्ता उनका पोषण करती है। जनता को यथार्थ से दूर रखा जाता है। सभ्यता के नाम पर कत्लेआम होता है। 'राजे ने अपनी रखवाली' की कविता में कवि सत्ता की मनमानी का प्रतिकार करता है। 'जागो फिर एक बार' कविता में तर्क और भाव एक दूसरे के इतने निकट हैं कि वे एक ओजपूर्ण गति का निर्माण करते हैं। भाषण की शैली में काव्य संरचना निर्मित हुई है। निराला इस कविता में समय से वार्तालाप करते दिखायी देते हैं। गलत के प्रति विरोध के भाव का विस्तार 'राम की शक्ति पूजा', 'तोड़ो, तोड़ो, तोड़ो कारा' जैसी कविताओं में दिखता है।

निराला को शुरू से ही विरोध का सामना करना पड़ा। इसीलिए कि वे गलत या अन्यायी के प्रति समर्पित नहीं होते। एक रचनाकार के रूप में उन्हें मान्यता देर से मिली। उनके पहले काव्य-संग्रह की कविताओं को कविगुरु रवीन्द्रनाथ ठाकुर की नकल बताते हुए राष्ट्रकवि मैथिलीशरण गुप्त ने छदम् नाम से एक पत्रिका में संग्रह की निर्मम समीक्षा करते हुए निराला को सरासर नकलची कवि घोषित कर दिया। इतना ही नहीं, निराला की पहली कविता 'जूही की कली' 1916 को महावीर प्रसाद द्विवेदी ने 'सरस्वती' में प्रकाशन के लायक न मानते हुए सखेद लौटा दिया। पारिवारिक जीवन में भी निराला को असफलता और अभाव ही हाथ लगे। इससे उनके स्वभाव में एक निरालापन आ गया। निराला के आन्तरिक व्यक्तित्व में एक ओर कलाकार की अकड़, कठोरता, गुस्सा जैसी भावनाएँ थीं तो दूसरी तरफ़ सरलता, विनम्रता और करुणा जैसी परस्पर विरोधी प्रवृत्तियाँ भी घुलमिल गयी थीं। इन आदतों के निशान उनके जीवन्त और आकर्षक बाहरी व्यक्तित्व पर भी मौजूद थे। निराला के व्यक्तित्व का सम्मोहन उनके रचना-संसार में भी ऐसे जादू की तरह छाया हुआ है जो आज भी कवियों को उनकी रचनाओं की तरफ़ खींचता है।

व्यक्तित्व के वैविध्य की तरह निराला का रचना-संसार भी विविधता से समृद्ध हुआ है। जो उनकी उदार और अत्यन्त विकसित लोकोन्मुखी सामाजिक चेतना का परिचायक है। विषय-वस्तु की दृष्टि से देखें तो जहाँ एक ओर निराला

ने 'जूही की कली', 'सन्ध्या-सुन्दरी', जैसी कविताओं में प्रकृति के मानवीकरण की छायावादी शैली का परिचय दिया है, वहीं 'राम की शक्तिपूजा' और 'सरोज स्मृति' जैसी उदात्त भावों से पूर्ण महाकाव्यात्मक कविताओं का सृजन किया है। निरे गद्यात्मक अटपटे विषयों पर भी निराला ने कविताएँ लिखकर अपने निरालेपन का परिचय दिया है। 'गर्म पकौड़ी', 'खजोहरा की बुआ', 'झींगुर डट कर बोला', 'महँगू महँगा रहा', 'डिप्टी साहब आए', 'कुत्ता भोंकने लगा', 'कुकुरमुत्ता' जैसी कविताएँ उक्त तथ्य के साक्षात प्रमाण हैं। उनकी 'भिक्षुक', 'वह तोड़ती पत्थर', 'बन-बेला', 'बादल राग' जैसी कविताओं में प्रगतिशील आन्दोलन की शुरुआती आहट मिलती है।

निराला का मूल स्वर प्रगतिवादी है। 'बादल-राग' कविता में निराला ने बादल को ध्वंस और सृजन का प्रतीक माना है। बादल की गर्जना को सुनकर जहाँ पृथ्वी पर छोटे-छोटे पौधों में नये जीवन का संचार होता है, वहीं सुविधाभोगी वर्ग उस गर्जना से आतंकित होता है। किसान बादल को आशाभरी दृष्टि से देखता है। बादल उसका जीवनाधार है। शोषित किसान, जीर्ण-शीर्ण शरीर से बादल का अभिनन्दन करते हैं। बादल यहाँ क्रान्ति का भी अग्रदूत है।

भावों की विविधता के साथ ही भाषा एवं शैली सम्बन्धी विविधता भी निराला को छायावादी कवियों के बीच एक नयी पहचान देती है। प्रगीतात्मक 'जूही की कली' से लेकर 'राम की शक्तिपूजा', 'सरोज स्मृति' जैसी प्रबन्धात्मक रचनाओं में निराला ने संस्कृतनिष्ठ समासयुक्त पदावली के माध्यम से अत्यन्त परिमार्जित भाषा का प्रयोग किया है। लेकिन 'बेला' और 'नये पत्ते' में बोलचाल की मिश्रित भाषा के बीच स्थानीय बोली के आंचलिक शब्दों को समुचित प्रयोग कर उन्होंने हिन्दी खड़ी बोली के जातीय स्वरूप को नयी शक्ति प्रदान की है। काव्य-भाषा की यह विशिष्टता हमें अन्य छायावादी कवियों में नहीं मिलेगी।

निराला ने हिन्दी-काव्य को पहली बार मुक्त छन्द से भी परिचित कराया। जैसा कि पहले कहा संवेदना के धरातल पर विषय-वैविध्य के साथ ही उनके यहाँ अद्‌भुत शिल्पगत विविधता भी मिलती है। मुख्य बात यह है कि भाव और विषय के अनुकूल सहज-सरल, गहन-गम्भीर शब्दावली निराला ने हिन्दी-उर्दू, अंग्रेजी सभी उपलब्ध भाषिक स्रोतों से ग्रहण की है। हिन्दी का यह निराला कवि आज लिखी जाने वाली कविता के केन्द्र में है तो उसका कारण निराला-काव्य में ही मौजूद है और सबसे बड़ा कारण यही है कि निराला ने रचनाकारों को अपने समय और समाज को व्यक्त करने का बेहतर सलीका सिखाया है। 'राजे ने अपनी रखवाली की' कविता में गद्य का दबाव दिखायी पड़ता है। कविता में

किसी प्रकार की तराश, चमत्कार और बनावट नहीं है। सीधे और स्पष्ट शब्दों में भाव की स्थितियों से कविता को बुना गया है। कविता में यथार्थ और व्यंग्य का तनाव है। यहाँ बोलचाल के शब्दों से कविता का गठन हुआ है। 'बाँधो न नाव इस ठाँव बन्धु' तथा 'मैं अकेला' में कवि ने निजी अनुभूति को गीतात्मक अभिव्यक्ति दी है। 'बादल-राग' कविता में ध्वन्यात्मक शब्दों के प्रयोग से अर्थ की अनेक छायाओं का आभास मिलता है। ध्वंस और सृजन के अनुकूल प्रकृति के बिम्बों का प्रयोग निराला ने किया है। अवरोध तोड़कर नया जीवन प्राप्त करने के बिम्ब अधिक हैं। कविता में आन्तरिक लय की गूँज है। छन्द-बन्धन तोड़कर मुक्त दिखायी पड़ते हैं।

निराला के यहाँ किसानी जीवन भी मौजूद है। यह असल में लोकसंपृक्ति है। निराला ने 'खेत जोतकर घर आये हैं' रचना 16 दिसम्बर, 1952 को लिखी 'कल्पना', मासिक, हैदराबाद, अक्तूबर, 1953 में 'शब्दचित्र' शीर्षक से प्रकाशित हुई। बाद में निराला ने इसे 'आराधना' में संकलित किया। यह किसानी चेतना की अनूठी कविता है। इसमें किसान परिवार की दिनचर्या को शब्दबद्ध किया गया है—'खेत जोतकर घर आये हैं। /बैलों के कन्धें पर माची, /माची पर उलटा हल रक्खा,/बँधी हाथ, अधेड़ पिता जी,/माता जी, सिर गट्ठल पक्का /पिता गये गाँवों के गोंडे,/माता घर, लड़के धाये हैं।' मामूली लगते जीवन में असाधारण जीवन अनुभवों को निराला ऐसे गतिशील बिम्बों में बदल देते हैं जिनमें कर्मठ जीवन की सच्ची उत्सवधर्मिता को अनुभव किया जा सकता है।

निराला विद्रोही चेतना के कवि हैं। यह विद्रोह भाषा और अनुभूति दोनों धरातलों पर स्पष्ट दिखता है। शोषण-अन्याय के विरुद्ध तीव्र असन्तोष है—'तोड़ो, तोड़ो, तोड़ो कारा/पत्थर, की निकलो फिर, /गंगा-जल-धारा!/गृह-गृह की पार्वती!/ पुनः सत्य-सुन्दर-शिव को सँवारती/' वे अपराजय भाव से उदात्त मानवीय मूल्यों की प्रतिष्ठा के लिए संघर्ष करते हैं। उनका काव्य अर्थ-सम्पन्न प्रतीकों से भरा हुआ है। उसमें संघर्ष के प्रतीक हैं, क्रान्ति के प्रतीक हैं और नये जीवन मूल्यों के प्रतीक हैं। बादल निराला के लिए क्रान्ति का प्रतीक है जो शोषित किसान के जीवन में नवसंचार करने की क्षमता रखता है। बादल को देखकर इस प्रकार की अनुभूति शायद पहली बार निराला में जागी थी। इसी प्रकार फूल का खिलना उनके काव्य में संघर्ष का प्रतीक है। क्योंकि रूप और गन्ध अपने में समेटना फूल के लिए सहज नहीं होता है। जीवन और समाज की वास्तविकता निराला के काव्य का केन्द्र है। अभिव्यक्ति के लिए उन्होंने नये खतरे उठाये हैं। उनकी कविता छन्द के बन्धन को तोड़कर नये काव्यरूपों का निर्माण करती है, जीवन

के अनुकूल स्वाधीन छन्द का निर्माण करती है। उसी तरह परम्परित भावबोध को भी तोड़ती है। जीवन और समाज की लय को अपनाकर निराला आगे बढ़ते हैं इसलिए उनकी कविता में मौलिकता, ताज़गी और नवीनता है।

हिन्दी कविता में मुक्त छन्द का प्रवेश कराते हुए निराला ने कविता को स्वच्छन्द कर दिया। भाषा के साथ ही छन्द-विधान में भी निराला ने अपने निरालेपन का पूर्ण परिचय दिया है। निराला को संगीत की अच्छी समझ थी। उन्होंने मुक्त छन्द में भी गेयता और संगीतात्मकता मुमकिन की है। उनकी 'गीतिका' राग-रागिनियों पर आधारित गीति-काव्य है। भारत के शास्त्रीय-संगीत से अलग एक नयी संगीत-पद्धति की अनिवार्यता को 'गीतिका' के माध्यम से कवि ने रेखांकित किया है। 'राम की शक्ति पूजा', 'सरोज स्मृति' आदि जैसी अनेक महत्त्वपूर्ण कविताओं की रचना उन्होंने परम्परागत छन्दों में की है। समुचित विराम चिह्नों के सहारे भावधारा के प्रवाह को बढ़ाया है। 'राम की शक्ति पूजा' के प्रथम पृष्ठ पर आरम्भ से अन्त तक एक ही वाक्य का प्रयोग हुआ है। केवल अन्त में पूर्ण विराम का इस्तेमाल निराला करते हैं।

निराला का महत्त्व इस रूप में भी है कि सारे विरोध झेलने के बावजूद उन्होंने कविता में मुक्त छन्द की तरफ़दारी की। दरअसल उन्होंने भाव के साथ-साथ भाषा को भी मुक्त करने की कोशिश की लेकिन निराला ने ऐसे मुक्त छन्दों का विधान किया जिसमें संगीत है और उन्हें गाया जा सकता है। निराला कविता को छन्द से नहीं, उसके बन्धनों से मुक्त करने का प्रयास कर रहे थे। इस धरातल पर उन्होंने इतने अधिक प्रयोग किये हैं जितने परवर्ती प्रयोगवादियों ने भी नहीं किये होंगे। निराला ने ऐसी वैविध्यपूर्ण भाषा-शैली अर्जित की जो अपनी प्रस्तुति और काव्यास्वाद में निराली है। उन्होंने संस्कृतनिष्ठ, समासयुक्त पदावली को इतना आसान बना दिया कि वह सारी जटिलताएँ और दुरूहताओं को तोड़कर सबकी भाषा बन जाती है। इतना ही नहीं उन्होंने 'राम की शक्ति पूजा' और 'सरोज स्मृति' से अलग उन्होंने 'नये पत्ते' और 'बेला' की कविताओं में सामान्य बोलचाल की दैनिक भाषा के साथ स्थानीय बोलियों का अच्छा मेल करके एक ऐसी जातीय खड़ी बोली की भाषिक प्रणाली विकसित की जिसे उनके बाद के कवियों ने आगे बढ़ाया है।

राम की शक्ति पूजा : शक्ति का महाख्यान

निराला की 'राम की शक्ति पूजा' अलग से विश्लेषित करने की माँग करती है। यह निराला की महाकाव्यात्मक क्षमताओं का साक्ष्य है।

'राम की शक्तिपूजा' में निराला ने राम और रावण के युद्ध की पृष्ठभूमि को आधार बनाया है। राम और रावण का संग्राम, दो शक्तियों का संग्राम नहीं होकर उन शक्तियों का संघर्ष है जो संसार में सतत क्रियाशील रहती हैं। अन्यायी पक्ष को विजयी होते देख राम में निराशा और संशय का भाव पैदा होता है। परन्तु राम अन्तर्मन से अपनी हार स्वीकार नहीं करते हैं। उनका अपराजेय मन विजय की आकांक्षा के साथ संघर्ष करता है। राम शक्ति की उपासना करते हैं और विजयी होने का आशीर्वाद प्राप्त करते हैं। कवि ने विवशता, शंका, आत्मविश्वास, उत्साह, संयम आदि अनेक भावों को संश्लिष्ट बिम्बों के माध्यम से प्रस्तावित किया है। निराला की 'राम की शक्ति पूजा', पन्त की 'परिवर्तन', मुक्तिबोध की 'अँधेरे में' और राजकमल चौधरी की 'मुक्ति-प्रसंग' ऐसी काव्य रचनाएँ हैं जो कठिन समय में राहत देती हैं, कहने दीजिए कि आध्यात्मिक राहत! यह रचनाएँ नये किस्म के महाकाव्य का विकल्प है क्योंकि विषय और वस्तु; दोनों धरातलों पर इनका पसारा महाकाव्यात्मक है। निराला, पन्त, मुक्तिबोध और राजकमल चौधरी की ये कविताएँ लम्बी कविताओं के विशिष्ट मॉडल भी हैं। यहाँ कतई संक्षेप में 'राम की शक्ति पूजा' के एक सम्भावित अर्थ को समझने की कोशिश करते हैं।

कविता के शुरुआत में ही निराला रवि के अस्त होने और उसके समानान्तर ज्योति के पत्र पर लिखे राम-रावण के अपराजेय समर की सूचना देते हैं। महत्त्वपूर्ण तथ्य यह है कि यह युद्ध एक साधनहीन वनवासी अपनी अपहृत प्रिया की मुक्ति के लिए करता है। उसके सहयोद्धा वानर, रीछ, भालू इत्यादि हैं। दूसरी ओर विपक्ष में महाबलशाली तीनों लोकों का एकछत्र-विजेता रावण और उसका अथाह योद्धा-समूह है। रावण के सामने राम सन्नद खड़े हैं। यह बड़े कार्य करने की प्रेरणा है कि राम के सेनानी रावण के सैनिकों को पराभूत करते हैं। रावण सुपर पॉवर स्ट्रक्चर है। इसके बावजूद वह और भी शक्ति सम्पन्न होना चाहता है। इस सुपर पॉवर हाउस को एक लगभग निहत्था मनुष्य चुनौती देता है। स्पष्ट है कि निराला इस पॉवर स्ट्रक्चर में दरारें ढूँढ़ने की जुगत सुझाते हैं।

शक्ति रावण के पक्ष में हैं। यहाँ तनाव गहरा जाता है। जीवन का नाटक घिर आता है। अपने प्रतिपक्षी, एक शक्ति-पुंज के अतिरिक्त रूप से शक्तिशाली होने के कारण राम हाशिये पर चले गये मनुष्य के रूप में कायान्तरित होते हैं। रावण पर उनके आक्रमण का कोई असर नहीं होता है। हाशिये पर पड़ा मनुष्य एक अज्ञात डर से भर जाता है। अगले दिन का पूरा युद्ध शक्तिकेन्द्र के पक्ष में होता है। लक्ष्मण, हनुमान, सुग्रीव सभी इस पॉवर स्ट्रक्चर के सामने निस्तेज हो गये हैं। यानी केन्द्र के सामने हाशिया नगण्य हो गया है—'लौटे युगदल-राक्षस-पदतल

पृथ्वी टलमल, /विंध महोल्लास से बार-बार आकाश विकल।/वानर-वाहिनी खिन्न, लख निज—पाति-चरण-चिह्न/चल रही शिविर की ओर स्थविर-दल ज्यों विभिन्न/ प्रशमित है वातावरण, नमित-मुख सान्ध्य कमल/लक्ष्मण चिन्ता पल पीछे वानर-वीर सकल।' खिन्नता और चिन्ता से भरा हताशा का माहौल है। उम्मीद की कोई किरण नज़र नहीं आ रही है।

कितना सघन अवसाद है। एक काली रात बाहर घिर रही है, एक परास्त राम के मन में घिर रही है। दिन का युद्ध स्थगित हो जाने पर राम अपने योद्धाओं के साथ निराश हैं। अमावस का सघन अन्धकार राम की खिन्नता को गहरा रहा है। यह निराशा का वह क्षण है जब राम सीता को फिर से पाने की उम्मीद छोड़ देते हैं—'है अमानिशा; उगलता गगन घन अन्धकार/खो रहा दिशा का ज्ञान; स्तब्ध है पवन-चार/' प्रिया को पाने का और खुद को बचाने का रास्ता ही गुम गया है। कितनी मारक स्तब्धता है। संशय, पराजय और भय ने राम को हिला दिया है—'स्थिर राघवेन्द्र को हिला रहा फिर-फिर संशय,/रह-रह उठता जग जीवन में रावण-जय-भय,/जो नहीं हुआ आज तक हृदय रिपु-दैन्य-श्रांत,/एक भी, अयुत-लक्ष में रहा जो दुराक्रांत,/कल लड़ने को हो रहा विकल वह बार-बार/असमर्थ मानता मन उद्धत हो हार-हार।' कैसी मानवीय विवशता है! इस बीच राम की आँखों के सामने पुष्प-वाटिका में सीता से मिलन, विवाह, ताड़का, सुबाहु, खर-दूषण इत्यादि के वध के साथ ही शक्ति के बिम्ब घूम जाते हैं। इस दृश्यावली को मिटाते हुए रावण की अट्टहास करती छवि राम के क्षणिक उत्साह को लील जाती है। उनकी आँखों से आँसू बहते देख हनुमान विचलित हो जाते हैं। हनुमान रावण द्वारा अर्जित शक्ति को आत्मसात करने के लिए महाकाश निगलने का प्रयास करते हैं। महाकाल की आशंका देख शिव शक्ति के समीप आते हैं कि हनुमान दरअसल 'अर्चना राम की मूर्तिमान अक्षय शरीर' हैं। उन्हें ज्ञान हो जाता है कि इस शैली के युद्ध में रावण को हराना कठिन है इसलिए 'विधा का ले आश्रय इस मन को दो प्रबोध'—यह उपाय काम कर जाता है। हनुमान राम के पास लौट आते हैं।

निराला के सामने महाकाव्य का सुचिन्तित ढाँचा था। दरअसल ऐसे ही कुछ प्रसंग संकेत करते हैं कि वह अपने समय की नवीन प्रबन्धात्मक रामकथा रचना चाहते थे। 'राम की शक्ति पूजा' निराला की महाकाव्यात्मक महत्त्वाकांक्षा का कम्प्रेस्ट या कहें संश्लिष्ट रूप है निराला हारे हुए मनुष्यों को संगठित होकर समाज के हाशिये पर पिसती सकारात्मक जनशक्तियों को एकाग्र करके लड़ने की दिशा देते हैं क्योंकि शत्रु शक्ति को अपने वश में कर चुका है। उससे अकेले पार नहीं पाया जा सकता क्योंकि मुक्ति केवल सीता की नहीं होनी; हनुमान और

विभीषण इत्यादि को भी अन्याय, शोषण, निष्कासन, तिरस्कार और अत्याचार से मुक्त होना है और क्योंकि राम के पास जीतने की सम्भावना है; केवल भय से मुक्त होकर लड़ना है।

राम, विभीषण के सामने अपना मन खोलकर रख देते हैं—'विजय होगी न समर/यह नहीं रहा नर-वानर का राक्षस से रण/उतरी पा महाशक्ति रावण से आमन्त्रण/अन्याय जिधर, है उधर शक्ति/!' यह यथार्थवादी दृष्टि है। प्रत्येक समय और समाज की विडम्बनात्मक नियति। राम ने सामूहिक मुक्ति के संघर्ष मार्ग पर चलते हुए अन्याय को जीतते देख लिया है। अन्यायी रावण को महाशक्ति की गोद में बैठे देख वे निस्तेज हो गये हैं। एक युद्ध रणभूमि में चल रहा है और दूसरी तरफ़ राम के मन भी लड़ाई चल रही है। यहाँ संशय की द्वन्द्वात्मक उपस्थिति जिस तनाव की सृष्टि करती है उससे यह लम्बी कविता सम्भव हुई। इस मायने में यह छायावादी भावबोध का विस्तार करने वाली रचना है।

युद्ध अनवरत चल रहा है। रणभूमि से पहले दिमाग में युद्ध चलता है। राम अपनी सभी शक्तियों को एकत्र कर रहे हैं। आशा की एक किरण जाम्बवान के विश्वस्त कंठ से फूटती है। उन्हें राम का रावण के हाथों पराजित होने का कोई कारण नहीं दिखता बल्कि एक नया रास्ता दिखता है कि रावण की तरह ही राम शक्ति को अपनी ओर करें। इसी रास्ते रावण की क्रूर शक्ति को हराया जा सकता है—'विचलित होने का नहीं देखता मैं कारण/हे पुरुष-सिंह, तुम भी यह शक्ति करो धारण/आराधन का दृढ़ आराधन से दो उत्तर/तुम वरो विजय सतत प्राणों से प्राणों पर/रावण अशुद्ध होकर भी यदि कर सका त्रस्त/तो निश्चय तुम हो सिद्ध करोगे उसे ध्वस्त/शक्ति की करो मौलिक कल्पना, करो पूजन/'अविचलित रहकर शक्ति की मौलिक कल्पना; अपनी कमजोरियों को ताकत में बदलना और सारे हारे हुओं को साथ लेकर एकजुट युद्ध करना। यही अग्रगामी सोच है। शत्रु के खिलाफ़ रणनीति बनायी जाती है। राम को छोड़कर एक ऐसा व्यूह रचा जाता है जिसमें सभी छोटे-बड़े सेनानी एक समग्र समर लड़ने का संकल्प करते है।

राम हनुमान से देवीदह सरोवर से एक सौं आठ कमल आराधना के लिए लाने का अनुरोध करते हैं। कमल आते ही युद्ध प्रारम्भ होता है दूसरी ओर राम की आराधना के असर से आकाश थर्राने लगता है लेकिन राम अविचलित रहकर कमल पुष्प अर्पित करते रहते हैं। एक दृश्य मंच पर चल रहा है; एक नाटक नेपथ्य में जारी है।

निराला की नज़र मनुष्य की विडम्बनात्मक नियति को ताड़ जाती है। निराला देखते है कि एक सिरा मिलता है तो दूसरा उलझ जाता है। आठवां दिन जीवन की इसी नाटकीयता की तरफ़ इशारा करता है। अर्पित करने के लिए जब एक

ही कमल रह जाता है; राम का मन सहस्रार चक्र को पार करने की कगार पर होता है कि दुर्गा उनकी परीक्षा लेने के लिए आखिरी कमल उठा ले जाती है। यहाँ कवि द्वारा परिकल्पित नाटकीय विधान या काव्यात्मक-योजना नहीं है बल्कि चरम द्वन्द्व से बुनी यह मनुष्य के जीवन की वास्तविक स्थितियाँ हैं। इतने गहरे शशोपंज में तुलसी के राम भी नहीं दिखते लेकिन निराला की अचूक निगाह से यह जीवन-प्रसंग नये सन्दर्भ युक्त होकर चमक उठता है। मामूली लगते प्रसंगों में गैरमामूली कविता आविष्कृत करने का यह हुनर निराला की प्रतिभा से ही सम्भव हुआ–'रह गया एक इंदीवर, मन देखता-पार/प्रायः करने को हुआ दुर्ग जो सहस्त्र/द्वि प्रहर रात्रि, साकार हुई दुर्गा छिपकर/हँस उठा ले गयीं पूजा का प्रिय इंदीवर/' दुर्गा की यह हँसी काव्यात्मक युक्ति नहीं है; संघर्षरत व्यक्ति की लड़ाई पर व्यंग्यात्मक टिप्पणी है। जब सारे रास्ते बन्द हो जाते हैं तो दो रास्ते बचते हैं; पहला–आँख मूँदकर पड़े रहे या दूसरा–पराक्रम से बन्द रास्तों को खोलने की कोशिश करें। राम के मन में सबसे पहले विवशता का, निहत्थे हो जाने का भाव जागता है। उसकी सघनता आत्मधिक्कार को जगाती है। हर कदम संघर्ष है। अनथक संघर्ष। हमेशा विरोध सहते आए जीवन को धिक्कारना; वाजिब हक़ नहीं मिल पाता, सिद्धत्व प्राप्त नहीं कर पाना–कैसी दयनीय मजबूरी है। यहाँ बड़े पद पाने का सिद्धत्त्व वांछित नहीं है। उन छोटे-छोटे कामों को पूरा होने की अभिलाषा है जिनसे जीवन बनता है लेकिन जीवन है कि अधूरा छूट जाता है। छोटे-छोटे साधन कमाने-जुटाने के लिए जीवन ही देना पड़ता है–'धिक् जीवन को जो पाता ही आया विरोध, धिक् साधन जिसके लिए सदा ही किया शोध।' यहाँ राम के ही नहीं; निराला के अपने अभावग्रस्त जीवन की भी गहरी गूँज है। इतनी बेरहम आत्मस्वीकृति दुर्लभ है। निराला उन थोड़े से कवियों में से हैं जो कविता में झूठ नहीं बोलते। यह आत्मधिक्कार सच्ची आत्मालोचना से सम्भव हुई है। निराला के अलावा मुक्तिबोध के यहाँ भी यह अनलंकृत, बेदाग और सच्चे रूप में मौजूद है। खैर!

निराला की 'राम की शक्ति पूजा' में मौजूद हताशा की, पराजय की, अकेले रह जाने की पीड़ा पाठक को बेधती है तो निराशा के घटाटोप में उम्मीद की किरण राहत भी देती है। घनघोर अनास्था में आस्था के बचे रहने का साक्ष्य बनने वाली 'राम की शक्ति पूजा' मन के बन्द रास्ते भी खोलती है। राम को जैसे अचानक सूझ गया कि बचपन में माँ उन्हें 'राजीव-नयन' कहती थी। यह रास्ते का सूझना है। राम को सूझ जाता है कि उनके पास एक नहीं; दो कमल हैं। एक को चढ़ाकर शक्ति को पाया जा सकता है–'वह एक और मन रहा

राम का जो न थका,/जो नहीं जानता दैन्य, नहीं जानता विनय/कर गया भेद वह मायावरण प्राप्त कर जय,/बुद्धि के दुर्ग पहुँचा विद्युत-गति हत चेतन/राम में जगी स्मृति, हुए सजग पा भाव प्रमन।' यानी चेतना पर छाए नैराश्य का कुहासा छँट गया क्योंकि एक और मन है जो दीनता नहीं जानता। जैसे ही स्मृति जागती है; वैसे ही कौंध जाता है कि 'यह है उपाय।' 'कहती थीं माता मुझे सदा राजीव-नयन!/दो नील कमल हैं शेष अभी, यह पुरश्चरण/पूरा करता हूँ देकर मातः एक नयन/'यह सोचते ही उजाले की आँख खुल जाती है। रास्ता आलोकित हो जाता है। बाण लेकर राम जैसे ही अपनी दाहिनी आँख कमल की जगह अर्पित करने को तत्पर होते हैं कि दुर्गा प्रकट होकर घोषित करती है कि 'होगी जय, होगी जय, हे पुरुषोत्तम नवीन—कह महाशक्ति राम के वदन में हुई लीन/'यानी जिस शक्ति का मामूली अंश पाने के लिए राम संघर्ष कर रहे थे वह समूची उन्हें मिल गयी। यह मध्यकालीन चमत्कारवाद नहीं है। यह मनुष्य के संघर्ष को अर्थ देना है। 'राम की शक्ति पूजा' 1937 में पहली बार निराला ने अपने कविता-संग्रह 'अनामिका' में संकलित की थी। आज भी और जब तक मनुष्य में मुश्किलों से जूझने का संकल्प और हौसला रहेगा वह और ऐसी कविताएँ उसे ताकत देती रहेंगी।

इस कविता की विषय-वस्तु निराला की काव्य-प्रतिभा की चमक से चमत्कृत करती है। राम का रावण से युद्ध, अन्यायी रावण की ओर शक्ति-सन्तुलन का झुकाव, हनुमान का महाकाश को निगलने का उपक्रम और राम द्वारा शक्ति की पूजा करना—इन चार प्रसंगों से इसका कथानक बुना गया है। निराला ने पूर्व-लिखित रामकाव्य परम्परा से अलग हटकर राम की निराशा को अपने समय के मनुष्य की निराशा से जोड़ा है। मिथक या पौराणिक कथा-प्रसंगों को यदि समकालीन सन्दर्भों से समन्वित नहीं किया जाये तो काव्य-सृजन की सार्थकता कैसे होगी? क्योंकि हर रचना को अपने समकाल में प्रासंगिक होना ही होगा तभी वह कालजयी होगी। निराला ने तो समसामयिक ही नहीं; वैयक्तिक सन्दर्भों से युक्त कर 'राम की शक्ति पूजा' का नया अर्थ आविष्कृत किया है। निराला ने अपने जीवन के हर क्षेत्र में शक्ति-सम्पन्नों का क्या कम विरोध झेला था? लेकिन वह राम की तरह अनवरत लड़ते रहे। रावण जैसे सुपर पॉवर स्ट्रक्चर को ढहाना ऐसी ही लड़ाई से सम्भव हुआ। रामविलास शर्मा ने सही पहचाना है कि 'राम की शक्ति पूजा' में निराला के जीवन-सत्य की नाटकीय-प्रस्तुति है। इसीलिए इसे पढ़ते हुए निराला की अप्रतिहत जिजीविषा, जीवनगत प्रवृत्ति नहीं; जीवन-मूल्य बन जाती है। राम ही नहीं निराला का वह एक और मन साहस देता

है। जो आत्मदैन्य से विगलित नहीं होता बल्कि पहाड़ की तरह अपराजेय खड़ा रहता है और स्वयं शक्ति सूर्य बनकर उभरता है। 'राम की शक्ति पूजा' बुनावट के लिहाज से तत्सम-बहुल शब्दावली की काव्यकृति है। इसमें सामासिक शब्दों के प्रयोग से अर्थ ध्वनित और व्यंजित होते हैं। नादानुरंजित शब्दों, ध्वनियों के अन्तरण से भाषा में अर्थबोध का अन्तर प्रदर्शित किया है। इस प्रकार भाषा का बहुस्तरीय प्रयोग पूरी कविता में है। नाटकीय शैली में इस रचना का गठन हुआ है। इस कविता में अन्तर्निहित नाटक के अनुसार तीन दृश्य हैं। पहला दृश्य राम और रावण के अपराजेय युद्ध का, दूसरा दृश्य राम की सभा का और तीसरा दृश्य राम की शक्ति साधना का है। कविता में भाव नाटकीय गति से परिवर्तित होते हैं। यहाँ कोमल, मधुर, ओजपूर्ण भावों का सफल संयोजन हुआ है।

सुमित्रानन्दन पन्त

(20 मई 1900–28 दिसम्बर 1977)

मानव तुम सबसे सुन्दरतम

छायावादी कविता आत्मप्रसार की कविता है। हिन्दी कविता में शायद पहली बार आत्म का सघन प्रक्षेपण वहीं मिलता है। इसलिए उस कविता में मनुष्य की नैसर्गिक उपस्थिति सम्मोहित करती है और व्यक्तिगत स्वाधीनता एक मूल्य की तरह उभरती है। यह तत्कालीन समय का प्रभाव है। व्यक्तिगत स्वाधीनता की आकांक्षा के उभार से एक अच्छी बात यह हुई कि चाहे वह छन्द के बन्धन हो या सामाजिक रूढ़ियों में जकड़े हुए उपेक्षित वंचित लोग; सबको मुक्त करने की एक बड़ी मानवीय इच्छा कविता का मुख्य सरोकार बन गयी।

छायावादी कविता की एक अन्य खास विशेषता प्रेम के उच्छल रोमान की उपस्थिति है। प्रेम के नाम पर इससे पहले जहाँ आधुनिक युग के पहले दौर भारतेन्दु युग में उसका एक तरह से रीतिकालीन विस्तार ही मिलता है जबकि रीतिकालीन कविता में प्रेम एक पराई वासना की सन्तुष्टि तरह गोपनीय दुष्कर्म बना दिया गया था। छायावाद से ठीक पहले द्विवेदी युग में प्रेम से परहेज करते हुए उसे गैरज़रूरी माना गया। छायावादी कविता में प्रेम का प्रखर स्वीकार है।

प्रकृति के गत्यात्मक सौन्दर्य की अभिव्यक्ति के लिए भी छायावादी कविता जानी जाती है। इस दृष्टि से पन्त की कविता का अपना अलग ही व्यक्तित्व और चरित्र है। पन्त की 'पल्लव' हिन्दी कविता में आमूलचूल परिवर्तन कहने वाली रचना सिद्ध हुई। छायावाद के आलोचकों हजारीप्रसाद द्विवेदी, नंददुलारे वाजपेयी, शान्तिप्रिय द्विवेदी, डॉ. रामविलास शर्मा और डॉ. नगेन्द्र इत्यादि ने पन्त की कविता को हिन्दी काव्य की अमूल्य धरोहर माना। आचार्य शुक्ल ने अपने 'हिन्दी साहित्य का इतिहास' के सबसे ज़्यादा पन्ने पन्त की कविता को दिये हैं—'पल्लवों की यह पुलकित डाल/तन-मन बन्धन हीन मन-मस्तिष्क' की रचना

है। इनकी कविताओं में अनेकायामी गहरे विचलित करने वाली संवेदना मिलती है। 'अश्रु में जीता सिसकता गान/शून्य आहों में सुरीले छन्द' में नियोजित इस संग्रह की कविताओं में भाव और कल्पना-प्रधान कविताएँ मिलती हैं।' आचार्य शुक्ल की यह पंक्तियाँ पन्त के महत्त्व को रेखांकित करती हैं। 'पल्लव' पन्त के कवि-कर्म ही नहीं समूची हिन्दी कविता की उपलब्धि है। 'याचना', 'स्मृति', 'सोने का गान', 'नक्षत्र', 'बादल स्वप्न', संग्रह की महत्त्वपूर्ण कविताएँ हैं। 'परिवर्तन' को खड़ी बोली हिन्दी की पहली लम्बी कविता माना जाता है। इसमें शान्त और रौद्र, वीर तथा करुणा, शृंगार, विषाद इत्यादि काव्य-आस्वाद के अनेक धरातल मिलते हैं। पन्त के समकालीन निराला जैसे बड़े कवि ने समूचे 'पल्लव' संग्रह को ध्वस्त करते हुए केवल 'परिवर्तन' को प्रथम श्रेणी की कविता माना है। इन दो समकालीन बड़े कवियों की परस्पर प्रतिस्पर्धा को अलग रखते हुए छायावादी काव्य के श्रेष्ठ आलोचकों और पाठकों ने 'पल्लव' को इसलिए श्रेष्ठ काव्य माना है कि इसमें अनुभूति और अभिव्यक्ति, मन और मस्तिष्क, संवेदना और शैली की अद्भुत संश्लिष्ट उपस्थिति मिलती है। इसके अतिरिक्त खड़ी बोली हिन्दी को प्रतिष्ठित करने में 'पल्लव' की पन्त-लिखित भूमिका का भी अपूर्व योगदान है। द्विवेदी जी ने इसे अत्यन्त उच्च कोटि की आलोचना माना है। बेशक इसे एक महान कवि के द्वारा लिखा गया बेहतरीन गद्य भी कह सकते हैं।

पन्त 'गुंजन' संग्रह में 'सुन्दर' से आगे जाकर 'सत्य' और 'शिव' की खोज करना चाहते हैं। 'ज्योत्सना' में उन्होंने ऐसा काव्य-रूप रचा है जिसमें नवजागरणकालीन चेतना के अनेक प्रसंग हैं। कवि 'नष्ट-भ्रष्ट', 'जीर्ण' और 'ध्वंस-भ्रंश, जग के जड़बन्धन' का विरोध करता हुआ यह आकांक्षा रखता है कि नवल मानव पल्लवित होंगे। जितनी उत्कृष्ट प्रकृतिपरक रचनाओं का सृजन पन्त ने किया, विश्व-कविता में ऐसा दूसरा उदाहरण दुर्लभ है। लेकिन 'युगवाणी' में आकर पन्त अपना काव्य-मुहावरा बदल देते हैं। कल्पना की बजाय यथार्थ केन्द्र में आ जाता है और व्यक्ति का स्थान समाज ले लेता है। वैचारिक धरातल पर वे इससे पहले के काव्य-संग्रह 'युगान्त' में गाँधीवादी समाजवाद की तरफ़ मुड़ गये हैं। लेकिन 'युगवाणी' में उनका समाजवाद मार्क्सवादी विचारों से प्रेरणा ग्रहण करने लगता है। उनके इस विचार-दर्शन को डॉ. नगेन्द्र ने 'भारतीय साम्यवाद' कहा है। उन्होंने शोषण करने वाले साम्राज्यवादियों और पूँजीपतियों का जिस प्रकार से विरोध किया है, वह सीधे-सीधे मार्क्सवादी दृष्टि से ही संचालित दिखायी देता है। 'जनयुग की स्वर्णीम किरणों' से 'भू आलोकित' करने का सपना देखने वाला कवि ठेठ मार्क्सवादी नजरिए से समाज को देख रहा है—'श्रेणी वर्ग में

मानव नहीं विभाजित/कि धन बल से ही जहाँ न जन श्रम शोषण/पूरित भव जीवन के निखिल प्रयोजन।' —छायावादी कवि का सौन्दर्य-बोध 'युगवाणी' में पूरी तरह से बदला हुआ दिखायी देता है। कुछ आलोचकों ने पन्त की इस दौर की कविता में नीरस गद्यात्मकता और शैलीगत शैथिल्य की ओर इशारा किया है। लेकिन यह सब जोखिम उठाते हुए भी पन्त ने युगीन भावनाओं के अनुरूप काव्य रचना की है। 'ग्राम्या' में आकर वे भारतीय गाँवों को एक नयी प्रगतिशील दृष्टि से देखते हैं। 'रेखाचित्र', 'संध्या के संवाद' 'गंगा' इत्यादि इस संग्रह की महत्त्वपूर्ण रचनाएँ हैं। 'ग्राम्या' में पन्त ने लोक-जीवन और लोक-भाषा को काव्य का कथ्यरूप बनाया है।

छायावादी अन्य कवियों की अपेक्षा पन्त की काव्य-यात्रा लम्बी थी। गाँधीवाद और मार्क्सवाद के बाद पन्त नये अध्यात्मवाद की ओर गये। अपनी काव्य-यात्रा के अन्तिम पड़ाव में उन्होंने अरविन्द दर्शन के प्रति विश्वास व्यक्त किया। 'स्वर्ण किरण', 'स्वर्ण धूलि', 'उत्तरा', 'युगान्त', 'खादी के फूल', 'अन्तिमा', 'अणिमा', 'कला और बूढ़ा चाँद' तथा एक महत्त्वाकांक्षी महाकाव्य 'लोकायतन', उन्होंने इस अन्तिम दौर में लिखा। अनेक पड़ाव पार करने और नयी-नयी मंजिलों को छूने वाला यह कवि हर बार अपनी कविता की संवेदना और शिल्प को नया करता रहा। कुछ आलोचक यह कहते हैं कि 'स्वर्ण किरण' से आरम्भ होने वाला उनका काव्य-विकास दरअसल एक बड़े कवि के रचनात्मक अवरोध का सूचक है, और अगर वे इस दौर में कविताएँ न लिखते तो अधिक बड़े कवि कहलाते! लेकिन इस फतवेबाजी से अलग होकर देखे तो पन्त की समूची काव्य-यात्रा उनके समय और उनके बाद की हिन्दी कविता को गहरे प्रभावित करने वाली सिद्ध हुई। शमशेर और केदारनाथ अग्रवाल सहित अनेक परवर्ती कवियों ने भी स्वीकार किया कि उन्होंने पन्त की कविता से कविता का मर्म सीखा और रचनात्मक ऊर्जा अर्जित की। यह बड़ा कवि कई अर्थ-सन्दर्भों में आज भी हिन्दी कवियों को अनेक धरातलों पर प्रेरित कर रहा है।

प्रकृति का साहचर्य, अकुंठित शृंगार चित्रण, उदात्त सौन्दर्य चेतना, उदार नारी भावना, सामाजिक रूढ़ियों का बहिष्कार, रहस्यवाद, लाक्षणिक शैली और वक्रोक्ति से सम्पन्न भाषिक विधान, काल्पनिक मनोलोक की सृष्टि, कविता के मुक्तक रूपों के प्रति विशेष आग्रह, रूपगत प्रयोगशीलता इत्यादि तमाम छायावादी प्रवृत्तियाँ श्रेष्ठतम रूप में पन्त के यहाँ मिलती हैं।

हिन्दी कविता में शृंगार चित्रण की एक लम्बी परम्परा रही है। मध्यकाल में रीतिकालीन कवियों ने शृंगार के अनेकायामी चित्र खींचे हैं। इनमें बिहारी,

पद्माकार, केशव और घनआनन्द ने अद्भुत प्रतिभा प्रदर्शित की है। लेकिन रीतिकालीन सौन्दर्य चेतना एक प्रकार के कुंठित बोध की सूचक है। कवियों ने राधा-कृष्ण के बहाने मनुष्य की दमित इच्छाओं को सौन्दर्य चित्रण के नाम पर प्रस्तुत किया है। वहाँ स्त्री का रूप एक ऐसी वस्तु की तरह उभरता है जिसकी भूमिका पुरुष समाज में केवल भोग्या होने तक सीमित है अर्थात् वह दैहिक धरातल पर मात्र भोगने की वस्तु है जबकि आधुनिक, विशेषकर छायावादी कवियों ने उसकी भूमिका को समूचे समाज के सन्दर्भ में देखा है। ऐसा नहीं है कि आधुनिक कविता में श्रृंगार के उत्तेजक चित्र नहीं हैं। स्वयं स्त्री रचनाकारों ने सौन्दर्य के अपूर्व, ऐन्द्रिक और आवेगपूर्ण चित्रों का संयोजन किया है। मुख्य बात यह है कि पन्त सहित इन रचनाकारों ने सौन्दर्य के काल्पनिक हो या वास्तविक, शारीरिक हो या अशारीरिक जितने बिम्ब निर्मित किये हैं, वे जीवन-जगत से उठाए गये हैं। उनमें दमित कुंठाओं की जगह मनुष्य की सहज इच्छाओं की प्रस्तुति हुई है। इस दृष्टि से पन्त ने 'अप्सरा' कविता में प्रेम के प्लेटोनिक उदात्त रूप को प्रस्तुत किया हैं तो दूसरी तरफ़ 'ग्रंथि' में उन्होंने प्रेम की दैहिक उपस्थिति के भी चित्र खींचे हैं—'एक पल मेरे प्रिय के दृग पलक/थे उठे ऊपर। सहज गिरे नीचे/चपलता में इस विकसित पलक से/दृढ़ किया मानो प्रबल सम्बन्ध था/लाज की मादक सुराही लालिमा/फैल गालों में नवीन गुलाब से/छलकती थी ब्रह्माण्ड सी सौन्दर्य की/अधखुले सस्मित गड्ढे सीप से।' इन पंक्तियों में पन्त ने स्त्री-सौन्दर्य का अकुंठित, मर्यादित और यथार्थ चित्रण किया है। ऐसा चित्र जो कहीं से भी छिछला नहीं है। उसमें हल्कापन न होकर प्रेम की गहराई मौजूद है। यही छायावादी कवि पन्त की विशेषता है।

छायावादी कविता अपनी नयी सौन्दर्य चेतना के लिए अलग से पहचानी गयी है। श्रृंगार की तरह सौन्दर्य और विशेषकर स्त्री-सौन्दर्य कविता में इतने प्रत्यक्ष, उन्मुक्त और उदात्त रूप में उनसे पहले प्रस्तुत नहीं किया गया। भक्तिकालीन कविता में परमात्मा के लोकोत्तर सौन्दर्य का भाववादी वर्णन किया गया। रीतिकाल में सौन्दर्य वर्णन के नाम पर दरबारी कवियों ने स्त्रीपद को अमर्यादित रूप से प्रस्तुत किया। आधुनिक युग में द्विवेदी युग तक कवि मानव-कल्याण की बात करते रहे लेकिन मनुष्य के सम्पूर्ण सौन्दर्य को अनदेखा किया जाता रहा। द्विवेदीयुगीन कवि आचार्य द्विवेदी की यथार्थवादी विचारधारा से इतने आक्रांत रहे कि सौन्दर्य और प्रेम से दूरियाँ बनाकर छायावादी कवियों ने इस कमी को पूरा किया। पन्त के यहाँ 'स्वरों में ध्वनित मधुर सुकुमार सत्य परोपकार/दिव्य सौन्दर्य स्नेह सा साकार भावना मय संसार/' जैसी अपूर्व सौन्दर्य-चेतना मिलती

है। उन्होंने प्राकृतिक सौन्दर्य-स्नेह को भी एक अद्भुत मानवीय अनुभव बना दिया। 'पावस ऋतु' में पर्वत प्रदेश में पल-पल अपना वेश परिवर्तित करने वाली प्रकृति के अद्भुत सौन्दर्यात्मक चित्र उन्होंने खींचे। इसके अतिरिक्त 'अप्सरा' शीर्षक कविता में उन्होंने सौन्दर्य के बहाने एक आधुनिक और आत्म-सजग स्त्री की परिकल्पना की। पन्त की नारी-भावना स्त्री-सौन्दर्य को केवल लौकिक आयामों में ही प्रस्तुत नहीं करती बल्कि उसे सृष्टि के प्राणों का आधार स्वीकार करती है—'तुम्हारे छूने में था प्राण/संग में पावन गंगा स्नान/तुम्हारी वाणी में कल्याणी/त्रिवेणी की लहरों का गान।' —इस रचनाकार ने सौन्दर्य की दिव्यता की रक्षा करते हुए उसे एक मानवीय अनुभूति बना दिया है। यही कारण है कि पन्त की नारी-भावना सौन्दर्य के बिना अधूरी है। अपने एक साक्षात्कार में प्रसिद्ध कवयित्री सुनीता जैन के पूछने पर पन्त ने कहा भी था कि सृष्टि का सौन्दर्य, स्त्री सौन्दर्य से निर्धारित होता है यानी किसी भी समाज के नजरिए को उस समाज की स्त्रियों की दशा और दिशा के आधार पर समझा जा सकता है। जो समाज जितना प्रगतिशील होगा वहाँ स्त्रियाँ अपनी ज़िन्दगी से जुड़े निर्णय लेने में स्वतन्त्र और आत्मनिर्भर होगी।

छायावादी कवियों ने जर्जर सामाजिक रूढ़ियों और दलित-दमित-वंचित वर्ग तथा उससे भी बढ़कर सदियों से स्त्री को परिवार और समाज के हाशिए पर रखने वाली मानसिकता का विरोध किया है। पन्त इन अपर्याप्त सिद्ध हो चुकी रूढ़ियों का विरोध करते हैं। वह मनुष्य को सृष्टि का सबसे सुन्दर और सम्पूर्ण प्राणी मानते हैं। इसलिए वह समाज को पीछे ले जाने वाली शोषण पर टिकी हुई अन्यायपूर्ण रूढ़ियों को प्रश्रय देने वाली सत्ता का विरोध करते हैं। विरोध का यह स्वर छायावादी कवियों के यहाँ काव्य रूपों में भी देखा जा सकता है। निराला और पन्त ने पुरानी काव्य रूढ़ियों का भी विरोध किया है।

छायावाद अपने नये दर्शन के कारण भी पहचाना जाता है। यह आधुनिक मनुष्य का नव रहस्यवादी दर्शन है। पन्त ने 'प्रथम रश्मि', 'मौन निमन्त्रण', 'शिशु', 'नौका विहार' तथा 'परिवर्तन' जैसी कविताओं में जिस नये रहस्यवादी स्वर की रचना की है वह नैसर्गिक रहस्यवादी स्वर है। विवेकानंद के बाद पन्त पर अरविंद दर्शन का भी प्रभाव पड़ा लेकिन पन्त का नवरहस्यवाद कोई जटिल दर्शन नहीं है। उनका रहस्यवादी स्वर एक मनुष्य की आँख से सृष्टि के रहस्यों को देखने वाला है—'ना जाने कौन अये द्युतिमान/जान मुझको अबोध अज्ञान/सुझाते हो तुम पथ अनजान/फूँक देते चित्रों में जान/अहे! सुख-दुख के सहचर कौन/नहीं कह सकता तुम हो कौन?' कोई जादुई रहस्य नहीं, एक शिशु-सुलभ

जिज्ञासा उनके यहाँ है। वे 'एक ही सब में स्पंदन' पर विश्वास करने वाले उपनिषदों के एकेश्वरवादी दर्शन को मानते हैं। क्योंकि वे जानते हैं कि 'जग पीड़ित है/अति सुख से और जग पीड़ित रे अति दुख से' इसलिए पन्त दोनों को आपस में बाँटना सिखाते हैं ताकि दुनिया में सन्तुलन बना रहे। इस धरती के रोम-रोम में भरी सहज सुन्दरता को बाँटना और जीभरकर जीना पन्त का दर्शन है। छायावादी कवियों पर पलायनवादी होने का आरोप लगाया जाता है। कहा गया है कि वे जीवन की सच्चाइयों से भागने वाले कमजोर मनुष्य हैं। उनका मन बार-बार उन्हें एक काल्पनिक मनोलोक में ले जाता है। क्योंकि शोर से भरी दुनिया में अतिकल्पना ही उन्हें सहारा देती है। जिस प्रकार प्रसाद अपने नाविक से भुलावा देकर ऐसे लोक में ले जाने का आग्रह करते हैं जहाँ सुख-दुख न होकर समरसता हो; उसी प्रकार पन्त 'दिवास्वप्न' कविता में यह कामना करते हैं कि वे अपनी 'चिर-स्नेह-आतुर व्यथा' को भूल जाये और 'प्रकृति-नीड़ में वियोग रागों के गान सुने' इसलिए वे कहते हैं कि—'वहीं कहीं जी करता मैं जाकर छिप जाऊँ /मानव जग में क्रंदन से छुटकारा पाऊँ!' ऊपर से ये पंक्तियाँ सचमुच दिन का सपना लगती हैं। प्रसाद और पन्त जैसे छायावादी कवि अपने जीवन के दुखों से त्रस्त होकर इस प्रकार की संवेदना व्यक्त करते हैं। और यह कोई असामान्य बात नहीं है। क्योंकि दुख से छूटने की हर कोई कामना करता है और सुख की इच्छा सबको होती है। ऐसी दुनिया हकीकत में मयस्सर नहीं होती तो कवि राहत के लिए मनोलोक रचते हैं। यह नहीं भूलना चाहिए कि पन्त 'यह धरती कितना देती है', जैसी ठोस ज़मीन से जुड़ी यथार्थवादी कविता भी लिखते हैं।

छायावादी कविता ने विषय और शिल्प के धरातल पर युगान्तरकारी प्रयोग किये हैं। पन्त के यहाँ भी लाक्षणिक शैली से सम्पन्न अर्थ-व्यंजक शिल्प और पारम्परिक छन्दबद्ध काव्यरूपों की जगह मुक्तक कविता लिखने का साहस मिलता है। कविता की नयी रूपगत प्रयोगशीलता उनके यहाँ मिलती है। पन्त सहज, सरल, स्वाभाविक अलंकार-विधान तथा काव्य-भाषा की व्यंजना शक्ति के विशिष्ट कवि हैं। कह सकते हैं कि छायावादी कविता के इस मूर्धन्य कवि ने हिन्दी कविता को नये विषय दिये और एक अर्थसम्पन्न भाषा में बेहतरीन काव्य-रचना सम्भव की है। उस समय उनकी तरह की काव्यभाषा अन्य किसी कवि के पास नहीं थी यानि उन्होंने विषय और वस्तु दोनों धरातलों पर हिन्दी कविता को अपूर्व समृद्धि प्रदान की है।

सुमित्रानन्दन पन्त कई काव्य-आन्दोलनों जुड़े रचनाकार रहे हैं। छायावाद से शुरू करने वाले पन्त का रचनाकाल प्रगतिशील युग और कहें तो उसके बाद तक

फैला हुआ है। छायावाद के स्वच्छन्दतावादी काव्य-सौन्दर्य से उपराम होकर पन्त का रूझान कार्ल मार्क्स के प्रगतिशील दर्शन की ओर मुड़ा और इसके बाद वे श्री अरविंद के नवमानवतावाद की तरफ़ झुके। मुक्तिबोध ने यह पहचान लिया था कि पन्त के यहाँ यथार्थ को साफ़-साफ़ देखने वाली और स्पष्टता से प्रस्तुत करने वाली अभिव्यक्ति प्रणाली मौजूद है। 'युगान्त' काव्य-संग्रह में संकलित 'ताज' 1935 कविता में प्रगतिशील विचार-दर्शन प्रस्तावित करते हुए पन्त ने अपना छायावादी सुकुमार, सुकोमल और सुदर्शन मुहावरा तोड़ते हुए छायावादी प्रणाली में भी तोड़फोड़ की है। 'प्रथम रश्मि' का 'मौन निमन्त्रण' और 'द्रुमों की मृदुल छाया' छोड़कर पन्त सजीव मानव-सौन्दर्य की तरफ़ गये। कवि की दृष्टि समाज के यथार्थ की तरफ़ चली गयी और उस यथार्थ से टकराकर कवि ने देखा कि सच विसंगतियों और विकृतियों से भरा है। रूप की जगह कुरूपता हावी है। ऐसे में स्वाभाविक था कि कवि को प्रेम और सौन्दर्य के स्मारक 'ताज' में कुछ और नज़र आता। क्योंकि सौन्दर्य और प्रेम के पीछे उनका बिल्कुल विपरीत सच भी छिपा रहता है। इसे उर्दू के महान शायर साहिर लुधियानवी ने भी देखा था और लिखा था कि एक शहनशाह ने हसीन ताजमहल बनवाकर ग़रीबों की मोहब्बत का मज़ाक़ उड़ाया है।

पन्त ने 'ताज' की रूमानियत को तोड़कर ऐतिहासिक तथ्यों के आधार पर यह सिद्ध किया कि ताज उन शोषकों का स्मारक है जिनके द्वारा शोषितों का शोषण हुआ। सौन्दर्य का यह कवि ताज को मृत्यु का अपार्थिव पूजन मानते हुए यह सिद्ध करता है कि यहाँ चमकते महंगे पत्थरों के द्वारा मरण को सजाया गया है। जबकि जीवन के राग को महत्त्व मिलना चाहिए था। कवि की प्रगतिशील सोच चाहती है कि शवों को सजाने की बजाय, जीवित मनुष्यों को आदर दिया जाये। दुनिया की तीखी सच्चाई यह है कि लोगों को रहने के लिए मामूली जगह भी नसीब नहीं होती। अधिकांश लोग मौसम की मार से बचने के लिए मकान, सभ्यता की रक्षा के लिए वस्त्र और जीवित रहने के लिए भोजन इत्यादि जुटाने के लिए लड़ते-मरते-खपते रहते हैं और बुनियादी ज़रूरतों के अभाव में ही नष्ट हो जाते हैं। ऐसे में कोई 'ताज' के बारे में सोचता है तो वह जीवित आत्मा का अपमान करता है और जीवन को महत्त्व नहीं देता। मरण की बजाय जीवन का वरण करना ही प्रगतिशील आदर्श है। जबकि ताज मृत भावुक आदर्शों का प्रतीक है।

इस कविता में इतनी गहरी प्रश्नाकुलता है जो यह सोचने पर मजबूर करती है कि ताज के वास्तविक अर्थ क्या हैं? खासकर ऐसे देश में जहाँ लोग

आजीवन बुनियादी ज़रूरतों को पूरा नहीं कर पाते है। पन्त की 'ताज' कविता समूचे प्रगतिशील आन्दोलन की रचनात्मक उपलब्धियों में से एक है। यह कविता बताती है कि अपने स्थापित और चिर-परिचित काव्य मुहावरे में उलटफेर करना जोखिम भरा काम है। पन्त ने साहसपूर्वक यह जोखिम उठाया है।

सुमित्रानन्दन पन्त छायावादी कविता के पहले नागरिक है। उनकी 'रश्मिबंध' में संकलित कविताएँ छायावादी काव्य-सौन्दर्य को प्रस्तावित करती है। यह संग्रह एक प्रकार से छायावादी कविता का घोषणा-पत्र, उत्कर्ष और उपलब्धि है। यह कविताएँ बताती हैं कि सुमित्रानन्दन पन्त ने कितनी कुशलता से प्रकृति-चित्रण को सजावट की वस्तु बनाने की बजाय, एक अनिवार्य महत्त्व का विषय बना दिया। उस समय ऐसे विषयों को कोई दूसरा कवि नहीं उठा रहा था और न किसी के पास ऐसी बेहतरीन काव्य भाषा थी। इन कविताओं ने अपने युग के काव्य मुहावरे को बदलकर रख दिया। प्रकृति यहाँ सुकोमल और सुमधुर चित्र-भर नहीं है। उसमें इन्सानी सजीवता मिलती है। कवि उससे बात करता है। उसे बच्चे की जिज्ञासा, चमकदार और चमत्कार से भरी आँखों से देखता है। इसमें पन्त ने अपने समय के मनुष्य की इच्छाओं को भी प्रस्तुत किया है।

'प्रथम रश्मि' एक प्रकार से पहली छायावादी किरण भी है। इसमें अर्थ के विस्तृत धरातल और सौन्दर्य के नये पक्ष उद्घाटित हो जाते हैं। यहाँ बालविहंगनी एक प्रकार से स्वयं कवि भी है। यहाँ प्रकृति का पहला स्पर्श महसूस होता है। जो कविता को जगा देता है। स्पष्ट है कि यहाँ परम्परागत अर्थ भी समृद्ध काव्य-सौन्दर्य से भरपूर है। 'प्रथम रश्मि' को सबसे पहले बालविहंगी अनुभव करती है, और उसका संगीत-कलरव गूँज उठता है। इसे सुनकर कवि गहरी उत्सुकता-जिज्ञासा से भरकर पूछता है कि बालविहंगी ने यह सुमधुर गान कहाँ से सीखा? क्योंकि स्वयं कवि मधुप कुमारियों से मीठा गान सीखना चाहता है। लेकिन सीख नहीं पाया। यहाँ मनुष्य और प्रकृति के बाल-सुलभ संवाद जादुई सच बन जाते हैं।

प्रथम रश्मि स्वप्नों के घोंसले में पंखों के सुख में छिपकर बैठी हुई थी। उसकी मीठी नींद के लिए द्वार पर जुगनू पहरेदारी कर रहे थे। शशि किरणों से उतरकर काम-रूप नभचर नयी कलियों को मुस्कुराना सिखा रहे थे। रातभर चमकते हुए तारे मन्द पड़ने लगे थे। पेड़ों के पत्ते चुप थे। चारों तरफ़ अन्धकार फैला हुआ था। ऐसे में पेड़ों में बसने वाली बालविहगी कूक उठी। कवि यह जानना चाहता है कि उसे पहली किरण का आगमन के बारे में किसने बताया? यहाँ पर कवि रात के आखिरी पहर, उषाकालीन प्रकृति के बिम्बों को घुला-मिला देता है। कविता वैसे भी जादुई होती है। यहाँ पर उसका जादू और भी उभर जाता है। बालाविहगी

एक मायने में उन स्तब्ध दबी-कुचली और घोंट दी गयी आवाज़ों का प्रतिनिधित्व करती है, जिनमें नवजागरणकालीन चेतना कवि को महसूस होने लगी है। इस तरह यह कविता नये युग के जन-जागरण का स्वागत-गीत भी बन जाती है।

कवि ने अपनी उस पैनी दृष्टि का भी परिचय दिया है जो छोटे-छोटे डिटेल्स देख लेती है। रात्रिचर जादू-टोना, चक्र-कुचक्र रच रहे हैं। रात का यात्री चाँद थका हुआ परास्त प्रतीत हो रहा है। भँवरे कमलों में बन्दी हैं। चक्रवाक विरह में व्याकुल, शिथिल और स्तब्ध है। इसका एक दूसरा अर्थ भी है। जिसके अनुसार अन्धकार अज्ञान का है और षड्यन्त्र करने वाले सक्रिय हैं। चन्द्रमा अर्थात् नेतृत्वकारी शक्तियाँ हारी हुई हैं। लेकिन जिसे सबसे मामूली मान लिया गया था, उसकी इंद्रियाँ मूर्छित नहीं थीं, वह सबको जगा रही थीं।

उसकी आवाज़ में जादू है, जो बाहरी प्रकृति और आन्तरिक संसृति पर प्रभाव डालती है। अनन्त अन्धकार, आलोक में बदल जाता है। इस जागी हुई दुनिया में जीवित सौन्दर्य दिखायी देने लगता है। पत्ते अर्थात् भविष्य के नागरिक ख़ुश हो जाते हैं। जागृति की नयी पवन चलने लगती है। पुष्प प्रफुल्लित हो जाते हैं। भँवरे गाने लगते हैं। और सारी दुनिया नये जीवन से भर जाती है।

यह कविता पन्त की शुरुआती किताब 'वीणा' का नया मंगलाचरण है। उसी पृष्ठभूमि पर 'पल्लव' जैसे महत्त्वपूर्ण संग्रह का अवतरण हुआ। कवि के सामने निसर्ग का रहस्यमयी, विस्मयकारी सौन्दर्य कई रूपों में आविष्कृत होता है। यहाँ पर कल्पना की वही उच्छल उड़ान दिखायी देती है जो मध्यकालीन सूर के यहाँ मौजूद है। कवि विषय के अनुरूप बिम्बपरक भाषा पाने में सफल रहा है। लय, नाद और संगीत पन्त की पदावली में मौजूद है। ऐसी कविताओं के आधार पर डॉ. देवराज ने छायावादी कविता को प्रकृति काव्य कहा है। डॉ. रामस्वरूप चतुर्वेदी ने 'प्रथम रश्मि' जैसी कविताओं को छायावादी काव्यान्दोलन की पहचान बनाने वाली रचनाएँ माना है। ऐसी कविताओं के कारण पन्त प्रकृति-काव्य के प्रतीक और पर्याय माने गये हैं।

सुमित्रानन्दन पन्त हिन्दी के उस थोड़े से विशिष्ट कवियों में से हैं जिनका रचनाकाल लगभग पाँच दशकों तक फैला है। उन्होंने गद्य भी लिखा है। कविता में उनकी श्रेष्ठतम प्रतिभा प्रदर्शित हुई है। पन्त अपने अलग स्थापत्य बोध के लिए भी पहचाने जाते हैं। उनके यहाँ मनुष्य का सौन्दर्य ही प्रकृति-सौन्दर्य और कविता का सौन्दर्य है। मनुष्य, प्रकृति और कविता सबके सौन्दर्य में एक अलग विधान दिखायी देता है। यहाँ हम प्रकृति की बात करते हैं। हिन्दी के वे अकेले कवि हैं, जिनका नाम प्रकृति काव्य का सन्दर्भ बन गया है। होता यह है कि

किसी भी कवि ने यहाँ प्रकृति-चित्रण पढ़ते हुए अनायास सबसे पहले पन्त याद आते हैं। पन्त से जोड़कर या पन्त से टकराते हुए उस कवि के प्रकृति-चित्रण की तुलना पन्त से की जाती है।

सुमित्रानन्दन पन्त प्रकृति के शायद सबसे बड़े कवि हैं। उनका जन्म पर्वतीय प्रकृति की गोद में हुआ और बचपन उसके सानिध्य में बीता। ऐसा नहीं था कि पन्त से पहले प्रकृति विषयक कविताएँ नहीं लिखी जाती थीं। लेकिन मुख्य बात यह है कि पन्त ने मात्र प्रकृति चित्रण के लिए कविताएँ नहीं लिखीं यानी उनके यहाँ प्रकृति की उपस्थिति एक साधारण काव्य-विषय की तरह नहीं है। बल्कि उसमें जीवन की गति है और हार्दिक मार्मिकता है। उनके नैसर्गिक चित्रों में सजीवता और कल्पना का अद्‌भुत संगम है। पन्त के बिम्ब अपना स्वतन्त्र अस्तित्व रखते हुए भी उनकी कविता के मुख्य विषय को अधिक अर्थवान बना देते हैं। उनकी 'संध्या', 'नौकाविहार', 'हिमाद्रि', 'हिम प्रदेश', 'एक तारा', 'बादल', 'वर्षा-गीत' इत्यादि अनेक कविताएँ हैं जिसमें कवि के द्वारा व्यक्त किये गये प्रकृति के सौन्दर्य को शब्दों का जीवन्त अनुभव बनाया गया है। पन्त के यहाँ परियाँ अभिसार करने को आती हैं और चमकदार बादलों की छाया चलती है। जादू की कंदरा लुभाती है और सारे मौसम खुद को भरपूर जीकर पल्लवों में सो जाते हैं। प्रकृति के विकराल विषय भी उनके यहाँ हैं। हालाँकि निर्झर, ओस, राग, संध्या और सुबह के अद्‌भुत चित्र अधिक हैं। जिनमें जीवन की शान्त गति मिलती है। जबकि 'परिवर्तन' और 'बादल' जैसी कविताओं में प्रकृति का विराट रूप अट्टहास कर रहा है। प्रकृति मन से एकाकी बालक को गोद में खिलाने वाली माता है। यही कारण है कि उन्हें प्रकृति का सहज रूप आकर्षित करता रहता है।

छायावादी कवि अपने आसपास व्याप्त प्रकृति के प्रति आश्चर्य और चमत्कार का भाव रखते हैं। लेकिन उनकी रहस्यवादी दृष्टि और चमत्कारप्रियता आदिकालीन या मध्यकालीन नहीं है। दरअसल छायावादी कवि संसार को ऐसी दुनिया के रूप में देखते हैं जो उनके लिए बिल्कुल नयी और अनजानी है। पन्त के चर्चित काव्य संग्रह 'पल्लव' में संकलित 'मौन निमन्त्रण' कविता में कवि असीम, अज्ञात अव्यक्त और अनन्त सत्ता को लेकर जिज्ञासु है। उसका कौतूहल और विस्मय रहस्यात्मक दिखायी देता है। दरअसल यह रहस्य नयी चीज़ों को देखने-जानने का है।

पन्त की शैशवास्था एक मातृहीन शिशु की रही। जिस पर्वतीय अचंल में उन्होंने आँखे खोलीं उसमें नैसर्गिक सौन्दर्य इतना भरा पड़ा था कि जादू जैसा महसूस होता था। पहाड़ों को वैसे भी जादुई कहा जाता है। ऐसे में एक अनाथ

शिशु उस प्रकृति में अपनी माँ को ढूँढ़ता है और आगे चलकर एक अकेला किशोर वहाँ अपने प्रिय पात्र की तलाश करता है। यह पन्त की निजी शैली है। इसमें रहस्य-भावना केवल कहने के ढंग में हैं। कहने का यह तरीका सम्मोहित करता है। और आद्यन्त बाँधे रखता है। जब सारी दुनिया सोई रहती है, कवि को वह अनजानी सत्ता शान्त चाँदनी रात में मौन निमन्त्रण देती है। जब घिरे हुए बादल गरजते हैं। तेज हवा चलती है और भीषण बारिश होने लगती है, उस समय वह अव्यक्त सत्ता बिजली के रूप में व्यक्त होती है। जब पृथ्वी वसन्त-आगमन होने पर युवा हो जाती है, वह अनन्त सत्ता फूलों की सुरभी के बहाने कवि को सन्देश भेजती है। जब सागर की लहरें बुलबुलों के निर्जन संसार को निर्मित करती है, तब वही कवि को मौन शब्दों में बुलाती है। भोर के वक़्त वह अज्ञात शक्ति कवि की अधसोई आँखों को खोलती है और जुगनू बनकर अँधेरे रास्ते में राह दिखाती है। उषा काल में वह रहस्यमयी सत्ता फूलों पर ओस की तरह बिछकर कवि को अपनी तरफ़ आकर्षित करती है और रात में थके हुए कवि को स्वप्नलोक में ले जाती है।

यह अव्यक्त सत्ता कवि के सुख-दुख का मित्र है। लेकिन उसमें अज्ञात सत्ता का रहस्य भरा हुआ है। इसलिए कवि विस्मित होता है। स्तब्ध चाँदनी रात में नक्षत्रों के मौन बुलावे से लेकर स्वप्नलोक की मीठी नींद सुलाने तक कवि उस सत्ता को महसूस करता है। उसके बारे में इतना कुछ अनुभव करना और फिर भी कुछ कह सकने में अक्षम होने का भाव प्रदर्शित करना; अत्यन्त कलात्मक जुगत है। दरअसल अमूर्त भावनाओं को मूर्तित करने वाले बिम्ब ही इस कविता को एक बड़ी रचना बनाते हैं। इसमें रहस्य भावना नहीं है। कौतूहल में ही केन्द्रीय संवेदना छिपी है। कवि उस रहस्यमयी शक्ति को अपने मित्र के रूप में देखता है। प्राचीन रहस्यवादियों की तरह उसमें अपने अस्तित्व को विलीन नहीं करना चाहता। यही आधुनिक भावबोध इस कविता की पहचान है।

पन्त प्रकृति-चित्रण के बेजोड़ कवि हैं लेकिन बारीकी से देखा जाये तो उन्होंने चित्रण की रूढ़ियों को तोड़ डाला है। पन्त प्रकृति को चित्रित नहीं करते। वह उनकी कविता में मानवीय, वैचारिक, दार्शनिक या विशुद्ध प्रकृति के धरातल पर उपस्थित होकर अपना स्वतन्त्र अस्तित्व दिखाती है। खास बात यह है कि इस प्रक्रिया में कोई बाहरी आरोपण, सुविचारित या आलंकारिक कोशिश सुमित्रानन्दन पन्त नहीं करते। प्रकृति उनकी कविता में फिर भी केन्द्रीय विषय के रूप में रहती ही है और कहीं भी कवि की कविता को एकरस नहीं होने देती। जैसा कि पहले कहा; छायावाद से या पन्त की कविता से पहले भी हिन्दी कविता में प्रकृति एक

प्रकार से अनिवार्य पहचान के रूप में रही है लेकिन पन्त से पहले उसके स्थिर रूप और सजावटी चित्र ही कविता में ज़्यादातर मिलते हैं। उन बेजान चित्रों में वह ताकत नहीं है कि वह जिस कविता में आये हैं उसके लिए आखिरी तौर पर ज़रूरी साबित हो सके। यानी उस प्रकृति चित्रण को हटा भी दिया जाये तो कविता में कुछ घटेगा या बढ़ेगा नहीं। लेकिन पन्त ने प्रकृति को अनिवार्य विषय बना दिया। यानी पन्त चाहे छायावादी कविता लिख रहे हैं, या प्रगतिशील कविता लिख रहे हो, उनकी कविता में जहाँ-जहाँ प्रकृति के बिम्ब आए हैं वह इतने ज़रूरी बन जाते हैं कि समूचे बिम्ब की बात छोड़ दें, उसके केवल एक हिस्से को हटा या बदल देने से कविता अधूरी रह जायेगी; उसका कोई अर्थ नहीं रह जायेगा। हम कह सकते हैं कि प्रकृति पन्त की कविता को सम्पूर्णता प्रदान करती है और उसमें अर्थ भरती है—'द्रुत झरो जगत के जीर्ण पत्र/है संत्रस्त, ध्वस्त है शुष्क शीर्ण/' इन पंक्तियों में बिम्बों का विधान ही ऐसा है। किसी एक हिस्से को हटा देने से सारी कविता ध्वस्त हो जायेगी जबकि प्रकृति-विषयक पाठ उसमें हर बार नये अर्थ का संचार करता है। पन्त के यहाँ प्रकृति एक स्वतन्त्र लेकिन केन्द्रीय तत्त्व रूप में मौजूद है। बड़े कवि यह कमाल करते हैं। तुलसी राम के और सूर कृष्ण के समकालीन लगते हैं। महान सृजक अपने विषय पर निजी मोहर छाप देते हैं। वह केवल उनकी सम्पत्ति बन जाता है।

पन्त के यहाँ प्रकृति भी इस रूप में नियोजित होती है जैसे उसका जन्म कवि के साथ ही हुआ हो बल्कि भावुकतावादी होने का जोखिम उठाकर भी कह सकते हैं कि प्रकृति पन्त के यहाँ पूर्व जन्मों का संचित अनुभव जैसी लगती है और यह अनुभव स्मृतिभर नहीं है बल्कि उसमें जीवन की गति, उसके उल्लास, तनाव, डर, आस्था और विश्वास भी मौजूद हैं। यह प्रकृति ही है जो कवि के लिए काव्य-रचना करने की प्रेरक के रूप में सामने आती है—'कविता करने की प्रेरणा मुझे सबसे पहले प्रकृति निरीक्षण से मिली है जिसका श्रेय मेरी जन्मभूमि कूर्मांचल प्रदेश को है। कवि-जीवन से पहले भी मुझे याद है मैं घण्टों को एकान्त में बैठा प्रकृति-दृश्य को एकटक देखा करता था। और कोई अज्ञात आकर्षण मेरे भीतर अव्यक्त सौन्दर्य का जाल बुनकर मेरी चेतना को तन्मय कर देता था। यह शायद पर्वत प्रान्त का ही प्रभाव है कि मेरे भीतर विश्व और जीवन के प्रति एक गम्भीर भावना पर्वत की तरह निश्छल रूप में उपस्थित है—'प्रकृति गोद में छिपकर प्रिय/तृण/तरुण की बातें सुनता मन/विहगों के पंखों पर करता/पार निसीम के छाया वन।'—पन्त की यह पंक्तियाँ स्पष्ट करती हैं कि उनकी कविता में प्रकृति एक काव्य-विषय भर नहीं है बल्कि वह जीवन जीने की एक

विशिष्ट दृष्टि है। जो कवि को विवेक के धरातल पर शैशवावस्था से ही प्राप्त हुई है। पन्त 'द्रुमों की मधु छाया' और 'प्रकृति की माया छोड़कर' किसी युवती के बाल-जाल में लोचन नहीं उलझाना चाहते क्योंकि उनका जीवन-जगत प्रकृति के धरातल पर ही निर्मित हुआ है।

पन्त का यह उत्कृष्ट प्रकृति-साहचर्य कई बार कथित प्रगतिवादी आलाचकों को अनिर्णयात्मक मुश्किल में डालता रहा है। वह कवि की प्रकृति को जीने की इस उदात्त कामना को समझ नहीं पाते क्योंकि छायावादी सौन्दर्य-विधान इतना सूक्ष्म और जटिल है कि उसे शाब्दिक शास्त्रीय अवधारणाओं से ज़्यादा दूर तक समझा नहीं जा सकता है जबकि होता यही रहा है। ऐसा करके आलोचकों ने पन्त और अन्य छायावादी कवियों की अर्थगत विपुल सम्भावनाओं को संकुचित कर दिया है। खासकर पन्त को और कुछ हद तक प्रसाद को भी अपनी इस प्रकृति-विषयक नयी दृष्टि के कारण बड़ी कीमत चुकानी पड़ी है। पन्त और प्रसाद को जीवन की परेशानियों से डरकर प्रकृति की गोद में छुपने वाला पलायनवादी कवि कहा गया है जबकि कवि के परिवेश की बारीक और नजदीकी पड़ताल करने के बाद पर हम देखते हैं कि प्रकृति का उल्लास इन कवियों के भीतर एक बड़े स्पेस का निर्माण करता है। प्रकृति उनके शब्दों में एक से अधिक अर्थ भरती है।

पन्त जैसे कवियों का प्रकृति-प्रेम दरअसल देशप्रेम ही है। वह जिस प्रकृति को प्रेम कर रहे हैं वह इसी देश की मिट्‌टी से उपजी है। उन्होंने यह समझ पैदा की है कि देश के प्रति प्रेम जतलाने के लिए आवाहन-गीत गाने ज़रूरी नहीं है। वह तो एक प्रकार की राजनीतिक नारेबाजी होगी। उनके इस अर्थ-प्रसंग को आचार्य शुक्ल से बेहतर और कौन पहचानेगा—'यदि किसी को अपने देश से प्रेम है तो उसे अपने देश के मनुष्य, पशु-पक्षी, लता, पेड़-पौधे, पर्वत, नदी-निर्झर सबसे प्रेम होगा'—आचार्य शुक्ल पन्त के प्रकृति-साहचर्य को देश-प्रेम के सन्दर्भ में देखते हैं। विशेष बात यह है कि पन्त कई दूसरे कवियों की तरह काल्पनिक प्रकृति प्रदेश में पलायन नहीं करते। दरअसल यह कवि-व्यक्तित्व का संकुचन है कि दैनिक जीवन की लड़ाइयों से भागकर वह प्राकृतिक मनोलोक में खुद को छुपा ले। महत्त्वपूर्ण तथ्य यह है कि प्रकृति पन्त को समाज से दूर नहीं करती बल्कि उनकी सामाजिकता का विस्तार करती है। जैसे पहले कहा कि प्रकृति उनके काव्यार्थ को सघन करती है। ठीक उसी प्रकार यह उनके रचनात्मक व्यक्तित्व का विस्तार भी करती है।

यह निसर्ग ही है जो कवि को निजी आज़ादी के साथ-साथ सबकी मुक्ति की चिन्ता से जोड़ता है। यह ज़रूर कहा जा सकता है कि पन्त के यहाँ प्रकृति

के सुन्दर चित्र अधिक हैं लेकिन इससे यह निष्कर्ष नहीं निकाला जाना चाहिए कि उनके यहाँ केवल प्रकृति-चित्रण ही है। प्रकृति के माध्यम से वह अपने समय को भी व्यक्त करते हैं। यह कवि का स्वभाव है और मनचाहा विषय-चयन करने का हक उनसे छीना नहीं जा सकता।

काव्य-सृजन के शुरुआती दौर में पन्त प्रकृति को बच्चे की आँख से देखते हैं और शिशु की वाणी में उसका सहज वर्णन करते हैं। उनके इस चित्रण में शिशु-सुलभ जिज्ञासा है और बिल्कुल वही भाव है जो प्रकृति से अभिभूत होने वाले किसी बच्चे में होता है। प्रकृति कवि के साथ-साथ उम्र की सीढ़ियाँ लाँघती है। उनके यहाँ बालकपन, लड़कपन से लेकर युवावस्था तक प्रकृति के शिशु और परिपक्व रूप बिल्कुल ऐसे ही मिलते हैं। प्रकृति केवल जड़ पर्वत—शृंखला, उन्मुक्त पेड़-पौधे या बेवजह बहते नदी-निर्झर नहीं हैं। उसमें भी मनुष्य जैसी इच्छाएँ हैं। प्रकृति भी पन्त के यहाँ इन्सान की तरह सोचती है और व्यवहार करती है। इस मायने में वह मनुष्य की तरह सक्रिय और संवेदनशील है। उसे शब्दों में व्यक्त करने के लिए पन्त की वाणी को अलंकार और सजावटी शब्द-विधान की ज़रूरत नहीं पड़ती, वह अनायास व्यक्त होती है और पाठक उसे निजी अनुभव की तरह ग्रहण कर लेता है—'उस फैली हरियाली में कौन अकेली /खेल रही वहाँ वह अपनी वय, वाली'इस शिशु-सुलभ कौतुहल के साथ, किशोरवय के अछोर रोमांच को देखिए—'इंदु पर उस इंदु मुख पर साथ ही/थे पड़े मेरे नयन, जो उदय से/लाज से चकित हुए थे पूर्व की /पूर्व था, पर वह द्वितीय अपूर्व था।' —इन पंक्तियों में किशोरावस्था की उदात्त इच्छाओं की अभिव्यक्ति पन्त करते हैं और दूसरी तरफ़—'एक ही वो असीम उल्लास विश्व में पाता विधान/ आयास तरल जल निधि में/हरित विलास शान्त/अम्बर में नील निकास'—जैसी पंक्तियों में प्रकृति के भिन्न कोण से चित्रित चित्र मिलते हैं। प्रकृति कहीं पर प्रेम के अभाव की क्षति-पूर्ति करने वाले साथी के रूप में चित्रित हुई है और कहीं पर वह कवि के अकेलेपन को और अधिक गहरा कर देती है।

पन्त ने प्रकृति को जैसे अपने साथ विकसित किया है। वह उसके माध्यम से अनेक दार्शनिक मनोभावों के साथ-साथ समतावादी विचारों को व्यक्त करते हैं। कविता का विषय बनाते हैं। उनके यहाँ प्रकृति के अनेक कथ्यरूप है। पन्त के यहाँ प्रकृति विशुद्ध प्रकृति रूप में भी चित्रित हुई है। हिन्दी को यह काव्य परम्परा संस्कृत काव्य से प्राप्त हुई है। हिन्दी में 'हरिऔध' जैसे कवियों ने इसे आगे बढ़ाया। छायावादी कवियों ने इसका समूचा विन्यास बदलकर रख दिया। शास्त्रीय शब्दावली में कहें कि पन्त और दूसरे छायावादियों ने प्रकृति का आलम्बन,

उद्दीपन, मानवीकरण, आलंकारिक, रहस्यात्मक, ऋतु-वर्णन, शुद्ध दार्शनिक—यानी जिस रूप में भी प्रकृति के चित्र खींचे हैं उनमें किताबीपन नहीं है। उनमें जीवन भरा हुआ है। पन्त की प्रकृति सक्रिय और सजीव है। चाहे 'मेघों की छाया के संग-संग हरित घाटियाँ चलती प्रति क्षण/मन के भीतर होता चंचल चित्र/तितलियों का उस नित वन/हो, या 'देखता हो जब उपवन में'/'फूलों में प्रिय भर-भर अपना यौवन पिलाता है मधुकर को' ऐसे अलग-अलग अर्थ-प्रसंगों में पन्त प्रकृति को बिल्कुल नया सार्थक सन्दर्भ बना देते हैं। पन्त ने प्रकृति का वह रूप भी प्रस्तुत किया है जहाँ प्रकृति अप्रस्तुत विधान के रूप में कविता को विस्तृत अर्थ देती है। विशेष बात यह है कि वे अतिरिक्त आलंकारिकता से बचे रहते हैं और उनकी कविता सजावटी बोझ से बच जाती है—'तारणी के ही संग तरल तरंग में/तरणी डूबी हमारी ताल में'—यहाँ शास्त्रीय धरातल पर केवल अनुप्रास, यमक और श्लेष का संश्लेषण नहीं है बल्कि अलंकारों से अधिक महत्त्वपूर्ण व्यंजित होने वाला अर्थ है।

हिन्दी में सबसे पहले पन्त ने ही प्रकृति को जीवन्त मानवीय रूप में देखा है क्योंकि वे निसर्ग को चेतन मानते हैं। इसलिए उनके यहाँ प्रकृति जीवन्त मनुष्यों की तरह अपना परिचय देने वाली अस्तित्वान इकाई है। उसकी एक स्पष्ट मानवीय पहचान है—'मेखलाकार पर्वत अम्बर अपने सहस्रदृग/सुमन फाड़ अवलोक रहा बार-बार/नीचे जल में चित्र महाकार...'—यहाँ प्रकृति एक महाविराट व्यक्तित्व है। उसके माध्यम से पन्त मनुष्य को उसकी लघुता और पहुँच की सीमा का एहसास कराते हैं। यही प्रकृति अज्ञात लोक से कवि को संकेत देने वाली दिव्य सत्ता बन जाती है—'विधु उर के से मृदु उद्गार/कुसुम जब खुल पड़ते/न जाने सौरभ के मिस कौन/सन्देशा मुझे भेजता मौन'—यही अवर्णित शक्ति-सम्पन्न चेतन इकाई कवि को जीवन का पाठ पढ़ाने वाली माँ जैसी लगती है। पन्त प्रकृति की खुली गोद में बैठे प्रसन्न जीवन के आँगन में खेलते हैं। सपनों के पैरों से 'शाश्वत के वक्ष पर चलने' और 'भावी के क्षितिजों को कल्पना से बाँधने' जैसे प्रकृति के अनेक रूपों को देखते हैं।

पन्त के प्रकृतिवाद में रहस्यात्मकता ढूँढ़ने का प्रयास भी किया गया है। 'मौन निमन्त्रण' जैसी कुछ कविताओं में सतह पर इस तरह का अर्थ मिलता भी है। ऐसी कविताएँ अपनी तरफ़ खींचने वाला एक रहस्यात्मक आकर्षण लिए हुए है—'स्तब्ध ज्योत्सना में जब संसार/चकित रहता शिशु-सा नादान,/विश्व के पलकों पर सुकुमार /विचरते हैं जब स्वप्न अजान/न जाने, नक्षत्रों से कौन/निमन्त्रण देता मुझको मौन!' —दरअसल पन्त ने प्रकृति को पर्वतीय सन्दर्भों में

देखा है। जैसा कि पहले ही कहा पहाड़ अपनी स्वभाव और आदत में ही जादुई आकर्षण से सम्पन्न होने के कारण अपनी तरफ़ खींचते हैं। यहाँ कोई अज्ञात सत्ता नहीं है; न कोई रहस्यात्मक दर्शन बल्कि यहाँ एक अनाथ बच्चे की तरह प्रकृति में ही अपनी माँ या साथी की खोज है –'न जाने कौन, अये द्युतिमान!/ जान मुझको अबोध, अज्ञान,/सुझाते हो तुम पथ अनजान,/फूँक देते छिद्रों में गान/अहे सुख-दुःख के सहचर मौन ! /नहीं कह सकता तुम हो कौन!'–क्योंकि यह प्रकृति ही थी जिसने कवि को बचाए रखा। यह ज़रूर है कि पन्त ने बाद में चलकर प्रकृति के माध्यम से अपनी दार्शनिक भावना भी व्यक्त की है। वहाँ प्रकृति प्रज्ञा के सुरों को व्यक्त करने वाली एक आधार भूमि बनती है। उन्होंने ऋतुओं के माध्यम से प्रकृति के अनूठे बिम्ब निर्मित किये है–'लो चित्र शलभ से पंख खोल/उड़ने को है कुसमित घाटी/यह है अलमोड़े का बसन्त/खिल पड़ी निखिल पर्वत घाटी।'–यहाँ कवि अपनी स्थानीयता का प्रामाणिक चित्र खींचता है। पन्त ने अपने काव्य-लेखन के शुरुआती दौर में ही प्रकृति को अनिवार्य काव्य-विषय बनाया है। लेकिन उनका प्रकृति वर्णन केवल चित्रण के लिए नहीं है। वह कवि के काव्य की आन्तरिक पहचान है। इसलिए फिर से कहना होगा कि हिन्दी में प्रकृति और पन्त एक-दूसरे के सहज पर्याय हैं।

पन्त की कविता को प्रकृति-वर्णन जैसे जड़ खाने में डालकर सराहने से काम नहीं चलेगा बल्कि पन्त के प्राकृतिक बिम्बों का महत्त्व इसमें है कि वहाँ कवि के पास वह दृष्टि भी मिलती है जो गहराई, ऊँचाई और व्याप्ति को एक साथ देख सकती है। प्रकृति के नज़दीक रहने वाले मनुष्य के पास ही यह नज़र हो सकती है। पन्त के यहाँ प्रकृति का सहज आकर्षण और उससे अभिभूत होने का सौन्दर्य भी है। इसलिए नैसर्गिक दृश्य को देख कर सम्मोहित होने का भाव सहज और सच्चा लगता है। यह पन्त ही हैं जो पावस ऋतु में पहाड़ की अचलता में गति को महसूस कर लेते हैं–'उड़ गया अचानक लो, भूधर फड़का अपार वारिद के पर' यह दरअसल जीवन की गति को पकड़ना है। प्रकृति भी इस सन्दर्भ में देखी जा सकती है। जहाँ एक प्राकृतिक तत्व के द्वारा जीवन-जगत के स्पम्दन-कम्पन महसूस होते हैं।

पन्त के यहाँ प्रकृति एक दर्शन और भाषा का रूप ले लेती है। अपनी बाद की कविताओं में भी पन्त जब प्रकृति की ओर मुड़े हैं, वहाँ जीवन का आह्लाद और उसका नूतन आवेग मिलता है। यह नवीनता पन्त के यहाँ कई रूपों में व्यक्त हुई है। नये के प्रति इतना विश्वास विरल है। 'जीर्ण-शीर्ण' पुराने के विरुद्ध संघर्ष और नये समाज के स्वप्न से आगे बढ़कर यह स्वाधीन भारत

की आकांक्षा में बदल जाती है—'कंकाल जाल जग में फैले/नवल रुधिर-पल्लव लाली प्राणों के मर्मर से मुखरित/ जीवन की मांसल हरियाली।' नये पर इतना गहन विश्वास ही आधुनिक होना है।

पन्त के यहाँ जो मनुष्य और प्राकृतिक साहचर्य है, उसमें एक गहरा चिन्तन मौजूद है। बाद की कविता में या कहे कि आज की कविता में हम जो घर-परिवार या जड़ों की तरफ़ लौटने की प्रक्रिया को देखते हैं; यह दरअसल मनुष्य को प्रकृति में देखने की प्रक्रिया का ही विस्तार है। यह नियमबद्ध और यान्त्रिक होते जीवन की प्रखर प्रतिपक्ष की प्रस्तावना है। एक तरह से पन्त की प्रकृति के प्रति दुर्निवार आसक्ति छायावादी कविता के सर्वाधिक रचनात्मक पक्ष का प्रेरक सहसूत्र है—'छोड़ द्रुमों की मृदु छाया/तोड़ प्रकृति से भी माया/ बाले! तेरे बाल जाल में कैसे उलझा हूँ यह लोचन?/भूल अभी से इस जग को।' निसर्ग की असीम मायावी उपस्थिति ही जैसे सबसे बड़ा जागतिक सच है।

सुमित्रानन्दन पन्त केवल प्राध्यापकों या साहित्य के इतिहासकार आचार्य रामचन्द्र शुक्ल के प्रिय कवि नहीं थे। बल्कि ऐसे बड़े कवि थे जिनकी कविता ने साहित्य का उल्लेखनीय पाठक वर्ग ही तैयार नहीं किया बल्कि शमशेर, मुक्तिबोध, भारती, गिरिजा कुमार माथुर, रघुवीर सहाय, केदारनाथ अग्रवाल, जैसे परवर्ती बड़े कवियों के लिए प्रेरणा का काम भी किया। अन्दर से बेहद मजबूत इस कवि ने निराला सरीखे बड़े कवि में रचनात्मक ग्रन्थि पैदा कर दी। अपने छायावादी दौर में निराला कई बार पन्त से जूझते दिखायी देते हैं। पन्त और निराला में जो स्वस्थ होड़ थी उसकी गलत व्याख्याएँ हुई हैं। दोनों कवियों ने परस्पर उत्प्रेरक का कार्य किया है। मन से दोनों के बीच गहरा जुड़ाव था। यह शायद अवांतर प्रसंग लगे लेकिन यह सच है कि 'निराला की साहित्य साधना' पुस्तक के लिए डॉ. रामविलास शर्मा को साहित्य अकादमी पुरस्कार दिलाने में पन्त का बहुत बड़ा योगदान था। उन्होंने यह कहकर अन्य सभी दावों को खारिज कर दिया था कि यह किताब एक महान कवि की साहित्य-साधना की पड़ताल का प्रामाणिक दस्तावेज है। इसके आगे अन्य सभी किताबें निम्न श्रेणी की हैं। इस अल्पज्ञात लेकिन वास्तविक प्रसंग से यह स्पष्ट हो जाता है कि समकालीन ही नहीं, बाद की पीढ़ी के कवि और आलोचकों के मुख्य लक्ष्य रहे पन्त के मन में निराला को लेकर कोई व्यावसायिक तुच्छ ग्रन्थि नहीं थी। दरअसल पन्त और निराला की कोई तुलना नहीं हो सकती; दोनों अलग-अलग आस्वाद के कवि हैं। छायावादी कविता को दोनों ने अपनी-अपनी तरह से विकसित किया है।

परिवर्तन : लम्बी कविता का बिम्बवादी प्रारूप

सुमित्रानन्दन पन्त ने अपने लम्बे रचना काल में अपना मुहावरा ही नहीं बदला बल्कि कई रचनात्मक प्रयोग भी किये। उनका महत्त्वाकांक्षी महाकाव्य 'लोकायतन' इसका प्रमाण है। 'अणु विस्फोट' भी इस नजरिए से महत्त्वपूर्ण रचना है। इस कविता का शिल्प संकेत करता है कि इसकी रचना शुरुआती रूप से काव्य-नाटक के रूप में प्रारम्भ की गयी होगी। इसका वर्तमान रूप भी विषयगत नाटकीयता के कारण इस धारणा को पुष्ट करता है। पात्र और संवाद इसे एक नाट्यात्मक काव्य-रूप सिद्ध करते हैं। लम्बी नाटकीय कविता के जिस रूप को 'अणु विस्फोट' में पन्त प्रस्तुत कर रहे थे उसकी विकसित विषयवस्तु 'परिवर्तन' है। लम्बी कविता के शिल्प के धरातल पर यह कविता विशिष्ट उदाहरण बनती है।।

प्रसाद और पन्त छायावाद के उन कवियों में रहे जिनकी आस्था मनुष्य के प्रति सर्वाधिक रही है। प्रसाद ने 'कामायनी' में प्रलय और मनुष्य के संघर्ष में मनुष्यता की जीत दिखायी है तो पन्त ने 'अणु विस्फोट' कविता में विध्वंसक प्रवृत्ति के सामने मनुष्य के नव-निर्माण के संकल्प को खड़ा किया है और मनुष्यता को विजयी दिखाया है। इस कविता पर युद्ध-जनित आशंकाएँ, युद्ध के सौदागरों की आकांक्षाएँ और युद्ध का प्रतिकार करने की मनुष्य की हिम्मत के बीच पन्त जिस तनाव का सृजन करते हैं वह एक ऐसा प्रगतिशील सन्दर्भ देता है, जो पन्त के समतावादी बौद्धिक विश्वासों को अर्थ प्रदान करता है। सृजन और संहार के सामने पन्त यह बताना चाहते हैं कि युद्ध के द्वारा कभी समता नहीं पायी जा सकती। उसे केवल सृजन के द्वारा हासिल किया जा सकता है। ऐसे मुश्किल वक़्त में पन्त रचनाकारों की बड़ी भूमिका को भी रेखांकित करते हैं।

घनघोर अन्धकार में सृजन का नया सूर्योदय भविष्य के नागरिक ही लायेंगे यह अमिट विश्वास दरअसल मनुष्यता का विजयी स्वर है। अणु विस्फोटक सबको तबाह करने के लिए मनुष्य ने ही बनाए हैं। कवि इस कविता के पहले हिस्से में विध्वंस के जो चित्र खींचता है वह इन्सान में बसे हुए दानव को रेखांकित करते हैं। यह विनाश का मर्मान्तक चित्र है। निर्दोष मनुष्य इसमें नष्ट हो रहे हैं। धरती और मनुष्य जीवन का विध्वंस हो रहा है। लेकिन इस श्मशान भूमि में शिशु क्रीड़ा करेंगे। यह बिम्ब कविता के दूसरे भाग में मनुष्यता का सकारात्मक वर्णन करता है। आखिरकार मनुष्यता ही जीतेगी। इस कविता के द्वारा पन्त इसी भाव को व्यक्त करते हैं। मनुष्यता को नवजीवन देने का केन्द्रीय भाव व्यक्त करने वाली यह कविता पन्त के विषय-वैविध्य का प्रमाण है।

छायावादी युग में असल में पन्त ने 'परिवर्तन' के द्वारा लम्बी कवि का एक ऐसा चकित करने वाला नमूना प्रस्तुत किया जिसमें आख्यान और पात्रों के बिना केवल बिम्बों के सहारे लम्बी कविता प्रस्तुत की गयी है। कई चित्र मिलकर काल की परिवर्तनशील प्रवृत्तियों को कविता का विषय बनाते हैं और उसे पढ़ते हुए परिवर्तन की शाश्वतता उजागर हो जाती है। इस कविता ने कई कवियों को प्रभावित किया है। लगभग इसी मुहावरे और रूप गठन का अनुकरण करते हुए नरेश मेहता ने 'समय देवता' जैसी लम्बी कविता लिखी। आज भी पन्त की 'परिवर्तन' लम्बी कविता लिखने वाले रचनाकारों के लिए रचनात्मक चुनौती प्रस्तुत करती है।

यह एक जटिल कविता है। कवि यथार्थ के प्रति असन्तोष का भाव नहीं रखता। वह परिवर्तन को अनिवार्य तौर पर स्वीकार करता है। पन्त ने इस बारे में खुद लिखा 'परिवर्तन में विगत वास्तविकता के प्रति असन्तोष तथा परिवर्तन के प्रति आग्रह की भावना विद्यमान है। साथ ही जीवन की अनित्य वास्तविकता के भीतर से नित्य सत्य को खोजने का प्रयत्न भी है। जिसके आधार पर एक नवीन वास्तविकता का निर्माण किया जा सके।' इन पंक्तियों के आलोक में यह कह सकते हैं कि पन्त परिवर्तनशील चौंकाने वाले यथार्थ के भीतर से एक शाश्वत और जीवनदायी सच की खोज कर रहे हैं। इसलिए इस कविता में पन्त काव्य के दार्शनिक सन्दर्भ भी मौजूद हैं। इस कविता की शुरुआत अतीत की सुन्दर यादों से होती है। लगभग तीन पैराग्राफों में स्मृतियों को नये-नये प्रसंगों में प्रस्तावित करते हुए कवि को बार-बार 'पूर्ण परांतक' 'सुवर्ण काल' की याद आती है। अतीत-यात्रा हमेशा सुखद लगती है। क्योंकि उसकी परेशानियों से जूझकर, टकराकर और बचकर मनुष्य वर्तमान में आता है। वर्तमान उसे ठहरकर छोटे-छोटे सुखों को जीने का मौका नहीं देता और बड़े द्वन्द्वों में उलझा देता है।

यहाँ कवि एक साथ व्यक्ति और वैश्विक परिवर्तन को याद कर रहा है। अतीत की सुषमा, ऊष्मा और सुख बीत चुके हैं। बसन्त, पतझड़ में नष्ट हो रहा है। दुख और दीनता चारों तरफ़ व्याप्त है। शैशव और यौवन बुढ़ापे में बदल गये हैं। मिलने का संयोग क्षणिक है और बिछोह का समय अनन्त है। जीवन तेजी से मृत्यु की तरफ़ जा रहा है। इस नश्वरता से सिहरकर आकाश आहें भरता है। ओस के रूप में उसके आँसू बहते हैं। समुद्र का मन भी विलाप करता है और तारे काँपने लगते हैं। परिवर्तन का यह शाश्वत खेल है। इसलिए वह बेरहम लगता है। उसके आँख खोलने और बन्द करने के बीच सम्पूर्ण सृष्टि का उत्थान और पतन हो जाता है। पन्त उसकी भीषण संहार-शक्ति और परिवर्तन को मूर्तित करने के लिए नागराज वासुकी के ताण्डव-नृत्य के बिम्बों को

रूपक में बदल देते हैं। इसमें निर्मम भीषणता का विराट कोलॉज बिम्ब बनता है। परिवर्तन के रूप में इस भयानक सर्प के लाखों अलक्षित चरण धरती के वक्ष स्थल को क्षत-विक्षत कर देते हैं। और कभी न मिटने वाले निशान छोड़ जाते हैं। उसकी विषैली साँसे धरती और आकाश को बुरी तरह से झकझोर देती हैं। इस परिवर्तन रूपी सर्प का समूचा विश्व ही विवर है। मृत्यु इसका विषैला दन्त है और कल्पांतर केंचुल है। परिवर्तन की इस अपरीमित शक्ति का बिम्बांकन करते हुए पन्त उसे विश्व-विजयी, अजेय, राजाधिराज मानते हैं। सारी दुनिया उससे डरी हुई है। वह काल रूपी कीड़े के समान संसृति के शस्यदल को अन्दर ही अन्दर खोखला कर देता है। इसका कठोर कटाक्ष दुनिया को विशाल युद्ध के मैदान में बदल देता है। साम्राज्य, अट्टालिकाएँ, पर्वतों की चोटियाँ एक क्षण में उसकी मामूली हरकत से धरती पर लोटने लगती हैं। स्पष्ट है कि पन्त परिवर्तन को प्रलयकालीन ध्वंसक मानते हैं।

उसके सामने मनुष्य और दुनिया की हैसियत नगण्य है। पन्त ने परिवर्तन के सामने मनुष्य की दुनिया को हताश और निरुपाय सिद्ध किया है। कहीं न कहीं वह प्रकृति के सामने मनुष्य के बौनेपन को रख रहें हैं। यानी बड़े-बड़े सम्राट और आकाश छूने वाली पर्वतों की चोटियाँ, प्राकृतिक विक्षोभ के सामने कुछ भी नहीं है। यह एक कारुणिक स्थिति हैं। पन्त जब 'परिवर्तन' में मनुष्य की निजी दुनिया की तरफ़ लौटते हैं, तो देखते हैं कुछ लेकर देर पहले जन्म लेने वाले शिशु को काल का कठोर परिवर्तन माँ की गोद से छीन लेता है। नवविवाहिता स्त्री जड़ से उखड़ी लता की तरह आश्रयहीन रह जाती हैं। दुनिया की विसंगतियाँ इसी परिवर्तन के कारण हैं। एक तरफ़ मनुष्य की दीनता है और दूसरी तरफ़ स्वेच्छाचारी परिवर्तन का अत्याचार है।

पन्त ने परिवर्तन के सम्मुख शान्ति की कल्पना को भी व्यर्थ मानते हुए उसे अरण्य-रोदन सिद्ध किया है। लेकिन उन्होंने परिवर्तन के निराश करने वाले, संहार करने वाले रूप ही व्यक्त नहीं किये हैं, बल्कि उसमें निर्माण और सृजन को भी देखा है। मृत्यु की रात जब आँख मूँद लेती है उसके एकदम बाद नये जीवन की सुबह आँखें खोलती है। यह एक नया अन्वेषण है। पन्त इसमें सुख-दुख का समन्वय देखते हैं। इसीलिए संग्राम और साधना को मानव जीवन का महत्त्वपूर्ण अंग मानते हैं। भाव यह है कि अजेय, नित्य, अनिर्वचनीय, भव्य और भीषण परिवर्तन के दूसरे पहलू भी हैं। वह नये निर्गाण का आधार भी बनता है। पूरी दुनिया उसके इशारों पर कठपुतली की तरह संचालित होती है।

पन्त की इस कविता की सराहना कई आलोचकों ने की है। इसे छायावाद

की एक उपलब्धि कहा गया है। अन्तर्विरोधी अनुभूतियों को कवि ने अद्भुत काव्यात्मक सन्तुलन के साथ इसमें व्यक्त किया है। इसीलिए इसके बिम्बों में परस्पर विरोधी रंग एक ऐसा संयोजन उपस्थिति करते हैं कि जो पाठक को चकित कर देता है। इस कविता का रूपगठन नाट्यात्मक है। कवि ने प्रश्न-प्रति प्रश्न की ऐसी शैली विकसित की है, जो बाँधे रखती है। पन्त की वैविध्यपूर्ण भाषा के कई पैट्र्न इस अकेली कविता में एक जगह पर मिल जाते हैं।

महादेवी वर्मा

(26 मार्च 1907–11 सितम्बर 1987)

स्त्री-पहचान का छायावादी पाठ

आधुनिक हिन्दी कविता का सुनहरा दौर कहे जाने वाले छायावादी दौर में पन्त, प्रसाद, निराला सरीखे दिग्गजों से लगभग दो दशक बाद कविता-पटल पर महादेवी वर्मा उभरीं और छा गयीं। उस समय सौ से ज़्यादा कवि कविता लिख रहे थे। ऐसे में एक मध्यवर्गीय स्त्री का एक बड़े काव्यांदोलन का चौथा महत्त्वपूर्ण स्तम्भ बनकर स्थापित होना उनकी सृजनात्मक श्रेष्ठता को प्रमाणित करता है।

महादेवी का जन्म 26 मार्च 1907 को फर्रुखाबाद उत्तर प्रदेश में हुआ और 11 सितम्बर, 1987 को प्रयाग में निधन से पहले तक जीवन-जगत के हर सम्भव मोर्चे पर वह सक्रिय रहीं। सृजन की जन्मजात प्रतिभा से सम्पन्न महादेवी की रचनाएँ किशोरावस्था से ही प्रसिद्ध पत्र-पत्रिकाओं में छपने लगी थीं। कवयित्री, गद्यकार और चित्रकार इत्यादि की विशेषताओं से मिलकर महादेवी का रचनात्मक व्यक्तित्व निर्मित हुआ। नीहार, रश्मि, सान्ध्यगीत, नीरजा, दीपशिखा, यामा, सप्तपर्णा, संधिनी, परिक्रमा (कविता संग्रह), स्मृति की रेखाएँ, अतीत के चलचित्र, पथ के साथी, मेरा परिवार (संस्मरणात्मक रेखाचित्र), शृंखला की कड़ियाँ (विवेचनात्मक गद्य), क्षणदा, संकल्पिता, साहित्यकार की आस्था तथा अन्य निबन्ध (आलोचना-निबन्ध), स्मारिका, स्मृति चित्र, संभाषण, संचयन, दृष्टिकोण (विविध गद्य-संकलन), बंग-दर्शन, हिमालय, साहित्यकार, चाँद (सम्पादन) इत्यादि विपुल साहित्यिक अवदान के अलावा उन्होंने हिन्दी भाषा और साहित्य की उन्नति के लिए 'साहित्यिकार-संसद'; प्रयाग और 'रंगवाणी' जैसी साहित्यिक एवं नाट्य-संस्थाओं को स्थापित किया।

अपने दौर की कविता की सारी विशेषताओं को महादेवी ने अपनी विशिष्ट शैली में पेश किया है–'यह क्षितिज बना धुँधला विराग, /नव अरुण अरुण मेरा

सुहाग,/छाया सी काया वीतराग,/सुधिभीने स्वप्न रंगीले घन! /साधों का आज सुनहलापन,/घिरता विषाद का तिमिर सघन,/संध्या का नभ से मूक मिलन—/यह अश्रुमती हँसती चितवन!'—जड़-चेतन में जीवन की ढूँढ़, उदात्त मानवतावादी दृष्टि, नया सौन्दर्य-विवेक, सम्प्रदाय-मुक्त आध्यात्मिकता, निसर्ग के गत्यात्मक बिम्ब, जागतिक संवेदनाओं की प्रामाणिक उपस्थिति और नयी स्त्री का जीवन-दर्शन जैसी विषयगत विशेषताओं के समानान्तर छायावादी रूपगत वैशिष्ट्य-बिम्ब-प्रधान जीवन्त शब्दावली, नया प्रतीक-विधान, अर्थगत लाक्षणिक सौन्दर्य, अप्रस्तुत-योजना, नाद-सौन्दर्य, अनायास आलंकारिकता और सहज छन्द-उपक्रम-इत्यादि दृष्टि से भी महादेवी का अभिव्यंजना-सामर्थ्य छायावादी युगबोध और सौन्दर्य चेतना को सम्पूर्णता देता है।

महादेवी की कविता में रात के आलोकित आँसुओं को हवा पोंछती है। दिन रूपी बच्चा हँसता है और उसके गाल लाल हो जाते हैं। कलियों की मुस्कान बनकर भँवरों का गान थरथराता है। सूर्य का रास्ता गुलाबों से पोतकर, पश्चिम में दिया जलाकर संध्या मुस्कराती है और उसकी आँखों में सुनहरा पराग झरता है, किन्तु उस सुहागिन शाम को अँधेरे की झकोर उड़ा ले जाती है। उसकी सुषमा को नष्ट कर देती है। यह जड़ में जीवन ढूँढ़ने का सलीका है—'पोंछती जब हौले से वात, इधर निशि के आँसू अवदात...अथक सुषमा का सृजन-विनाश, यही क्या जग का श्वासोच्छ्वास?' महादेवी की यह सर्वचेतन दृष्टि गहरे अर्थ में मानवीय है। उनका हृदय करुणा-सम्पन्न है। मन में दुख उमड़ता है और दुनिया के दर्द से दुखी रहता है। इसीलिए वे निसर्ग-सौन्दर्य को नहीं, पीड़ा-जर्जर मनुष्य के कष्टों से बुने जीवन को देखने समझने में इन्सानियत का बड़ा पाठ सौंपती हैं—'देखूँ खिलती कलियाँ या प्यासे सूखे अधरों को/तेरी चिर यौवन-सुषमा का जर्जर जीवन देखूँ/मुरझाई पलकों से झरते' आँसुओं से विचलित होने वाली इस रचनाकार की दृष्टि नये सौन्दर्यबोध से युक्त है।

महादेवी की कविता प्रेम की प्रतीक्षा की रचना है, जिसका नाभिकीय बिन्दु है—'जो तुम आ जाते एक बार'। पूरे छायावाद में इसी इन्तजार की बेकसी है—'जो तुम आ जाते एक बार! /कितनी करुणा कितने सन्देश/पथ में बिछ जाते बन पराग/गाता प्राणों का तार तार/अनुराग भरा उन्माद राग,/आँसू लेते वे पद पखार!/' यह प्रतीक्षा बनावटी नहीं है—'/हँस उठते पल में आर्द्र नयन/धुल जाता ओठों से विषाद, /छा जाता जीवन में वसन्त/लुट जाता चिर संचित चिराग,/ आँखें देती सर्वस्व वार!/' मिलना, वसन्त का आना है। लेकिन जीवन तो विरह का जलजात है—'विरह का जलजात जीवन, विरह का जलजात!/वेदना में जन्म

करुणा में मिला आवास,/अश्रु चुनता दिवस इसका अश्रु गिनती रात,/जीवन विरह का जलजात!/आँसुओं का कोष् उर, दृग अश्रु की टकसाल,/तरल जल-कण के बने घन सा क्षणिक् मृदु गात! /जीवन विरह का जलजात!' आँसुओं में मधुमास का यह कैसा मिलना है–'/अश्रु से मधुकण लुटाता आ यहाँ मधुमास,/अश्रु ही की हाट बन आती करुण बरसात।/जीवन विरह का जलजात!/काल इसको दे गया पल-आँसुओं का हार,/पूछता इसकी कथा निश्वास ही में वात!/जीवन विरह का जलजात! /' यह प्रेम का गहरा सूफीयाना रंग है।

महादेवी की नयी सौन्दर्य दृष्टि अक्सर अनदेखे रह जाने वाले और मामूली समझे जाने वाले सन्दर्भों में सौन्दर्य देख लेती है। यह परम्परागत सुख-रसवादी सौन्दर्य बोध का प्रतिकार है। सौन्दर्य का स्थूल नहीं, सूक्ष्म-विवेक इस नये सौन्दर्यबोध के केन्द्र में है–'छाया सी काया वीतराग/सुधि भीने स्वप्न रंगीले धन'/, यह अद्‌भुत सौन्दर्य बोध है जहाँ 'जहाँ मृत्यु-तीर' सुरभित है।

ऐसे अध्यात्म को महादेवी ने सम्भव किया जो किसी धर्म या सम्प्रदाय-विशेष की परिधि में नहीं समाता बल्कि उसका पसारा बृहत्तर सामाजिक-सांस्कृतिक सृष्टि तक है। 'ज्योत्सना के रजत पारावार में सुरभि' बन जो विचलित तन-मन को राहत देता है।

प्राकृतिक आलोक छायावादी महादेवी को सम्मोहित करता है। सजीव, उदात्त, मार्मिक और रमणीय निसर्ग-चित्र उन्होंने उकेरे हैं। उसमें मादक गत्यात्मकता है। 'क्षितिज से धीरे-धीरे उतरती-पुलकती वसन्त रजनी' हो या 'फेन उज्ज्वल अतल सागर' महादेवी की कविता मनुष्य और प्रकृति दोनों का जीवन-सौन्दर्य उजागर करती है। मानवीय संवेदनाएँ महादेवी के लिए अपने या पराये के खानों में नहीं बँटी। उनके लेखन में जीवन-जगत् के दुख-सुख प्रामाणिक अनुभूति की तरह ऐसे व्यक्त हुए हैं कि 'पर' और 'निज' का भेद मिट गया है।

आज स्त्री-विमर्श के दौर में ही नहीं छायावादी युग में भी स्त्री को मनुष्य की अनंत-अक्षय ताकत मानकर स्त्री के त्याग, साहस, बलिदान, साधना को रेखांकित करनेवाली महादेवी की स्त्री-विषयक भावनाओं पर प्रश्न चिह्न लगाये जा रहे हैं। 'मैं मिटी निस्सीम प्रिय में/बह गया बन्ध लघु हृदय में'/तथा 'उस असीम का सुन्दर मन्दिर मेरा लघुतम जीवन में/'–कहने वाली महादेवी द्वारा प्रस्तावित स्त्री की अमिट जिजीविषा को अनदेखा कर दिया गया।

महादेवी के व्यक्तित्व और कृतित्व को लेकर परस्पर विरोधी नारे रचे गये। 'जाग्रत सरस्वती', 'रचना की प्रतिभा कल्याणी', 'साहित्य सम्राज्ञी', 'हिन्दी मन्दिर की वीणापाणी', 'शारदा की प्रतिमा' सरीखे विशेषणों से उनके सृजन को स्वीकारा

गया तो 'आँसू की पुतली', 'नीर भरी दुख की बदली', 'इतनी मटकी और उसमें मनों आँसू', 'एकाकिनी बरसात', जैसे फतवों से उन पर व्यंग्य प्रहार भी किये गये। घनघोर निराशावाद, रहस्यात्मक प्रतीकवाद, आत्मरतिवाद, पलायनवाद, आत्मपीड़नवाद—इत्यादि नकारात्मक प्रवृत्तियों को महादेवी की पहचान बनाने की कोशिश की गयी। ऐसी कुछ पंक्तियाँ महादेवी के यहाँ हैं—'मैं नीर-भरी दुख की बदली!/स्पन्दन में चिर निस्पन्द बसा/क्रन्दन में आहत विश्व हँसा/नयनों में दीपक से जलते,/पलकों में निर्झरिणी मचली!' —ऐसी पंक्तियों का सतही अर्थ करते हुए कहा गया कि महादेवी दुख को ओढ़ती हैं, उसे दूर नहीं करना चाहती बल्कि दर्द को सेलीब्रेट करती हैं। उनके यहाँ नकली दर्द की दिखावटी पीड़ा है।

स्त्री-विमर्श की प्रखर पैरोकार और एक्टिविस्ट कवयित्री कात्यायनी के अनुसार 'महादेवी का छायावादी नारी-बोध कविता में स्त्रियों के एकात्म प्रेम, उनकी पीड़ा, असहायता और अवसाद की अभिव्यक्ति से आगे नहीं बढ़ पाया।' यह चुस्त बयान अधूरा है क्योंकि इससे यह पता नहीं चलता कि लगभग नौ दशक पहले के समय-समाज में अपनी अपने ढंग से जीवन को अर्थ देने वाली स्त्री के संघर्ष कितने दुष्कर रहे होंगे? महादेवी के आलोचकों ने यह देखने की जहमत ही नहीं उठाई।

अपने सृजन और कर्म से महादेवी की छवि बौद्धिकता, तार्किकता के साथ हार्दिकता से समन्वित ऐसे सृजक की उभरती है जिसने 'मस्तिष्क को हृदय और हृदय को मस्तिष्कमय' बना लिया। स्त्री-जीवन की चिरन्तन पीड़ा और विश्व की 'शाश्वत व्यथा' के संश्लेषण को 'डी कोड' करने बाद ही पता चलता है कि महादेवी के यहाँ करुणा, कष्ट से मुक्ति का प्रत्यक्ष स्वर है। फैशनेबल दिखावटी विद्रोह ढूँढ़ने वाले यहाँ हमेशा निराश होंगे। क्योंकि वे अप्रिय और गलत को नकारने के बाद एक संवेदनशील मन में उपजने वाले भय, असुरक्षा और आतंक को नहीं समझ सकते। प्रभाकर श्रोत्रिय ने ठीक पहचाना है कि महादेवी इस आतंक से, इस अँधेरे से निकलने के लिए एक तल्ख बेचैनी से छटपटाती हैं—'घोर तम छाया-चारों ओर/घटाएँ, घिर आयीं घनघोर/ वेग मारुत का है प्रतिकूल/हिले जाते हैं पर्वत मूल/कौन पहुँचा देगा उस पार?' एक स्त्री के द्वारा महसूस की गयी स्त्री की वास्तविक असुरक्षा, भय और पारम्परिक उत्पीड़न महादेवी से ज़्यादा किसने झेले होंगे? उन्होंने निजी दुख को उस हद तक सहा, जहाँ वह दवा बन गया। आत्मगत शैली में महादेवी ने अपने बहाने समूचे स्त्री-संसार का सच सामने रखा। डॉ. श्रोत्रिय के अनुसार महादेवी के काव्य में सुथरापन है, एक संस्कारित आत्मा की सुगढ़ता है जिसमें बनावट का लेश नहीं, दिखावा नहीं जो है उसे भी छिपाना,

एक अजीब-सा प्रदर्शनहीन भाव! इसीलिए उन्हें व्यक्त के पीछे छिपे अव्यक्त की कवयित्री कहना चाहिए। दुख-सुख, निराशा-आशा, वेदना-उल्लास, श्रम-विश्रांति कोई भी पहलू महादेवी के यहाँ वैयक्तिक नहीं, वैश्विक है।

इस गुत्थी को सुलझाकर ही प्रभाकर श्रोत्रिय के शब्दों में कहें कि 'स्फूर्ति, चेतना, रचना की प्रतिमा कल्याणी' महादेवी के बारे में यह निराला का पाठ है जो उस अवधारणा से भिन्न है जो महादेवी को आँसू-करुणा, रहस्य की कवयित्री मानती है। यह ऐसा पूर्वाग्रह है जो पाठक की भेदक चेतना को कुंद करता है और अधूरे दृश्य को अन्तिम सत्य की तरह पेश करता है। वस्तुतः महादेवी की अनुभूति और सृजन का केन्द्र आँसू नहीं, आग है। जो दृश्य है वह अन्तिम सत्य नहीं है, जो अदृश्य है वही मूल या प्रेरक सत्य है। महादेवी लिखती है—'आग हूँ जिससे ढुलकते बिन्दु हिमजल के/' और भी स्पष्टता की माँग हो तो ये पंक्तियाँ देखें—'मेरे निःश्वासों में बहती रहती झंझावात/आँसू में दिन-रात प्रलय के घन करते उत्पात/कसक में विद्युत अन्तर्धान'। ये आँसू सहज सरल वेदना के आँसू नहीं है। इनके पीछे जाने कितनी आग, झंझावात, प्रलय-मेघ का विद्युत-गर्जन, विद्रोह छिपा है। यह आग महादेवी के गद्य में ज़्यादा दाहक है।

महादेवी की कविता में तीव्र भावावेग का उद्दाम प्रवाह है तो गद्य में वैचारिक प्रखरता। अपने ओजस्वी गद्य में वे समाज, संस्कृति, भाषा-विचार, नारी-जीवन की दशा-दिशा पर बेलाग-निडर चिन्तन और टिप्पणी करती हैं। इस प्रक्रिया में महादेवी समसामयिक हलचलों, असंगतियों, बदलते परिदृश्य पर व्यंग्य-प्रहार और कहीं बौद्धिक विचार करती हुई समस्याओं का समाधान भी सुझाती हैं।

स्त्री-जीवन महादेवी के गद्य का भी मुख्य सरोकार है। उसमें महादेवी की स्त्री-विषयक पीड़ा ही नहीं प्रतिरोध भी प्रत्यक्ष उभरता है। दरअसल महादेवी की रचना जो युग-युग से मूक, दग्ध और आहत भारतीय स्त्री की, ऐसे वक़्त उठी आवाज़ थी जब औरत की स्वाधीनता और उसके विमर्श का प्रायः कोई मोल न था। महादेवी ने स्त्री की अस्मिता के लिए अपनी तरह से संघर्ष किया। 'शृंखला की कड़ियाँ' के निबन्ध इसके पुख्ता प्रमाण हैं। महादेवी की अभिव्यक्ति में एक गहरी अपील और खरापन इसलिए भी है कि उन्होंने स्वयं अपने जीवन में यह दुख झेला था, उनकी सर्जक आत्मा ने उसे बृहत् और उदात्त बनाया। विचित्र है कि आज के विमर्श अपने उत्पीड़न को अपने ही जंजीरों में बाँध रहे हैं, जबकि उन्हें ये शृंखला की कड़ियाँ तोड़नी ही थीं, इससे और भी बहुत कुछ आप ही आप टूट जाता। दुख-भोग से अभिमान पिघलता है, आत्मा विराट होती है, असीम करुणा जागती है तभी तो कोई हारी हुई आत्माओं में विश्वास जगा सकता है।

यह महादेवी ने किया। उन्होंने निजी दुख को स्त्री की चिरन्तन वेदना से और अन्ततः विश्व-वेदना से जोड़ा। इसी में उनमें महाकरुणा जन्मी और उन्होंने गद्य-पद्य दोनों में पराजित निराश आत्माओं में विश्वास जगाया। प्रभाकर श्रोत्रिय के इस तथ्य की ताकीद कात्यायनी भी करती हैं कि महादेवी के संस्मरणों और रेखाचित्रों में प्रायः रूढ़ियों तले दबी हुई मध्यवर्ग या निम्न वर्ग की घरेलू नारी ही सामने आयी है। जिसके भीतर परम्परागत संस्कारों का दबाव कहीं गहरे तक मौजूद है। 'शृंखला की कड़ियाँ', में महादेवी का एक प्रखर स्वतन्त्रचेता रूप सामने आता है। इन निबन्धों में वे पुरुष सत्तात्मक समाज में स्त्रियों की सामाजिक-सांस्कृतिक, आर्थिक, तथा पारिवारिक गुलामी और उसके कारणों का सन्तुलित विश्लेषण प्रस्तुत करती हैं। स्त्री की स्वतन्त्र अस्मिता और पहचान के प्रश्न को और उसके सामाजिक चेतना के विस्तार की आवश्यकता को रेखांकित करती हैं। सामाजिक रूढ़ियों से मुक्ति के संघर्ष के जटिल पहलुओं को उघाड़ती हैं और स्त्री-मुक्ति की एक बुनियादी शर्त के तौर पर उसकी आर्थिक स्वावलंबिता की अनिवार्यता पर बल देती हैं। उन्होंने राष्ट्रीय जागरण काल की नारी-प्रबोधन की जनवादी मुक्ति चेतना को स्वर दिया। स्पष्ट है कि अपने समकाल की चिन्ताओं को महादेवी ने गद्य में ज़्यादा साफ़ तौर पर रखा है।

गद्य और कविता में महादेवी ने जो विपुल और स्तरीय लेखन किया है। उसका विवेक-सम्मत मूल्यांकन अभी बाकी है। उनके यहाँ आकर्षक फिकरेबाजी नहीं है न खोखले सिद्धान्तों की बुनावट। उनके यहाँ मानवता का प्राथमिक विश्वसनीय प्रमाण स्त्री है। जिसकी आत्मा दुखों से स्पंदित होती है। वह दुख को स्वीकार करती है उससे पलायन नहीं करती है। छायावादी काव्यांदोलन में महादेवी वर्मा की उपस्थिति अत्यन्त महत्त्वपूर्ण है। उस रंगमंच पर उनकी भूमिका थोड़ी देर में भले शुरू हुई हो लेकिन उसका महत्त्व बड़ा है। उन्होंने छायावादी कविता में एक शिक्षित स्त्री के अनुभव जोड़े और उसे नये अर्थ सन्दर्भ प्रदान किये।

महादेवी वर्मा का रचनाकाल खासा लम्बा रहा है। उन्होंने महत्त्वपूर्ण कवि-कर्म करने के अलावा बेहतरीन गद्य भी लिखा। उनके मनुष्य तथा मनुष्येतर जगत के प्राणियों पर लिखे रेखाचित्र, संस्मरण और समसामयिक विषयों पर दर्ज निबन्धात्मक टिप्पणियाँ इसका प्रमाण हैं। उन्हें अनेक साहित्यिक पुरस्कारों सहित पद्मभूषण भी मिला। महादेवी वर्मा की महत्त्वपूर्ण काव्य-रचनाएँ कालक्रमानुसार फिर से देखते हैं—नीहार 1930, रश्मि 1932, नीरजा 1934, सान्ध्य गीत 1936, दीपशिखा 1942। उनका रचनात्मक रुझान काव्य-संग्रहों के नामकरण में भी देखा जा सकता है। सभी शीर्षक एक सार्थक बिम्ब लगते हैं। यानि इसमें एक

सुचिन्तित क्रमबद्धता दिखायी देती है। जो भाव-व्यंजक है। जैसाकि डॉ. विशम्भर 'मानव' ने लिखा है–'प्रभात में पहले नीहार आता है। फिर रश्मि अवतीर्ण होती है, फिर नीरजा खिलती है, फिर सान्ध्य गीत की वेला आती है। और तब कहीं रात की छाया घिर आने पर दीपशिखा जलाई जाती है।' स्पष्ट है कि यह काव्य-यात्रा सुचिन्तित और लगातार विकसित हुई है। इसमें महादेवी की छवि एक सतर्क-सजग रचनाकार की उभरती है।

महादेवी वर्मा के यहाँ दुख, पीड़ा, वेदना और विषाद इत्यादि आन्तरिक भावों की कई पर्तें मौजूद हैं। कई जगह यह भाव इतने सघन हो जाते हैं कि रहस्यात्मक लगने लगते हैं–'जिस मुक्ताहल में मेघ भरे/जो तारों के तृण में उतरे,/मैं नभ के रज के रस-विष के /आँसू के सब रंग जान चली।'–सवाल उठता है कि क्या यह रचनाकार के जीवन के निजी अनुभवों के कारण हुआ है? जिस तरह की कविता महादेवी वर्मा उस समय लिख रही थीं; आज से लगभग नौ दशक पहले वैसी कविता के लिए बड़े साहस की ज़रूरत थी। क्योंकि आज भी एक स्त्री के द्वारा अपने प्रेम की खुली अभिव्यक्ति साहस की माँग करती है। उस समय तो ऐसा करना और भी कठिन रहा होगा। इसलिए यह भी सम्भव है कि यह महादेवी वर्मा की एक काव्य-जुगत रही होगी। क्योंकि बार-बार जिस प्रिय को, उसकी स्मृतियों को वह व्यक्त करती हैं; वह प्रिय अज्ञात लोक का रहस्यमयी प्राणी लगता है। यह भी हो सकता है कि प्रेम आध्यात्मिक ऊँचाइयों को प्राप्त कर चुका हो जैसा कि हम सूफी कवियों के यहाँ देखते हैं। महादेवी के यहाँ भी प्रिय ईश्वर के समकक्ष हो चुका हो या फिर रचनाकार की अभिव्यक्ति तकनीक में ही कुछ बुनियादी अस्पष्टता है। जिसके कारण उसकी अनुभूति स्पष्टता से सम्प्रेषित नहीं हो पाई हो। आखिरी नतीजा ठीक नहीं लगता है।

'नीहार' की कविताओं से लेकर 'दीपशिखा' की कविताओं तक में इसे हम देख सकते हैं। हालाँकि 'रश्मि' की कविताओं में महादेवी वर्मा का काव्य मुहावरा अलग दिखायी देता है। जिसका विकास 'नीरजा' और 'सान्ध्य गीत' में नहीं, महादेवी वर्मा 'दीपशिखा' में करती हैं। 'रश्मि' में एक खुलापन है। उन कविताओं में रात का धुँधलका नहीं है। दिन का आलोक है। वहाँ विषाद की बजाय आह्लाद है। प्रकृति और प्रेम वहाँ जीवन और मुक्ति के अर्थ देते हैं। मृत्यु के अनुभव, अमरत्व की संवेदना व्यक्त करते हैं। लगता है जैसे मन की सारी निराशा दूर हो गयी हो और आशा की किरणें दूर तक फैली हों।

महादेवी वर्मा बुनियादी तौर पर प्रेम को ही लिखती रही हैं। 'नीरजा' की कविताओं में प्रेम और इन्तज़ार के अनेक चित्र मिलते हैं। 'सान्ध्य गीत' में फिर

एक दार्शनिक मुद्रा दिखायी देती है। 'दीपशिखा' में महादेवी वर्मा दीपक के केन्द्रीय बिम्ब के सहारे अपनी बात प्रस्तावित करती हैं। इनकी कविताओं में सघन प्रतीकात्मकता है। महादेवी वर्मा का आधुनिक भावबोध बार-बार मध्यकालीन विरह भाव को वर्तमान सन्दर्भों में प्रस्तुत करता है। इसकी कविताओं में एक रचनाकार की सार्थक निष्पत्ति दिखायी देती है।

महादेवी वर्मा के ऊपर रहस्यवादी होने का आरोप लगाया जाता है। यह दरअसल आत्मा-परमात्मा सम्बन्धी प्राचीन मनोभावों का अवशेष है। इसका धरातल शुद्ध लौकिक है। आत्मा-परमात्मा-प्रकृति; ये बाहरी उपकरण हैं। जैसा कि आलोचक देखते हैं। उनकी निगाह में परमात्मा प्रेमी पुरुष के रूप में, आत्मा नारी और प्रेमिका के रूप में और प्रकृति भी नारी के रूप में मौजूद है। महादेवी वर्मा के यहाँ तात्विक विश्लेषण नहीं है। क्योंकि वे कविता लिख रही हैं और उन्होंने दर्शन को अपनी सुविधा के लिए इस्तेमाल किया है। उन्होंने प्रेम में अनंत करुणा देखी है। इसीलिए वह चिर सुन्दर है। उसके सौन्दर्य की परछाई सृष्टि है। यानि दुनिया और प्रकृति इसीलिए सुन्दर दिखायी देती है। क्योंकि वह प्रिय की छायामात्र है–'तुम अनंत जल राशि उर्मी में, /चंचल सी अवदात, /अनिल निपीड़ित जा गिरती जा, /कुलों पर अज्ञात/मैं तुमसे हूँ एक, /एक हैं /जैसे रश्मि प्रकाश में? मैं तुमसे हूँ भिन्न, /भिन्न जो, /घन से तड़ित विलास।'–यहाँ पर महादेवी वर्मा स्त्री की सत्ता को कमतर नहीं आंक रही हैं। स्त्री यहाँ पुरुष के साथ हो कर भी अपना स्वतन्त्र अस्तित्व रखती है। यही एक आधुनिक स्त्री की स्त्री-चेतना है। यही वास्तविक प्रगतिशील विमर्श है। इसीलिए बार-बार वे 'जो तुम आ जाते एक बार/कितनी करुणा कितने सन्देश पथ में/ बिछ जाते बन पराग'/कहती हैं तो दूसरी तरह यह भी कहती है–'मेरे मानस में उसकी स्मृति भी तो स्मृति बन जाती।' कह सकते हैं कि महादेवी वर्मा ने अनथक श्रम करके एक स्त्री के लिए अपनी अलग पहचान बनाने के रास्ते खोले और उसे अपना वास्तविक अर्थ समझाया। उस समय यह एक बड़ी लड़ाई थी। इसी लड़ाई से स्त्री-जगत व्यापक हुआ। जिसका असर आज हम समाज और साहित्य में देख रहे हैं।

राम कुमार वर्मा

(15 सितम्बर 1905–1990)

रहस्यवादी आकुलता

छायावादी युग में लगभग ढाई सौ कवि कविता लिख रहे थे। लेकिन पन्त, प्रसाद, निराला, महादेवी के बाद पाँचवाँ मुख्य छायावादी कवि रामकुमार वर्मा को माना जाता है। वर्मा उस महान काव्य-आन्दोलन के साथ अन्तिम दौर में जुड़े। इसलिए छायावादी काव्य की रूढ़ प्रवृत्तियों रहस्यवाद, भाषागत अमूर्तन इत्यादि का गहरा असर उनकी कविता में दिखायी देता है। सागर (म.प्र.) में 15 नवम्बर सन् 1905 को जन्मे रामकुमार वर्मा प्रयाग विश्वविद्यालय में हिन्दी विभाग में प्रो. अध्यक्ष रहे। रामकुमार वर्मा की ख्याति एक कुशल एकांकीकार की रही है। उनकी प्रसिद्ध काव्य रचनाएँ इस प्रकार हैं–'अंजलि' (1929), 'अभिशाप' (1930), 'रूपराशि' (1937), 'निशिथ' (1933), 'चित्ररेखा' (1935), 'चन्द्रकिरण' (1937), 'एकलव्य' (1953) काव्य संग्रह हैं। उन्हें अनेक साहित्यिक पुरस्कारों पद्मभूषण से भी अलंकृत किया गया।

रामकुमार वर्मा अपने काव्य लेखन के शुरुआती दौर में पन्त से सर्वाधिक प्रभावित रहे। 'अंजलि' में उन्होंने लगभग पन्त के काव्य-महावरे के अनुकरण पर प्रकृति सम्बन्धी कविताएँ लिखी हैं। इनमें प्रकृति के अनेक रूप बिम्ब हैं। कवि की उच्छल भावनाएँ और उससे उत्पन्न प्रकृति का अविराम सौन्दर्य वहाँ पर दिखायी देता है। 'ओस बिन्दु' कविता में रामकुमार वर्मा ने कुछ अद्भुत कल्पनाएँ की हैं। वहाँ शिशिर को वह अपने जीवन के सूनेपन से जोड़ते हैं, और सरिता उन्हें अपनी कविता के समान लगती है। कवि के यहाँ निजत्व की गहरी भावना है लेकिन वह व्यक्ति से समष्टि के बीच आवाजाही करता है। माध्यम प्रकृति ही रहती है। इसीलिए उनके यहाँ प्रयुक्त पीले पत्ते, प्रभात इत्यादि प्राकृतिक उपकरण अभिव्यक्ति के माध्यम हैं। इस मायने में रामकुमार वर्मा दूसरे छायावादियों से अलग हो जाते हैं। यहीं से उनकी रहस्यवादी आकुलता दिखने लगती है।

रामकुमार वर्मा के यहाँ नैराश्य की गहरी अनुभूति है। 'अंजलि' के बाद 'अभिशाप' में अवसाद का रंग ज़्यादा गहरा हो जाता है। कवि को जीवन में बेशुमार कमियाँ दिखायी देने लगती हैं। जीवन की नश्वरता और तुच्छता के कारण उसे दुनिया में घृणा, पराजय, वेदना, अन्याय और विलाप दिखायी और सुनाई देते हैं। कवि के मन में पसरी हताशा का आलम तो यह है कि शरीर की बात करते हुए वह नरकंकाल देखता है। और दुनिया उसे साक्षात काल दिखायी देती है। उसके संसार में फूल मुर्झा गये हैं। लताओं को सांप घेरे हुए हैं। यहाँ तक कि चाँद के रास्ते में भी उन्हें जख्मी करने वाले काँच के टुकड़े बिखरे हुए दिखायी देते हैं। यही कारण है कि गीत संवेदना का यह रचनाकार जीवन के उल्लास के बजाय, रूदन को सामने रखता है। 'रूपराशि' में उन्होंने आशा, आनन्द और असक्ति के अनुभव भी शामिल किये हैं। यह उनके मुहावरे का विपर्यय है। यहाँ पर जीवन के दोष नहीं, जीवन देने वाली छोटी-छोटी ख़ुशियों से बना इन्द्रधनुष दिखता है।

रामकुमार वर्मा का रचनात्मक धरातल गीतकार और नाटककार का मिश्रण है। इसे उनकी 'प्रथम दर्शन', 'नूरजहां', 'जौहर', 'शुजा' जैसी लम्बी कविताओं में देख सकते हैं। इन रचनाओं में पात्रों का मानसिक द्वन्द्व और सामाजिक संघर्ष की प्रस्तुति करते हुए रामकुमार वर्मा जीवन में निहित नाटक को पेश करते हैं।

रामकुमार वर्मा का मूल काव्य-मुहावरा प्रकृति और रहस्यवाद से मिलकर बना है। इसे 'चित्ररेखा' में देख सकते हैं। यहाँ कवि का काव्य, वेदना को उभारता है। जीवन के कोमल पक्ष और समाज के सच की टकराहट से उसकी अनुभूति आध्यात्मिकता की ओर झुक जाती है। कवि के मानस पर दार्शनिकता हावी है। इसलिए उसकी अभिव्यक्त जटिल होने के कारण रहस्यवाद में व्यक्त होती है। दरअसल यहाँ आकर कोमल और कठोर, नीरस और सरस राग-विराग का जो संघर्ष चलता है उसे कवि अपनी अभिरुचियों के चलते सन्तुलन में नहीं साध सका। इसलिए उसकी अभिव्यक्ति प्रणाली उलझ गयी है। बेहद अन्तर्मुखी और स्वानुभूति के अतिरेक के कारण कविताओं में इस प्रकार का उलझाव आ जाता है। जटिल प्रतीक विधान और उसकी अभिव्यक्ति सरल नहीं रहने के कारण ऐसा हुआ है।

रामकुमार वर्मा ने 'एकलव्य' जैसा प्रबन्ध-काव्य भी लिखा। यहाँ पर उन्होंने एक प्रचलित मिथक कथा में अनूठा बदलाव उपस्थित किया है। विशेषकर इस प्रबन्ध-काव्य के आखिर में इसे देखा जा सकता है। उनके इस प्रबन्ध-कौशल में एक नाटककार का योगदान है। दरअसल रामकुमार वर्मा के बिना छायावादी काव्यांदोलन सम्पूर्णता नहीं पा सकता। वह चार प्रमुख कवियों के समतुल्य या अलग अपनी कवि छवि भले ही निर्मित न कर पाए हो फिर भी छायावाद के वे एक प्रमुख कवि हैं।

(ग) उत्तर-छायावाद (सांस्कृतिक काव्यधारा)

(14) माखनलाल चतुर्वेदी : 4 अप्रैल 1889—30 जनवरी 1968
शासन है या तम का प्रभाव गहरा है

(15) बालकृष्ण शर्मा नवीन : 8 दिसम्बर 1897—29 अप्रैल 1960
कोटि-कोटि स्वरों से निकली स्वरधारा

(16) भगवतीचरण वर्मा : 30 अगस्त 1903—15 अक्टूबर 1981
हम दीवानों की क्या हस्ती

(17) सुभद्रा कुमारी चौहान : 16 अगस्त 1904—15 फरवरी 1948
स्त्रीत्व का मर्दाना-भाव

(18) हरिवंशराय बच्चन : 27 नवम्बर 1907—18 जनवरी 2003
जीवन की मधुशाला

(19) रामधारी सिंह दिनकर : 23 सितम्बर 1908—24 अप्रैल 1974
वीरकाव्य की ओजस्वी आवाज़

(20) रामेश्वर शुक्ल 'अंचल' : 1 मई 1919—13 अक्टूबर 1995
सांस्कृतिक जड़ता का विरोध

माखनलाल चतुर्वेदी

(4 अप्रैल 1889–30 जनवरी 1968)

शासन है या तम का प्रभाव गहरा है

हिन्दी कविता अपने वस्तु और रूपगत धरातल पर बहुलतावादी रही है। हर युग में एक मुख्य काव्य-धारा के साथ-साथ दूसरी धाराओं ने भी अपना सहयोग देकर उस दौर के काव्य-परिदृश्य को समृद्धि और सम्पूर्णता प्रदान की है। माखनलाल चतुर्वेदी राष्ट्रीय-सांस्कृतिक काव्यधारा के प्रतिनिधि कवि हैं। उनके यहाँ साम्राज्यवादी सत्ता के हाथों सताए हुए, मामूली आदमी की ताकत पर भरोसा किया गया है। कवि जानता है कि सामाजिक-राजनीतिक सकारात्मक परिवर्तन की उम्मीद इसी आदमी से है। सत्ता-प्रतिष्ठानों द्वारा हाशिये पर धकेला यह आदमी एक दिन निर्णायक तौर पर केन्द्र के निर्माण में अपनी बड़ी भूमिका निभाता है। कवि की यह सोच-समझ प्रगतिशील आधुनिकता की पहचान है। आधुनिक कविता के पहले नागरिक भारतेन्दु ने भी राजाओं, साम्राज्यवादियों या अमीरों पर विश्वास नहीं किया था बल्कि वह सीधे जनता के पास गये थे। ऐसा ही कुछ भाव माखनलाल चतुर्वेदी के यहाँ मिलता है। वह आज़ादी के संघर्ष में उन लोगों को साथ लेने की बात करते हैं जो शायद कुछ धरातलों पर कमजोर भले हों लेकिन उनमें देश के लिए मर-मिटने की सच्ची संवेदना मिलती है इसलिए माखनलाल चतुर्वेदी कहते हैं—'बुला रही हैं तुझे देश की कोटि-कोटि झोंपड़ियाँ।' बदलाव के तन्तु वहीं सक्रिय हैं। कवि उनकी धड़कनें सुन लेता है

माखनलाल चतुर्वेदी ने छायावादी सौन्दर्यबोध बदल दिया था। छायावादी कविता में पुष्प, प्रेम और सौन्दर्य का प्रतीक है लेकिन उन्होंने पुष्प के जीवन की सार्थकता देश के लिए बलिदान होने वाले वीरों के चरणों में चढ़ने पर मानी है। 'पुष्प की अभिलाषा' अपने समय के समूचे युग का सौन्दर्य बोध बदलने वाली कविता है—'मुझे तोड़ लेना वनमाली/उस पथ में देना तुम फेंक/मातृभूमि पर

शीश चढ़ाने/जिस पथ में जावें वीर अनेक।'—यह पुष्प की अभिलाषा, बलिदानी व्यक्ति की चाह है। इस कविता में सुरबाला, प्रेमी, सम्राटों के शव, देवों के सिर इत्यादि मध्यकालीन-रीतिकालीन, सामाजिक, साहित्यिक, राजनीतिक, सांस्कृतिक रूढ़ियों का प्रतिपक्ष नकार के शिल्प में व्यक्त होता है, वहीं आत्मोसर्ग के पक्ष में खड़े होने की पक्षधर्मिता अर्थ के धरातल पर इस सहज कविता को बड़ी रचना सिद्ध करने वाले गुण हैं।

माखनलाल चतुर्वेदी की 'कैदी और कोकिला' ऐसी एक महत्त्वपूर्ण रचना है जो संस्कृति और राष्ट्र की चिन्ताओं को नये धरातल पर परिभाषित करती है। स्वाधीनता संग्राम में कवि कर्म सिपाही जैसी कर्त्तव्य-परायणता और मुस्तैदी की माँग करता है। तन में आग रखने वाला सिपाही ही कह सकता है—'ऊँची काली दीवारों के घेरे में, /डाकू, चोर, बदमाशों के डेरे में/जीने को नहीं देते पेट भर खाना, /मरने भी देते नहीं, तड़प रह जाना, /जीवन पर अब पड़ा दिन-रात कड़ा पहरा है,/शासन है या तम का प्रभाव गहरा है/'—स्वातन्त्र्य विरोधी व्यवस्था के खिलाफ़ विद्रोही स्वर मुखर करने वाली 'कैदी और कोकिला' की वास्तव में ऐतिहासिक भूमिका है। आततायी तन्त्र के सामने तने रहने का ऐसा भाव और ताव भारतेन्दु और निराला में भी मिलता है। माखनलाल चतुर्वेदी सरीखे राष्ट्रीयतावादी सांस्कृतिक दृष्टि सम्पन्न कवियों की कविता आज भी प्रासंगिक है। ऐसी अनिवार्य कविता के वाजिब मूल्यांकन और शोध से हिन्दी कविता का सुचिन्तित इतिहास लिखा जाना अभी शेष है। माखनलाल चतुर्वेदी की कविताएँ उनके समय और समाज के सम्पूर्ण अध्ययन का अवसर देती हैं।

प्रगतिशील कविता के प्रेरक सहसूत्र माखनलाल चतुर्वेदी के रचना-कर्म में मौजूद हैं। नागार्जुन की माखनलाल चतुर्वेदी के सम्मान में रची 'अग्निबीज' शीर्षक कविता देखिए—'अग्निबीज/तुमने बोये थे/रमे-जूझते/युग के बहुआयामी सपनों में/प्रिय खोये थे/तब के वे साथी/क्या से क्या हो गये/कर दिया क्या से क्या तो/देख-देख प्रतिरूपी छवियाँ/पहले खीझे/फिर रोये थे/अग्निबीज तुमने बोये थे/ऋषि की दृष्टि मिली थी सचमुच/भारतीय आत्मा थे तुम तो/लाभ-लोभ की हीन भावना/पास न फटकी/ अपनों की यह ओछी नीयत/प्रतिपल ही काँटों-सी खटकी/स्वेच्छावश शरशैया पर लेट गये थे/लेकिन उन पतले होठों पर/मुस्कानों की आभा भी तो/कभी-कभी खेला करती थी/ यही फूल की अभिलाषा थी/निश्चय तुम तो इस जन-युग के बोधिसत्व/ये पारमिता के त्याग-तत्व थे/' निश्चय ही माखनलाल चतुर्वेदी को अग्निबीज का सम्बोधन उनके काव्यात्मक योगदान की महत्ता को रेखांकित करता है। नागार्जुन स्वयं भी हिन्दी कविता के उर्वर भविष्य के अग्निबीज ही थे।

माखनलाल चतुर्वेदी छायावादी भाषा-शैली और शिल्प-विधान में एक नयी हलचल पैदा करते हैं—'गिनो न मेरी श्वास,/छुए क्यों मुझे विपुल सम्मान?/भूलो ऐ इतिहास,/खरीदे हुए विश्व-ईमान!! /अरि-मुंडों का दान, /रक्त-तर्पण भर का अभिमान, /लड़ने तक महमान,/एक पूँजी है तीर-कमान! /मुझे भूलने में सुख पाती,/जग की काली स्याही, /दासो दूर, कठिन सौदा है/मैं हूँ एक सिपाही!' —वह ऐसी काव्य भाषा और शिल्प प्रणाली विकसित करते हैं जिसने प्रगतिशील कविता के लिए विस्तृत भाव भूमि का निर्माण किया। आज हम जिस काव्य-भाषा की बात करते हैं, वह माखनलाल चतुर्वेदी जैसे कवियों ने हिन्दी को सौंपी है।

माखनलाल चतुर्वेदी ने काव्य-लेखन की शुरुआत द्विवेदी युग से की लेकिन उनकी काव्य-चेतना भारतेन्दु से जुड़ी रही। जबकि राष्ट्रीय सांस्कृतिक कविता धारा का यह कवि कई मायनों में छायावादी रुझान की कविता भी लिख रहा था। विशेषकर ऐसी कविता जिसमें विद्रोहमूलक स्वतन्त्रता-चेतनाकेन्द्र में थी—'झंकारों का कभी सुना है/भीषण वाद विवाद?/क्या तुमको है कुरुक्षेत्र/हलदी-घाटी की याद!/सिर पर प्रलय, नेत्र में मस्ती,/मुट्ठी में मन-चाही,/लक्ष्य मात्र मेरा प्रियतम है,/मैं हूँ एक सिपाही! /खींचो राम-राज्य लाने को,/भू-मण्डल पर त्रेता!'—इतना ही नहीं, उनके काव्य-बोध की व्याप्ति नवगीत तक है। उनका काव्य-संसार बहुत बड़ा है। उनकी राष्ट्रीय सांस्कृतिक स्वर वाली कविताएँ भी उनके सहकवियों से भिन्न हैं। उनमें एक ऐसी गहन आसक्ति का भाव है जिसमें क्षणिक तात्कालिक गुस्सा न होकर सर्वस्व बलिदान करने का राग है। जबकि इस धारा के अन्य कवियों के यहाँ सतही देश-प्रेम के नारों से भरी आह्वानमूलक पंक्तियाँ हैं। उन कवियों में द्विवेदीयुगीन उपदेशात्मकता और छायावादी आत्मपीड़ा को गौरवान्वित करने की प्रदर्शनकारी योजना है। माखनलाल चतुर्वेदी इस बनावटीपन से दूर रहे हैं। इसे प्रभाकर श्रोत्रिय ने बेहतर तरीके से समझाया है—'माखनलाल चतुर्वेदी के यहाँ देश के प्रति रागात्मकता अन्याय के प्रति विद्रोह और दासता के प्रति आक्रोश की संवेदना मिलती है। देश के लिए ऐसा अटूट समर्पण कवि में आत्मगरिमा भरता है। कवि का वैचारिक धरातल गाँधीवादी दर्शन का रहा है। उनके यहाँ गाँधी-दर्शन का प्रतिपक्ष भी मौजूद है। दरअसल यह कवि अपना जीवन देश के प्रति समर्पण के साथ जीता है और ऐसी ही एकान्त निष्ठा के साथ देश के लिए आत्मोत्सर्ग करके जीवन में बड़े अर्थ भर देता है। इस प्रसंगों में उनकी कविता छायावादी कविता में जो नहीं है उसको सम्पूर्णता प्रदान करती है।' स्पष्ट है कि उनकी कविता अपने समय की विराट काव्य-रिक्तता को भरने वाली रचना है।

छायावादी कविता के लगभग समानान्तर चलने वाली राष्ट्रीय सांस्कृतिक

काव्यधारा का ऐतिहासिक महत्त्व है। इसके सशक्त कवियों—माखनलाल चतुर्वेदी, 'नवीन', सुभद्रा कुमारी चौहान, 'दिनकर', भगवतीचरण वर्मा, रामनारायण त्रिपाठी, मुकुटधर पाण्डे, रूपनारायण पाण्डेय इत्यादि का सम्यक मूल्यांकन होना अभी शेष है। यह कविता की वह धारा है जिससे खाद-पानी लेकर मुक्तिबोध, केदारनाथ अग्रवाल, भवानी प्रसाद मिश्र, गिरिजा कुमार माथुर, अज्ञेय-सरीखे कवियों की कविता पल्लवित हुई है। राष्ट्रीय सांस्कृतिक धारा के प्रस्तावक कवि माखनलाल चतुर्वेदी ने नया यथार्थवादी विवेक और सौन्दर्य दृष्टि-प्रदान की है। शोषण और वैषम्य का प्रखर विरोध करने वाली इस कविता में करुणा मार्मिक संवेदना के रूप में उभरती है—'तोड़ अमीरों के मनसूबे गिन न दिनों की घड़ियाँ/बुला रही हैं तुझे देश की कोटि-कोटि झोंपड़ियाँ'—इसमें विजयी का दम्भ नहीं है—न्यौछावर होने की चाह है। साम्राज्यवादी शासन के सामने प्रखर राष्ट्रीय चेतना को रखने वाली यह कविता स्वाधीनता आन्दोलन को समझने का समग्र अवसर देती है। औपनिवेशिक व्यवस्था के चतुर्दिक शोषण के खिलाफ़ यहाँ कुछ प्रश्न हैं—'क्यों पड़ी परतन्त्रता की बेड़ियाँ/दासता के हाथ हथकड़ी पड़ी/न्याय का मुँह बन्द फाँसी के लिए/कंठ पर जंजीर की लड़ियाँ पड़ी'—यह कवि के ऐसे सीधे प्रश्न हैं जो अन्याय, शोषण और अपमानित करने वाली आततायी व्यवस्था की ओर इशारा करते हैं। स्वाधीनता के लिए संघर्ष करना इस समय की संस्कृति थी। संस्कृति की चिन्ता करना मनुष्यता बचाने जितना ज़रूरी था। इस कविता ने यह यथार्थ प्रस्तावित किया कि स्वाधीनता का मूल्य समझने वाला मनुष्य ही संस्कृति-सम्पन्न होता है—'बोल अरे सेनापति मेरे!/मन की घुंडी खोल, /जल, थल, नभ, हिल-डुल जाने दे,/तू किंचित् मत डोल!/दे हथियार या कि मत दे तू /पर तू कर हुंकार,/ ज्ञातों को मत, अज्ञातों को, /तू इस बार पुकार!' यह भारतीय मानव का ठेठ देशज चिन्तन था। माखनलाल चतुर्वेदी में वैष्णवी उदार दृष्टि और गाँधीवादी करुणा के साथ-साथ तिलक के कर्मशील क्रान्ति-दर्शन का प्रभाव भी इन्हीं परिवेशगत परिस्थितियों के कारण गहरा हुआ।

बालकृष्ण शर्मा नवीन

(8 दिसम्बर 1897–29 अप्रैल 1960)

कोटि-कोटि स्वरों से निकली स्वरधारा

छायावाद अपने समय का एक महत्त्वपूर्ण काव्य आन्दोलन रहा है। छायावादी काव्यधारा के समान्तर चलने वाली कई प्रमुख धाराओं में एक प्रमुख राष्ट्रीय सांस्कृतिक काव्यधारा भी रही है। इस धारा के दो छोर रहे। पहला भारत की महान संस्कृति विषयक रचनाएँ और दूसरा प्रेम और मस्ती का काव्य। 'नवीन', 'बच्चन', भगवतीचरण शर्मा, सुभद्रा कुमारी चौहान, नरेन्द्र शर्मा, रामेश्वर शुक्ल 'अंचल' इत्यादि कवि छायावादी काव्यधारा को पूर्णता प्रदान करने वाली इस काव्यधारा के कवि माने जाते हैं। नवीन का जन्म 1897 में ग्वालियर में हुआ और 1960 में दिल्ली में उनका देहान्त हो गया। उनके प्रमुख काव्य ग्रन्थ–'कुमकुम', 'अपलक', 'क्वासि', 'रश्मि रेखा', 'उर्मिल' इत्यादि हैं। 'नवीन' अपने काव्य लेखन के शुरुआती दौर में तिलक, गणेश शंकर विद्यार्थी, ऐनी बेसेंट इत्यादि नेताओं के सम्पर्क में आये। बाद में राष्ट्रीय आन्दोलन में भाग लेने के सिलसिले में 'नवीन' नेहरू, पुरुषोत्तमदास टंडन, देवदास गाँधी और महादेव देसाई के साथ जेल में रहे। इसका उन पर प्रभाव यह पड़ा कि उन्होंने राष्ट्रीय विचारों वाली देशभक्तिपूर्ण कविताएँ लिखीं। उनकी अनेक महत्त्वपूर्ण रचनाएँ जेल में ही लिखी गयी हैं।

परिस्थितियों और सम्पर्कों के कारण 'नवीन' ने ऐसी रचनाएँ लिखीं जो देश-प्रेम का पाठ पढ़ाती हैं। उस दौर में जब देश गुलाम था, कवि आत्मीयता से याद दिला रहा था कि इस देश का अतीत अत्यन्त गौरवशाली रहा है। शुरुआती मानव सभ्यता यहीं विकसित हुई। इसलिए वह हिन्दुस्तान पर गर्व करने वाली वाणी मुखर करता है–"कोटि कोटि कंठों से निकली/ आज यही स्वर धारा है/ भारतवर्ष हमारा है/ यह हिन्दुस्तान हमारा है/ जिस दिन सबसे पहले जागे/

नव सृजन के स्वप्न घने/ जिस दिन देशकाल दे दो।? यह अभिमान हमारा है/' 'हिन्दुस्तान हमारा है' शीर्षक इस रचना में गहरा देश प्रेम और निराशा में भी आशा का सन्देश छिपा है। यह बहुत कुछ वैसा ही जैसा परास्त हताश समय में भक्तिकालीन कवियों ने स्तब्ध-ठिठकी हुई जनता को नवजीवन देने वाली उम्मीद की कविताएँ लिखीं थी। वहाँ ईश्वर प्रेम था। यहाँ देश प्रेम है। दोनों के मूल में मनुष्य और मानवता से प्रेम है।

'नवीन' के यहाँ यथार्थवादी नज़र भी मौजूद है। आज़ादी से ठीक पहले ऐसे कई क्षण आये जब यह लगा कि आज़ादी के लिए किये जा रहे सारे उद्यम, वीरों की वीरता, गाँधी का अहिंसात्मक संघर्ष सब बेकार चले जायेंगे। ऐसे में निराश होकर 'नवीन' ने पराजय गीत लिखे। वहाँ तलवार की धार कुंठित होने, तूणीर खाली होने, विजय पताका झुकने इत्यादि नकारात्मक आवाजें भी हैं। लेकिन यह क्षणिक भाव हैं। कवि इनसे उबरकर मनुष्य जीवन को ख़ुश होकर जीने का रास्ता भी दिखाता है। दरअसल स्वतन्त्रता आन्दोलन के उस दौर में अगर यह फकीराना मस्ती न होती तो संघर्ष असम्भव हो जाता। 'नवीन' ने 'हम मस्त फकीर', 'हम अनिकेतन' जैसी कविताओं में इन्हीं भावों को कविता के शब्द दिये हैं। उनके यहाँ प्रेम की भी कुछ तस्वीरें हैं। लेकिन मुख्य स्वर राष्ट्रीय सांस्कृतिक भावनाओं का ही है।

भगवतीचरण वर्मा

(30 अगस्त 1903–15 अक्टूबर 1981)

हम दीवानों की क्या हस्ती

भगवतीचरण वर्मा राष्ट्रीय सांस्कृतिक काव्यधारा के ऐसे कवि हैं जिनके यहाँ मस्ती का स्वर प्रमुख है। वे बुनियादी तौर पर उमंग और आशा के कवि हैं। 30 अगस्त 1903 को उन्नाव में जन्मे और 1981 में लखनऊ में अन्तिम साँसें लेने वाले इस रचनाकार का कार्य क्षेत्र काफी व्यापक है। वकालत, आकाशवाणी और पत्रकारिता इत्यादि भिन्न-भिन्न क्षेत्रों से जुड़े रहे भगवतीचरण वर्मा की ख्याति उनके चर्चित उपन्यास 'चित्रलेखा' और व्यंग्य कहानी 'मुगलों ने सल्तनत बख्श दी' के कारण अधिक रही है। उनके प्रसिद्ध काव्य-ग्रन्थ इस प्रकार हैं–'मधुकण', 'प्रेम संगीत' (1930), 'मानव' (1940), 'रंगों से मोह' (1962) इत्यादि हैं। अपने लेखन के शुरुआती दौर में उन्होंने 'मधुकण' की रचनाओं में प्रेम की कोमलता और जीवन की कठोरता दोनों को प्रस्तुत किया है। उनका वैचारिक धरातल एक तरफ़ प्रेम और सौन्दर्य से बना है। दूसरी तरफ़ जीवन की जटिलताओं से उसमें संघर्षों की रगड़ सुनाई देती है। इसलिए एक तरफ़ अन्धकार है दूसरी तरफ़ प्रकाश; एक तरफ़ रुदन दूसरी ओर हास-कवि ने इन परस्पर विरोधी भावों के बीच अपनी कविता का कैनवॅस फैलाया है। फिर भी उनके यहाँ नकार की बजाय स्वीकार का भाव सघन है।

भगवतीचरण वर्मा की प्रसिद्ध रचना 'नूरजहाँ' में वैभवशाली व्यक्तियों के जीवन का पराभव और सुन्दरता का कुरूपता में बदलना यानि जीवन के पतन और उत्थान को देख सकते हैं–"तुम रज कण ढेर/उल्लूकों के तुम गगन विहार,/ किस आशा से देख रहे हो,/तुम नभ पर प्रति बार,/कि जिससे टकराता था कभी,/ तुम्हारा उन्नत भाल,/सुनते ही तुमने देखा था,/वैभव का काल/ धूल में मिले हुए कंकाल।" यह रचना बताती है कि एक दिन विशाल साम्राज्य धूल-धूसरित हो

जाते हैं और अकूत वैभव-ऐश्वर्य की कहानी ही रह जाती है। यह समय की चाल है। यह यथार्थ कवि की आँख से ओझल नहीं होता है।

भगवतीचरण वर्मा ने व्यक्तिगत अनुभवों की कविताएँ भी लिखी हैं और मिथक तथा इतिहास को आधार बनाते हुए मनुष्य के द्वन्द्व को चित्रित करने वाली रचनाएँ भी सम्भव की हैं। पाप और पुण्य भगवती चरण वर्मा का प्रिय विषय है। अपने चर्चित उपन्यास 'चित्रलेखा' में भी उन्होंने पाप और पुण्य की व्याख्या की है। इस रचना की शुरुआती झलक वर्मा के काव्य रूपक 'तारा' में दिख जाती है। भगवतीचरण वर्मा के 'तारा' में नाटक और गीत का मिश्रित शिल्प है। कवि ने केवल तीन पात्रों—तारा, चन्द्रमा और बृहस्पति के आधार पर पाप और पुण्य को समझाना चाहा है। इसमें तीव्र अन्तर्द्वन्द्व और तनाव मौजूद है। बृहस्पति ज्ञान का प्रतीक है। तारा रस का प्रतीकार्थ प्रस्तुत करती है और चन्द्रमा यौवन का प्रतीक बनकर उभरता है। चन्द्रमा का सम्बन्ध परिस्थितियों के कारण गुरु पत्नी तारा के साथ हो जाता है। रचनाकार ने इसके आध्यात्मिक अर्थ नहीं किये। बल्कि कई नैतिक प्रश्न उठाए हैं। उन प्रश्नों से यह ध्वनि उठती है कि क्या स्त्री सामाजिक मर्यादाओं की परवाह किये बग़ैर अपनी पसन्द के पुरुष का वरण कर सकती है? ऐसे कई कठिन सवाल उनकी रचनाओं में मिलते हैं। कवि ने प्रेम के बहाने स्त्री-पुरुष सम्बन्ध के जटिल समीकरणों को व्याख्यायित करना चाहा है। उनकी रचना 'प्रेम संगीत' में भी इस तरह के भाव मिल जाते हैं।

यथार्थवादी काव्य-लेखन की शुरुआत की दृष्टि से इस रचनाकार का योगदान महत्त्वपूर्ण है। 'मानव' में उन्होंने 'राजा साहब का वायुयान ट्राम', 'भैंसा गाड़ी' जैसी नये विषयवस्तु वाली रचनाएँ लिखी हैं। यहाँ प्रेम के सुखद दृश्य नहीं हैं और पाप-पुण्य की व्याख्या में भी कवि नहीं पड़ा है। स्वप्न की जगह यथार्थ के सन्दर्भ रचना में मौजूद हैं। कवि की पक्षधरता शोषितों के प्रति दिखायी देती है। उनकी यह संवेदना गाँधीवाद और मार्क्सवाद के मिश्रित धरातल पर खड़ी है। भगवतीचरण वर्मा ने ऐसी सरल भाषा-शैली प्रस्तावित की जिसे आगे चलकर बच्चन और दूसरे उत्तरछायावादी कवियों ने विकसित किया। वर्मा उन शुरुआती आधुनिक कवियों में हैं जो कविता में गद्य की ताकत को पहचानते थे। वे बेहतर तरीके से जान रहे थे कि गद्य की संप्रेषण-क्षमता अगर कविता में आ गयी तो कविता रस, छन्द, अलंकार जैसे परम्परित घटकों के बिना भी सार्थक और सहज संप्रेषित हो सकती है।

सुभद्रा कुमारी चौहान

(16 अगस्त 1904–15 फरवरी 1948)

स्त्रीत्व का मर्दाना-भाव

सुभद्रा कुमारी चौहान छायावादी काव्य की समानान्तर काव्यधारा राष्ट्रीय सांस्कृतिक कविता की प्रमुख रचनाकार हैं। 1904 ई. में इलाहाबाद जिले के निहालपुर गाँव में उनका जन्म हुआ। असहयोग आन्दोलन से प्रेरित होकर सुभद्रा कुमारी चौहान अध्ययन छोड़कर राजनीति में सक्रिय हो गयीं। जिसके परिणामस्वरूप कई बार इन्हें जेल जाना पड़ा। 'झाँसी की रानी' इनकी लोकप्रिय रचना है। मंचों पर ओजस्वी काव्यपाठ के कारण यह कविता इतनी चर्चित हुई कि कवयित्री अपनी काव्य-नायिका का पर्याय बन गयी। यह किसी रचना की जन-स्वीकृति की पराकाष्ठा है। 'झाँसी की रानी' के माध्यम से सुभद्रा कुमारी चौहान ने भारतीय स्त्री के अदम्य साहस, विपरीत परिस्थितियों में भी अनथक संघर्ष और चारित्रिक दृढ़ता जैसे मूल्य प्रतिपादित किये हैं।

एकनिष्ठ प्रखर राष्ट्रीय चेतना और संस्कृति के उज्ज्वल अतीत के चित्रों के साथ ही सुभद्रा कुमारी चौहान ने पारिवारिक सम्बन्धों में व्याप्त स्नेह, आत्मीयता और उल्लास के अविस्मरणीय बिम्बों का सृजन किया है। इसीलिए देश-प्रेम और वात्सल्य की सहज, सरल और प्रभावी अभिव्यक्ति उनके काव्य में मिलती है। देश-प्रेम विषयक सुभद्रा कुमारी चौहान की कविताओं में स्वतन्त्रता संघर्ष में भागीदारी करने वाले शहीदों की वीरता और आत्मोत्सर्ग का वर्णन है। परिजनों पर लिखी रचनाओं में दाम्पत्य-प्रेम और सन्तति-स्नेह के मार्मिक आशय उन्होंने व्यक्त किये हैं।

अतीत का गौरव गान हिन्दी मानस की विशेषता है। हिन्दी कविता पर भी इसका असर पड़ा। सुभद्रा कुमारी चौहान ने राष्ट्रीय चेतना से सम्पन्न कविताओं में एक नया अनुभव जोड़ा। उन्होंने बताया कि समृद्धशाली इतिहास

के बखान-मात्र से पाठकीय विवेक जाग्रत नहीं हो सकता, ऐसा वर्णन तो पाठक को केवल सतही तौर पर प्रभावित कर सकता है। सुभद्रा कुमारी चौहान ने अतीत को समकालीन अनुभवों से सम्बद्ध कर दिया। इतिहास के बहाने समसामयिक यथार्थ को देखने की यह काव्य-दृष्टि अपने समय की राजनीति को पहचानने का सलीका सिखाती है।

सुभद्रा कुमारी चौहान ने क्रान्ति और स्वाधीनता-संग्राम के लिए उद्बोधित करती राष्ट्र प्रेम की कविताओं के अलावा अन्य भावभूमियों पर भी कविताएँ लिखी हैं। स्त्री-पुरुष सम्बन्धों, मातृत्व और पारिवारिक स्नेह की कुछ संवेदना सम्पन्न रचनाएँ भी सुभद्रा कुमारी चौहान की कलम से निकली हैं।

घर-परिवार के परिचित पर्यावरण की काव्यात्मक-प्रस्तुति अस्सी के दशक की कविता की उपलब्धि मानी जाती है। हिन्दी में शायद पहली बार सुभद्रा कुमारी चौहान ने इसे कविता के अनुभव क्षेत्रों में शामिल किया—'बार-बार आती है मुझको मधुर याद बचपन तेरी।/गया ले गया तू जीवन की सबसे मस्त ख़ुशी मेरी।।/चिन्ता-रहित खेलना-खाना वह फिरना निर्भय स्वच्छन्द।/कैसे भूला जा सकता है बचपन का अतुलित आनन्द?/ऊँच-नीच का ज्ञान नहीं था छुआछूत किसने जानी?/बनी हुई थी वहाँ झोंपड़ी और चीथड़ों में रानी।' कवयित्री ने स्वयं को सच्चे हृदय का और प्रेम में उन्मत मानते हुए स्वयं को ही ईश्वर को समर्पित कर दिया है। अपनी एक और चर्चित कविता—'ठुकरा दो या प्यार करो' में कवयित्री ने स्त्री की सामाजिक परिस्थिति—ग़रीबी और अभाव, वाक् चातुर्य की कमी, पूजा विधि की जानकारी न होना, आर्थिक विपन्नता आदि—का मार्मिक संकेत किया है। अपनी इन्हीं सीमाओं के चलते उसका आत्म समर्पण है। ईश्वर के समक्ष स्वयं को प्यार करने, या उपेक्षित किये जाने दोनों के लिए प्रस्तुत रहती है। उनसे पहले घर-परिवार और भक्तिभाव के ऐसे गत्यात्मक बिम्बों का मिलना हिन्दी कविता में विरल है।

कविताओं के अतिरिक्त सुभद्रा कुमारी चौहान ने मार्मिक कहानियाँ भी लिखी हैं। 'बिखरे मोती' एवं 'उन्मादिनी' में उनकी कहानियाँ संकलित हैं। साहित्य-सेवा के लिए उन्हें हिन्दी साहित्य सम्मेलन का प्रतिष्ठित सेकसरिया पुरस्कार दो बार मिला।

छायावादी युग में लेखन करने पर भी सुभद्रा कुमारी चौहान की कविता की विषय सामग्री और उससे प्रस्तुत करने वाली भाषा-शैली द्विवेदीयुगीन काव्य की अभिव्यंजना-प्रणाली और भाव-संवेदना की याद दिलाती है। विद्यार्थी जीवन से ही उनकी काव्य-प्रतिभा उजागर होने लगी थी। सुभद्रा कुमारी चौहान के दो कविता संकलन 'मुकुल' और 'त्रिधारा' उनके जीवन काल में छप गये थे। अब

भी इनका सम्पूर्ण साहित्य उपलब्ध नहीं होता। 1948 ई. में मोटर दुर्घटना में हिन्दी की इस अपनी तरह की अकेली रचनाकार का निधन हो गया था।

सुभद्रा कुमारी चौहान सही मायनों में जन-कवि थीं। जन के मन को समझकर, उसके भावों को आसान बनाकर उसे व्यक्त करने वाली इस कवयित्री की भाषा में बड़ा ओज था, बड़ा कौशल और मार्मिकता थी। सामान्य बोलचाल की भाषा में इतनी कोमलता, ओजस्विता और भावनाओं की अर्थ-सम्पन्न अचूक प्रस्तुति कर पाना सचमुच अद्‌भुत है। वे अति सामान्य शब्दावली में गहन काव्यार्थ रचने में सक्षम रचनाकार थीं।

सुभद्रा कुमारी चौहान की कविताओं में कोई बौद्धिक उलझाव या वैचारिक जटिलता नहीं है जैसा कि उसी दौर में रचनारत महादेवी वर्मा के यहाँ जटिल नवरहस्यवाद और गहन रचाव मिलता है। डॉ. विजयेन्द्र स्नातक के अनुसार 'इनकी कविताओं पर छायावाद का विशेष प्रभाव लक्षित नहीं होता। अभिव्यंजना शिल्प में इनकी रचनाएँ द्विवेदीयुगीन कवियों के मेल में हैं। अधिकांश रचनाएँ राष्ट्र प्रेम की हैं। 'झाँसी की रानी' शीर्षक कविता अत्यन्त लोकप्रिय हुई और सुभद्रा कुमारी चौहान का नाम जन-जन तक इसी कविता से पहुँचा। पारिवारिक जीवन से सम्बन्धित वात्सल्य भाव की रचनाएँ अत्यन्त सहज सरल भाषा में मार्मिक अभिव्यक्ति से आपूर्ण हैं।' सुभद्रा कुमारी चौहान अभिधा में अपने निहितार्थों को व्यंजित करने में सफल हुई हैं। अपने चयनित विषयों के अनुरूप उन्होंने सीधे-सीधे समझ में आने वाली प्रत्यक्ष पदावली का सृजन किया है। यही कारण है कि उनके बाद भी कई परवर्ती रचनाकारों ने उनके कथ्यरूप का अनुसरण किया है।

सुभद्रा कुमारी चौहान को याद करते हुए महादेवी वर्मा ने लिखा है, 'अजगर की कुण्डली के समान स्त्री के व्यक्तित्व को कस-कसकर चूर-चूर कर देने वाले अनेक सामाजिक बन्धनों को तोड़ फेंकने में उनका जो प्रयास लगा होगा, उसका मूल्यांकन सम्भव नहीं है। 'ठुकरा दो या प्यार करो' कविता सामाजिक जकड़बन्दी के बीच पिसती स्त्री की विवशताओं का प्रकटीकरण है। देव मन्दिर पितृसत्ता के केन्द्र बन गये थे। स्त्रियों का प्रवेश भी निषिद्ध हो चला था। सुभद्रा कुमारी चौहान इस स्थिति का उद्‌घाटन अपनी दैन्यता से तो करती हैं पर इस दैन्य में गहरा आक्रोश भी छिपा है'। देवोपासना के माध्यम से पूँजी, दिखावे आदि का प्रतिवाद भी इस कविता में है।

'ठुकरा दो या प्यार करो' कविता उनकी अत्यन्त लोकप्रिय कविता है। इसमें वैभव और बाहरी आडम्बर की तुलना में हृदय की कोमलता और समर्पण-भाव के महत्त्व को दर्शाया गया है—'नहीं दान हैं, नहीं दक्षिणा खाली हाथ चली आयी/

पूजा की विधि नहीं जानती, फिर भी नाथ चली आयी/पूजा और पुजापा प्रभुवर इसी पुजारिन को समझो/दान-दक्षिणा और निछावर इसी भिखारिन को समझो/मैं उन्मत्त प्रेम की प्यासी हृदय दिखाने आयी हूँ/जो कुछ है, वह यहीं पास है, इसे चढ़ाने आयी हूँ/चरणों पर अर्पित है, इसको चाहो तो स्वीकार करो/यह तो वस्तु तुम्हारी ही है ठुकरा दो या प्यार करो/'सच्चे हृदय की तुलना में ऊपरी ठाठ-बाट, साज-सज्जा निरर्थक है—यही कविता की केन्द्रीय विषय-वस्तु है।

'विजयादशमी' के पर्व पर लिखी कविता में सुभद्रा कुमारी चौहान असल में देश पर प्राण न्यौछावर करने का आह्वान करती हैं। यहाँ उन्होंने राक्षसों का विनाश करने वाले वनवासी राम का स्मरण किया है। यह दरअसल तत्कालीन पराधीन् भारत की दुर्दशा का चित्रण है। यह भी कवयित्री की देशराग की रचना है। इस कविता में स्वाधीनता के लिए किये जाने वाले प्रयासों की अपर्याप्तता पर दुख और क्षोभ प्रकट किया गया है और स्त्रियों का संघर्ष के लिए आह्वान किया गया है।

उनकी कविता 'विजयादशमी' को 'वीरों का कैसा हो वसन्त' कविता के साथ जोड़कर देखने पर सुभद्रा कुमारी चौहान की दृष्टि का पता चलता है। वह अतीत में जाकर छुपती नहीं है बल्कि भविष्य बनाने वाले वर्तमान संघर्ष के लिए ताकत जुटाती हैं। वहाँ राम ऐसे प्रतीकार्थ में व्यंजित होते हैं जो एक बड़े शत्रु से टकराते हुए सत्य और समता की प्रतिष्ठा करते हैं। विशेष बात यह है कि वे स्त्रियों को भी मुक्ति-संघर्ष के लिए प्रेरित करती हैं।

सुभद्रा कुमारी चौहान की 'वीरों का कैसा हो वसन्त' कविता में देश के प्रति कर्तव्य और सांसारिक कामनाओं के बीच का द्वन्द्व इस कुशलता से उभारा गया है कि कर्तव्य भावना वहाँ ऐसा मानवीय मूल्य बन जाती है जो स्थाई भाव के रूप से पाठक के मस्तिष्क में छप जाता है—'आ रही हिमालय से पुकार/है उदधि गरजता बार बार /प्राची पश्चिम भू नभ अपार/सब पूछ रहे हैं दिग-दिगंत/वीरों का हो कैसा वसन्त /फूली सरसों ने दिया रंग/मधु लेकर आ पहुँचा अनंग/वधु वसुधा पुलकित अंग अंग /है वीर देश में किन्तु कंत/वीरों का हो कैसा वसन्त/'यह कविता भारत के गौरवशाली और उन्नत अतीत का गुणगान ही नहीं करती बल्कि उससे आगे बढ़कर पाठक की चेतना को गुलामी की जंजीरें तोड़ फेंकने के लिए उकसाती है। आज़ादी की लड़ाई में ऐसी क़विता एक मार्मिक राष्ट्रगान की तरह रही है। क्योंकि वहाँ मानवीय मुक्ति और पराधीनता का द्वन्द्व है।

'वीरों का कैसा हो वसन्त' सुभद्रा कुमारी चौहान की अत्यन्त प्रसिद्ध कविताओं में से एक है। जीवन के प्रति इसमें भी सहज आशावादी रवैया दिखता

है। बलिदान-भावना निराशा नहीं करती, उत्साह भरती है। इस कविता में सुभद्रा कुमारी चौहान ने कर्तव्य और वासना का द्वन्द्व दिखाते हुए कर्तव्य-भावना को ही वीरों के लिए उपयुक्त और वरेण्य माना है। भारत के गौरवशाली अतीत का स्मरण करती हुई कवयित्री तत्कालीन पराधीनता की ओर पाठक का ध्यान आकर्षित करती हुई उससे मुक्ति का आह्वान करती है।

सुभद्रा कुमारी चौहान ने 'मेरा जीवन' कविता में जीवन के सकारात्मक, आशावान, प्रसन्नमय, सार्थक उल्लसित रूप को स्वर दिया है। वे नकारात्मक पक्षों—रुदन, अभाव, पीड़ा, चिन्ता से अपने जीवन को मुक्त मानती हैं। पुरुष प्रधान समाज के बीच यह कविता स्त्री की आत्म-शक्ति को प्रकट करती है। इसे यथार्थ का एक स्वप्नमय विकल्प भी माना जा सकता है—'मैंने हँसना सीखा है/मैं नहीं जानती रोना/बरसा करता पल-पल पर/मेरे जीवन में सोना। /मैं अब तक जान न पाई/कैसी होती है पीड़ा/हँस-हँस जीवन में/कैसे करती है चिन्ता क्रीड़ा।'—कवयित्री का मानना है कि उसके जीवन में सुख का सागर लहराता है। जहाँ सांसारिक अनुभव यह कहता आया है कि ज़िन्दगी एक रिक्त प्याली है, वहीं सृजक को यह अनुभव होता है कि मेरा जीवन इसके लिए विपरीत मस्ती की मदिरा से भरा हुआ है। कवयित्री स्वीकारती है कि विजय, उल्लास और आशा मेरे जीवन के स्थायी भाव बन गये हैं। मेरी असफलताएँ भी सोने के धागों से बुनी हुई हैं। विश्वास, प्रेम और साहस मेरे जीवन के सबसे बड़े साथी हैं। यह वास्तविक मानवीय-मूल्य हैं क्योंकि इनसे जीवन में विश्वास बचा रहता है।

सुभद्रा कुमारी चौहान छायावादी प्रेम और मस्ती की काव्य-धारा के समान्तर चलने वाली राष्ट्रीय सांस्कृतिक कविता आन्दोलन से उभरी ऐसी रचनाकार हैं जिनके यहाँ कविता की अलग बनावट मिलती है। साधारण बोलचाल की भाषा में उन्होंने वात्सल्य, देशप्रेम और वीरता के कोमल और ओजस्वी भावों को एक समान कुशलता से व्यक्त किया है। देश-प्रेम विषयक रचनाओं में उन्होंने साधारण लगने वाली शब्दावली में ऐसा तीव्र आवेश भर दिया है जिसे कुशल कवि ही सँभाल सकते हैं। दूसरी तरफ़ घर-परिवार की बात करते हुए या आध्यात्मिक दुनिया की संवेदना कविता में लाते हुए भी उन्होंने इसी दक्षता का परिचय दिया है। इस प्रकार देखते हैं कि सुभद्रा कुमारी चौहान की कविताओं में माँ का वात्सल्य और पारिवारिक सम्बन्धों की आत्मीय उपस्थिति है। इसके साथ ही उन्होंने राष्ट्र के साथ व्यक्ति के सम्बन्धों को परिभाषित किया है।

हरिवंशराय बच्चन

(27 नवम्बर 1907–18 जनवरी 2003)

जीवन की मधुशाला

छायावादी युग में दो सौ से अधिक कवि काव्य-सृजन कर रहे थे। लेकिन आज पन्त, प्रसाद, निराला और महादेवी के अतिरिक्त कोई बड़ा छायावादी कवि नज़र नहीं आता। इसका कारण यह है कि उस समय सभी समकालीन कवि छायावादी शिखरस्थ कवियों से इस कदर आक्रांत थे कि उन कवियों की कविता इन चार महान कवियों की प्रतिलिपि यानी कोरी नकल बनकर रह गयी थी। छायावादी लोकप्रियता के उस दौर में बच्चन ने काव्य-लेखन आरम्भ किया परन्तु वे अपने समय के कवियों की नियति से परिचित थे। बच्चन ने अपनी अलग राह चुनी और छायावादोत्तर काव्य के समर्थ प्रतिनिधि बनकर उभरे तथा आने वाली अनेक काव्य-पीढ़ियों को प्रभावित किया। बच्चन की प्रौढ़ कविताओं में भी सम्मोहित करने वाला चिर युवापन है।

हरिवंशराय बच्चन का जन्म सन् 1907 में इलाहाबाद में हुआ। उन्होंने सन् 1938 में इलाहाबाद विश्वविद्यालय से अंग्रेजी में एम.ए. किया। बच्चन सन् 1942 से सन् 1952 तक इलाहाबाद विश्वविद्यालय में अंग्रेजी के प्राध्यापक रहे। अंग्रेजी कवि यीट्स पर उन्होंने कैंब्रिज यूनिवर्सिटी से पीएच.डी. की उपाधि प्राप्त की। साथ ही भारत सरकार के विदेश मन्त्रालय में हिन्दी विशेषज्ञ तथा राज्यसभा के मनोनीत सदस्य इत्यादि अनेक पदों को सुशोभित किया। बच्चन को सन् 1976 में पद्मभूषण की उपाधि से अलंकृत किया गया। उनका निधन सन् 2003 में हुआ। बच्चन को अनेक महत्त्वपूर्ण पुरस्कार तथा सम्मानों से सम्मानित किया गया। जिनमें 'दो चट्टानें', कविता संग्रह पर मिला साहित्य अकादमी सम्मान, नेहरू पुरस्कार, लोटस पुरस्कार तथा सरस्वती सम्मान प्रमुख हैं।

उमर खैयाम के काव्य एवं दर्शन से प्रभावित बच्चन ने उमर खैयाम की

रुबाइयों का काव्यानुवाद किया। 'मधुशाला' के रूप में इनका प्रकाशन सन् 1935 में हुआ और बच्चन काव्य-मंचों के लोकप्रिय कवि के रूप में स्थापित हो गये।

जटिल जीवन की संवेदनाओं से उपजी अनुभूतियों की सहज अभिव्यक्ति, संगीतात्मकता और मार्मिकता बच्चन की काव्य शैली की विशेषताएँ हैं। उन्होंने सहज-सरल जीवन्त भाषा और गीत शैली में अपनी अनुभूति को काव्याभिव्यक्ति के रूप में ढाला। सहजता, सम्प्रेषणीयता, सरलता इत्यादि विशेषताओं ने बच्चन को बड़ा कवि बनाया। उन्होंने मंचीय कविता और गम्भीर कविता के अन्तराल को पाटने का महत्त्वपूर्ण कार्य किया इसीलिए पाठक और श्रोता दोनों स्वयं को बच्चन की कविता के निकट पाते हैं। वैयक्तिक कविता, गीति-कविता, हालावादी कविता; बच्चन की कविता को इत्यादि खानों में बाँटकर देखा जाता है जबकि बच्चन के कवि ने निरन्तर विकास किया है। पहली प्रकाशित रचना 'तेरा हाथ' के बाद बच्चन का सारा साहित्य 9 भागों में 'बच्चन रचनावली' के नाम से प्रकाशित हो चुका है। महत्त्वपूर्ण गद्य का सृजन करने वाले बच्चन का गौरव कवि के रूप में स्थापित है। उनके प्रमुख काव्य संग्रह हैं—मधुशाला, मधुबाला, मधुकलश, निशा निमन्त्रण, एकांत संगीत, आकुल अन्तर, सतरंगिनी, बंगाल का काल, सूत की माला, खादी के फूल, मिलन यामिनी, प्रणय पत्रिका, धार के इधर-उधर, आरती और अंगारे, बुद्ध और नाचघर, त्रिभंगिमा, दो चट्टानें आदि। 'क्या भूलूँ क्या याद करूँ!' तथा 'नीड़ का निर्माण फिर'—'बच्चन' की चार भागों में प्रकाशित आत्मकथा के विशेष खण्ड हैं। इसके अतिरिक्त उन्होंने 'किंग लियर' और 'मैकबेथ' जैसे अंग्रेजी नाटकों के पद्यानुवाद भी मनोयोग से किये हैं।

'बच्चन' की अन्तिम प्रमुख रचनाएँ 'कटती प्रतिमाओं की आवाज़' और 'उभरते प्रतिभाओं के रूप' हैं। ये कविताएँ समाज और युगबोध के भावों को मुखरित करती हैं। मनुष्य और समाज के विघटन, विखण्डन, बिखराव और बदलाव की ओर संकेत करते हुए कवि ने सिद्ध किया कि यह बदलाव हमारे भीतर भी है और बाहर भी। जो व्यक्ति इसे समझ लेता है वह जीवन में सन्तुलन साध सकता है। मस्ती के कवि बच्चन की अक्षय लोकप्रियता का प्रमुख कारण उनकी कविताओं में सहजात संवेदनशीलता, सरलता तथा अनुभूति की प्रत्यक्षता आदि गुणों का होना है। छायावादी अलंकारप्रियता एवं सूक्ष्मता से सर्वथा अलग उसकी स्पष्टता में एक विशेष आकर्षण है।

'बच्चन' की कविता का मुख्य विषय है मध्यवर्गीय जीवन के घात-प्रतिघात, जिसके अन्तर्गत प्रेम भी आ जाता है। जीवन के प्रति उनकी बौद्धिक प्रतिक्रिया सदैव सीधी और प्रत्यक्ष रही है, इसी से इनमें ग्रन्थियाँ अथवा जटिलताएँ नहीं हैं।

'बच्चन' की कल्पना ऋजु और सरल है। सरल अनुभूति होने के कारण उनके गीतों में रागात्मक अन्विति मिलती है। जिसके कारण बच्चन की कविता पाठक के लिए सहज ग्राह्य है। 'बच्चन' के आरम्भिक काव्य में मादकता का स्वर है किन्तु बाद की रचनाओं में जिजीविषा अथवा संघर्षों के सम्मुख घुटने न टेकने की संघर्षशील प्रवृत्ति का स्वर मुखरित हुआ है। 'बच्चन' की मान्यता है कि दुःख चाहे कितने ही प्रबल क्यों न हों, मानव उन पर विजय पा ही लेता है। आत्मविश्वास, स्वाभिमान तथा आस्था का स्वर 'बच्चन' के जीवन-दर्शन के प्रमुख तत्व रहे हैं। उनके यहाँ नाश की अपेक्षा निर्माण की प्रेरणा अधिक बलवती एवं स्वस्थ है। जटिल जीवन सत्य को बच्चन आसान पदावली में व्यक्त करने में सफल हुए हैं।

'बच्चन' ने छायावादोत्तर युग में ऐसी काव्य-शैली का सूत्रपात किया जिसमें व्यक्तिगत सच्चाई और सामाजिक यथार्थवाद का मिश्रित रूप मिलता है। स्वच्छन्द प्रेम उनकी कविता के केन्द्र में है। जीवन के संघर्षों से उपजी वेदना कवि को व्यथित करती है। लेकिन कवि उनके प्रति लापरवाही दिखाता हुआ मस्ती में डूब जाना चाहता है। कवि का मानसलोक दरअसल ऐसा स्वप्नलोक है जहाँ व्यक्ति अपने अकेलेपन को भुलाकर जीवन की मधुशाला में जीना चाहता है। इस धरातल पर बच्चन भाववादी उन्मुक्त प्रेम के गायक कवि के रूप में सामने आते हैं। उनके गीतों में मानवीय अस्तित्व, पूर्व निर्धारित नियति, निश्चित मृत्यु का त्रास, समाज की जकड़बन्दी और मनुष्य मन की नैसर्गिक स्वच्छन्दता इत्यादि विशेषताएँ वैचारिक बिम्बों की प्रस्तुति करती हैं। हालाँकि अपने पूर्ववर्ती निराला की तरह उनके यहाँ मनुष्य की मुक्ति का कोई बड़ा विचार नहीं है। कवि तो मनुष्य जीवन की विसंगतियों से छुटकारा पाना चाहता है, यही उनका केन्द्रीय विचार है।

प्रणय-मूलक वैयक्तिक संवेदना को 'बच्चन' ने जीवन के सबसे महत्त्वपूर्ण तत्त्व के रूप में रेखांकित किया है। प्रेम और मस्ती के इस अद्वितीय कवि की 'मधुशाला' (1935 ई.) के छपते ही हिन्दी के लोकप्रिय कवियों की मुख्यधारा के प्रमुख कवि के रूप में बच्चन स्थापित हो गये। दिलचस्प तथ्य यह है कि 'मधुशाला' विशुद्ध मौलिक रचना नहीं है। वह उमर खैयाम की रुबाइयों का स्वतन्त्र काव्यानुवाद है। हिन्दी में 'हालावाद' का प्रवर्तन करनेवाली 'मधुशाला' में बच्चन का चिरपरिचित अंदाजेबयां मौजूद है। कवि-आलोचक डॉ. रामदरश मिश्र 'बच्चन' को छायावादोत्तर गीति कविता की धारा का सर्वोत्तम कवि ठहराते हुए कहते हैं कि इस धारा की समस्त सम्भावनाएँ और सीमाएँ बच्चन की कविता में हैं। वे आत्मानुभूति के कवि हैं इसलिए उनकी जिन कृतियों में आत्मानुभूति की सघनता है, वे अपने प्रभाव में तीव्र और मर्मस्पर्शी हैं। बच्चन ने निर्ममता से अपने

मुहावरे में तोड़फोड़ करने का साहस भी दिखलाया है 'निशा निमन्त्रण', 'एकान्त संगीत' और 'मिलन यामिनी' के गीत इस दृष्टि से गीतिकाव्य की उपलब्धियाँ हैं। यहाँ बच्चन की दार्शनिक अवधारणाएँ सहज अनुभूतियाँ बन गयी हैं। कवि ने स्वानुभूतिजन्य सुख-दुख, सौन्दर्य और प्रेम के उन्मुक्त गीत गाये हैं, किन्तु उनका स्वर यहीं तक सीमित नहीं है। कवि सामाजिक विसंगतियों का भी चित्रण करता है तथा उनके प्रति विद्रोह भी करता है।

'मधुशाला' धार्मिक-साम्प्रदायिक भेदभाव को दूर करने का कारक है। 'मधुशाला' में डूबा हुआ यह कवि सामाजिक विषमताओं से अनजान नहीं है। उसने एक ओर उद्दाम यौवन की लालसा को अपनाया है और दूसरी ओर उसी स्तर पर सामाजिक संवेदना को भी मुखर करने का प्रयास किया है। इसका परिणाम यह हुआ है कि कवि कठोर यथार्थ को पूरी तरह से ग्रहण नहीं कर पाया। जीवन की विषमताओं को एक सामान्य अनुभूति के स्तर पर सुलझाने का प्रयास उसने अवश्य किया है। भाषा की दृष्टि से भी बच्चन का महत्त्वपूर्ण योगदान है। सीधी और स्पष्ट अभिव्यक्ति का जो रूप भगवतीचरण वर्मा ने उत्तरछायावादी दौर में प्रस्तुत किया था; बच्चन ने उसे आगे बढ़ाया है। बच्चन ने अनेक काव्य-आन्दोलनों को अपने जीवन काल में उभरते और समाप्त होते देखा। उन्होंने अपने काव्य-मुहावरे में युगानुकूल परिवर्तन किया लेकिन वाद-विशेष के आग्रह-दुराग्रह में नहीं पड़े—'मैंने वादों में प्रभाव ग्रहण नहीं किया, ग्रहण किया है जीवनानुभूतियों से'—बच्चन के यह शब्द उनके वैचारिक पक्ष को स्पष्ट कर देते हैं।

'मधुबाला' और 'मधुकलश' के साथ 'मधुशाला' बच्चन की युवावस्था की रचना है। कवि बच्चन की इन आरम्भिक कविताओं में केवल संगीत, ध्वनि सौन्दर्य, प्रेम और मस्ती ही नहीं है, उनमें बेहतरीन काव्यत्व और सहज शिल्प के गुण भी देखने को मिलते हैं, मधुशाला की कुछ पंक्तियाँ देखिए—'सूर्य बने मधु का विक्रेता, सिंधु बने घटजल हाला/बादल बन बन आये साकी, भूमि बने मधु का प्याला/'—इन रचनाओं में एक ओर तो विराट् बिम्ब भू से नभ तक का देखने योग्य है और दूसरी तरफ़ सांगरूपक अलंकार है। इस तरह की अभिव्यंजना में बच्चन की काव्य-सामर्थ्य अच्छी तरह उभर कर आयी है।

अपने आसपास और अपने निजी सच को काव्य विषय बनाने वाले इस कवि ने मधुशाला को जीवन की जटिल विषमताओं को व्यक्त करने कर माध्यम बनाया है। 'मधुशाला' में मधु के निमित्त से जीवन की कटु-तिक्त अनुभवों से उबरकर जीवित रहने की राह बच्चन ने प्रदर्शित की है। घृणा के बदले प्रेम और

दुख में सुख तलाशना। यह जीवन दर्शन चारों ओर परेशानियों में घिरे व्यक्ति को जीवनी शक्ति प्रदान करता है।

बच्चन की अभिव्यंजना-प्रणाली, भाषा तथा छन्द-विधान में भी संप्रेषणीयता का अद्‌भुत गुण है। छायावाद की प्रतीकात्मक तथा लाक्षणिक चित्रमयी भाषा से कतई अलग 'बच्चन' की भाषा में प्रत्यक्षता और सरलता है। उनकी अभिव्यंजना शैली अभिधा प्रधान है। सीधे ढंग से सीधी बात कहना 'बच्चन' को विशेष प्रिय है। उनके गीतों में भावों को शब्दों के बोझ तले घुटना नहीं पड़ता। जीवन के कठोर सत्यों और उलझे हुए विचारों को अकृत्रिम ढंग से सरल शैली में कह देना 'बच्चन' की निजी विशेषता है। अभिव्यक्ति का खरापन, मुहावरेदानी तथा उक्ति का चमत्कार 'बच्चन' को उर्दू कविता से प्राप्त हुआ है।

रामधारी सिंह दिनकर

(23 सितम्बर 1908–24 अप्रैल 1974)

वीरकाव्य की ओजस्वी आवाज़

छायावादोत्तर काव्य-परम्परा में दिनकर की अलग से पहचाने जाने वाली उपस्थिति बड़ी दिलचस्प है। वह इस मायने में अपने समकालीनों से अलग हैं कि एक तरफ वह 'उर्वशी' सरीखा प्रबन्ध रचते हैं। जिसमें काम-अध्यात्म की जटिलताओं को समझने की कोशिश की गयी है। दूसरी तरफ़ 'परशुराम की प्रतीक्षा', 'कुरुक्षेत्र', 'रश्मिरथी' जैसे नये युद्ध-दर्शन को प्रस्तावित करने वाली रचनाएँ करते हैं। इनमें युद्ध के कारणों की पड़ताल करते हुए दिनकर कई बार युद्ध के समर्थन में खड़े नज़र आते हैं और नये प्रकार का आस्वाद सम्भव करते हैं। उन्हें आधुनिक युग का भूषण कहा जाता है। रीतिकालीन वीर रस के कवि भूषण की तरह उनके यहाँ भी युद्ध की सशक्त हुंकार सुनाई देती है। राष्ट्रीयता और मानवता विषयक अपने विचारों के कारण दिनकर को आलोचना और प्रशंसा दोनों मिली।

दिनकर को कभी क्रान्ति का ओजस्वी गायक माना गया और कभी अकुंठ प्रेम का महान कवि। पहली श्रेणी में 'कुरुक्षेत्र', 'परशुराम की प्रतीक्षा', 'हुंकार' और 'रेणुका' जैसे ग्रन्थ हैं तो दूसरी श्रेणी में 'उर्वशी' और 'रसवंती' जैसी कृतियाँ दिनकर के वैविध्यपूर्ण काव्य-व्यक्तित्व को निर्मित करती हैं।

दिनकर की प्रमुख रचनाएँ इस प्रकार हैं–

प्रबन्ध काव्य–'उर्वशी', 'कुरुक्षेत्र', 'प्रणभंग', 'रश्मिरथी', 'परशुराम की प्रतीक्षा'।

अन्य प्रबन्धात्मक काव्य–'बारदोली-विजय', 'धूप-छाँह', 'बापू', 'इतिहास के आँसू', 'मिर्च का मजा', 'नयी दिल्ली'।

मुक्तक काव्य–'रेणुका', 'हुंकार', 'रसवंती', 'इंद्रगीत', 'सामधेनु', 'धूप और धुआँ', 'नीम के पत्ते', 'सीपी और शंख', 'चक्रवाल', 'सुभाषित'।

इसके अतिरिक्त दिनकर ने भारतीय इतिहास और संस्कृति पर भी अनेक महत्त्वपूर्ण रचनाएँ सृजित की हैं। इस प्रकार की उनकी गद्य रचनाएँ हैं–'मिट्टी की ओर', 'अर्द्धनारीश्वर', 'भारतीय संस्कृति के चार अध्याय', 'शुद्ध कविता की खोज', 'रेती के फूल', 'उजली आग', 'काव्य की भूमिका', 'प्रसाद, पन्त और मैथिलीशरण गुप्त', 'लोकदेव नेहरू तथा हे राम' इत्यादि। 'संस्कृति के चार अध्याय' में दिनकर ने भारतीय संस्कृति का अत्यन्त विशद और विस्तृत विवेचन विश्लेषण किया है।

दिनकर का जन्म 23, सितम्बर 1908 ई. को बिहार प्रान्त के मुंगेर जिले के अन्तर्गत सिमरिया घाट नामक स्थान पर हुआ। उनकी मृत्यु 24 अप्रैल 1974 को हुई। उन्होंने बी.ए. ऑनर्स, पटना विश्वविद्यालय से किया। ग़रीब परिवार में जन्मे दिनकर ने अभावग्रस्त जीवन को बड़ी नज़दीक से देखा। जीवन की विषम परिस्थितियों ने उन्हें बचपन से ही भावुक और संवेदनशील बना दिया था। कविता के प्रति उनका विशेष झुकाव था। दिनकर, मैथिलीशरण गुप्त की रचनाओं से बहुत प्रभावित हुए और उनकी रचनाएँ उनकी प्रेरणास्रोत बनीं। वे गाँधी की विचारधारा से भी प्रभावित थे। हालाँकि गाँधी और गुप्त दोनों की वैचारिक प्रणाली से दिनकर दूर तक और देर तक असहमत भी रहे। सामाजिक विषमता, अन्धविश्वास तथा रूढ़िवादिता के विरुद्ध उनके मन में क्रान्ति की आग सुलग रही थी। वे परिवर्तन के पक्षधर थे और प्रगतिशीलता और नव-निर्माण के प्रति आग्रहशील थे। उनके काव्य में प्रेम और ओज का भाव समान रूप से है।

दिनकर ने कई बार विश्व-साहित्य सम्मेलनों में भाग लिया। वे राज्य सभा के मनोनीत सदस्य रहे और कुछ समय तक भागलपुर विश्वविद्यालय के कुलपति का पद भी उन्होंने सँभाला। सन् 1959 में उन्हें 'पद्‌भूषण' की उपाधि से सम्मानित किया गया। वे भारत सरकार की हिन्दी सलाहकार समिति के अध्यक्ष भी रहे। उन्हें 'उर्वशी' महाकाव्य पर ज्ञानपीठ पुरस्कार मिला। इस बहुचर्चित कृति में दिनकर ने काम और अध्यात्म का विवादी और परस्पर संवादी विमर्श प्रस्तुत किया है। उन्हें राष्ट्रीय जागरण और सांस्कृतिक उत्थान के कवि के रूप में प्रसिद्धि मिली है। मैथिलीशरण गुप्त के बाद दिनकर ने देशप्रेम की संवेदना को रागात्मक रचना में बदल दिया। वे इस विषय के आखिरी बड़े कवि थे। उनके बाद इस विषय को मंच के कथित कवियों ने हथिया लिया।

कालक्रम के अनुसार देखें तो दिनकर काव्य-लेखन की शुरुआत छायावादी रोमांटिक भाव-भूमि से करते हैं। लेकिन इसके समानान्तर ही उनके यहाँ सामाजिक-सांस्कृतिक संवेदना भी मिलती है। 'रेणुका', 'हुंकार' और 'रसवंती'

उनकी प्रारम्भिक अभ्यासमूलक दौर की रचनाएँ हैं। दिनकर की प्रौढ़ रचनाओं का काल 1930 से शरू होता है। यह वह समय है जब कवि की मानसिक कोमल दुनिया और बाहरी दुनिया की ठोस हकीकतों में टकराव दिखायी देता है। 'सामधेनु' और 'कुरूक्षेत्र' इस तथ्य का प्रमाण हैं कि कवि दुख और सुख, अनास्था और आस्था के बीच संघर्ष कर रहा है। 1946 में 'सामधेनु' के प्रकाशन के साथ ही यह कवि क्रान्ति का गायक बन गया। अशोक के जीवन को आधार बनाकर लिखी गयी उनकी 'कलिंग विजय' रचना में धीरे-धीरे क्रान्ति से शान्ति की ओर बढ़ने की गूँज सुनाई देने लगी।

दिनकर के रचनात्मक यश का प्रमुख आधार उनका 'कुरुक्षेत्र' है। इस रचना के केन्द्र में भी युद्ध विषयक समस्याएँ है। इस रचना का वैचारिक गठन अत्यन्त स्पष्ट है। कवि भाग्य और क्रान्ति पर अपना भरोसा जतलाता है। दिनकर के एक अन्य महत्त्वपूर्ण प्रबन्ध 'रश्मिरथी' में कर्ण का जीवन केन्द्र में है। सात सर्गों में बँटी यह रचना बताती है कि व्यक्ति का चरित्र, वर्ग, वर्ण या जाति के आधार पर निर्धारित नहीं करना चाहिए। 'परशुराम की प्रतीक्षा' 1963 में छपी और छपते ही चर्चित हो गयी। यह भी एक युद्ध-काव्य है। हिंसक शत्रु को हिंसा से ही परास्त किया जा सकता है क्योंकि वह अहिंसा की भाषा नहीं समझता। यही इस रचना की प्रमुख वैचारिक पहचान है। इस रचना में दिनकर प्रत्यक्ष-अप्रत्यक्ष रूप में नेहरू के पंचशील के सिद्धान्त और गाँधी के अहिंसावादी मत को युद्ध काल में शत्रु के सम्मुख, अपर्याप्त ठहराते हैं। दिनकर की एक अत्यन्त चर्चित रचना 'उर्वशी' है। इस रचना में प्रेम के अनेक सन्दर्भ मिलते हैं। कहा जा सकता है कि दिनकर का कृतित्व निरन्तर विकसित होता रहा है। वह अनेक सन्दर्भों में हिन्दी के अनिवार्य कवि हैं।

ऐतिहासिक दृष्टि से दिनकर राष्ट्रीय सांस्कृतिक काव्यधारा के नजदीक दिखायी देते हैं। माखनलाल चतुर्वेदी, बालकृष्ण शर्मा 'नवीन', भगवतीचरण वर्मा जैसे कवियों के साथ दिनकर ने इस धारा के केन्द्रीय विचार को अपनी कला का आधार बनाया है। जैसे कि पहले कहा दिनकर के यहाँ युद्ध का आक्रोश तो है ही दूसरा धरातल उनके यहाँ स्त्री-पुरुष सम्बन्ध है। 'उर्वशी' में वे काम जैसे गोपनीय विषय को आधुनिक प्रसंगों से परिभाषित करते हैं। हिन्दी कविता में ऐसा काव्य बहुत कम दिखायी देता है। वहाँ पर दिनकर काम के पक्ष में खड़े होकर उसे जीवन का मूलाधार सिद्ध करते हैं। दूसरी तरफ़ वह सशस्त्र युद्ध-दर्शन की पैरवी भी करते हैं। युद्ध-दर्शन काम-दर्शन के प्रतिपक्ष में अक्सर पूरक की तरह दिखायी देता है। ऐसा दिनकर के यहाँ भी हुआ है। वह युद्ध को मानवता बचाए

रखने के लिए अनिवार्य घोषित कर देते हैं। यह दिनकर की विशेषता है। इसके लिए कवि ने कई जोखिम उठाए हैं। उन्होंने गाँधीवादी अहिंसा-दर्शन का विरोध किया और उसे कायरता का दर्शन तक कह डाला। यही कारण है कि क्रान्ति, बलिदान, विद्रोह, संघर्ष इत्यादि पर उन्होंने ओजस्वी कविताएँ लिखी हैं। उनके यहाँ आलोचकों ने युद्ध के लिए तैयार एक लड़ाकू सैनिक की अग्नि और तेज को देखा है। वह देश-प्रेम के कवि हैं। उनका देश-प्रेम राष्ट्रीयतावाद में जाकर संकुचित नहीं होता। दिनकर की काव्य यात्रा यह साफ़ तौर पर दिखाती है कि उन्होंने देश की राजनैतिक, सामाजिक और सांस्कृतिक गलत समीक्षा का हमेशा विरोध किया है। अपनी पहली प्रकाशित रचना 'हुंकार' में ही वह अपनी प्रखर आवाज़ को सुनाने लगते हैं। उस समय के प्रसिद्ध निबन्धकार रामवृक्ष बेनीपुरी ने उनकी कविता में क्रान्तियुग का सम्पूर्ण प्रतिनिधित्व देखा और उन्हें अनल का किरीट धारण किये हुए कवि के रूप में पहचाना। दिनकर ने आज़ादी को एक मूल्य माना और उस मूल्य को बचाने के लिए सतर्क संघर्ष को अनिवार्य घोषित किया है। आज़ादी के बाद देश की स्थिति का दिनकर ने बड़ा ही सटीक चित्रण किया है–'काग़ज़ की आज़ादी मिलती/ले लो दो-दो आने में।'–उन्होंने आज़ादी के विरोध में प्रस्तुत हर विचार का विरोध किया है। 'हुंकार' में दिनकर ने दिल्ली पर इतना चुभता हुआ व्यंग्य किया है कि अगर दिल्ली भौतिक शरीर धारण किये हुए सचमुच का मनुष्य होती तो वह खुद को स्वयं ही मिटा देती। 'वैभव की दीवानी' दिल्ली के चारित्रिक क्षरण को लेकर दिनकर की पंक्तियाँ आग से भरी हुई हैं। दिल्ली के बहाने कवि उन लोगों को धिक्कार रहा है, जो साम्राज्यवादी ब्रिटिश विदेशियों के पक्ष में खड़े होकर आज़ादी का विरोध कर रहे हैं। यह देखना दिलचस्प होगा कि दिनकर ने जिस गहरी व्यंजना के साथ सतर्क प्रतीकात्मकता से युक्त होकर दिल्ली के बहाने किसी नगर का नहीं, दिल्लीवादी प्रवृत्ति का विरोध किया है। सवाल उठता है बाद के कवियों ने एक निर्मम राजधानी के रूप में जिस दिल्ली का विरोध किया उस के बीज क्या दिनकर की कविता में मौजूद हैं?

'भारत का यह रेशमी नगर' नामक कविता में दिनकर ने अपने दिल्ली प्रवास के अनुभव लिखे हैं। जब वह सत्ता के निकट थे और सम्भावित राष्ट्र कवि के अलावा भारत सरकार के हिन्दी सलाहकार थे। एक कवि के रूप में उन्होंने सत्ता–केन्द्र के रूप में दिल्ली की विशेषताओं का चित्रण करते हुए दिल्ली में सत्ता-मद में चूर, विलास में डूबे उच्च वर्ग की उस निरंकुशता और आत्ममुग्धता को दर्शाया है, जिसमें फँसकर वे सामान्य-जन की समस्याओं की अनदेखी करते हैं।

दिनकर ने कवि-कर्म और निहायत निजी अनुभूतियों की कविताएँ भी लिखी

हैं। ऐसी ही एक मार्मिक मुक्तक 'कमरा खाली है' कविता में दिनकर काव्यानुभूति की रिक्तता को अभिव्यक्त करते हैं। यह कमरा कवि का हृदय है। जिसमें प्रकाश है, लेकिन वह खाली है। हृदय में प्रेम की अनुभूति है लेकिन वह प्रकट नहीं हो रही है। 'हार' कविता में कवि का स्वर नियतिवादी लगता है। जीवन संग्राम में थके हुए आदमी का अनुभव इस कविता में व्यक्त हुआ है। इस कविता में घनघोर निराशा है। 'बच्चे' कविता में जीवन की मुक्तता को कवि प्रस्तुत करता है। मनुष्य ने बौद्धिक जटिलता के कारण अपनी सहजता को खो दिया है। उसने अपने स्वप्नों को भुला दिया है। ऐसे कठिन क्षण में कवि बच्चे की सहजता और उन्मुक्तता को प्राप्त करना चाहता है।

'चाँद और कवि' नामक कविता दिनकर की अद्भुत काव्य-दक्षता का उदाहरण है। इसमें नवोन्मेषशालिनी प्रतिभा और कल्पना को हकीकत में साकार करने की मनुष्य की सामर्थ्य-गाथा गायी है। मनुष्य इसलिए अजेय बना हुआ है और निरन्तर ऊपर-ही-ऊपर उठता जा रहा है। प्रकृति और इतिहास पर अपनी जीत दर्ज कर रहा है।

कल्पना और यथार्थ का सन्तुलन दिनकर के यहाँ मिलता है। 'चाँद और कवि' से ठीक उलट 'परदेशी' कविता में कवि इस भौतिक जीवन की असारता, अतृप्ति और सुख में छुपे दुख के अन्तर्विरोध की ओर इशारा कर रहा है। यह मायावी संसार मोहक लेकिन अनित्य और नश्वर है, इसलिए इसी को जीवन का उद्देश्य मानना ठीक नहीं। दरअसल मानव स्वयं इस विश्व में एक परदेशी की तरह आया है। उसका गन्तव्य कोई और है।

महाभारत की कथा पर आधारित और द्वितीय विश्वयुद्ध की पृष्ठभूमि पर लिखा गया 'कुरुक्षेत्र' 'दिनकर' का अत्यन्त प्रसिद्ध प्रबन्ध काव्य है। इस रचना में दिनकर ने स्थायी शान्ति के लिए युद्ध की अनिवार्यता को रेखांकित किया है। कुरुक्षेत्र मात्र कौरव-पाण्डव के मध्य होने वाला युद्ध न होकर सम्पूर्ण भारतीय गणराज्यों की बहुत दिनों से चली आ रही पारस्परिक वैर-भावना का एक महा-विस्फोट था। इसमें दिनकर ने गाँधी के अहिंसा एवं क्षमा के सिद्धान्त का खण्डन करते हुए लिखा है—'क्षमा शोभती उस भुजंग को जिसके पास गरल हो। /उसका क्या जो दन्तहीन, विषहीन, विनीत, सरल हो।'—दिनकर का दूसरा महत्त्वपूर्ण प्रबन्ध काव्य 'रश्मिरथी' महाभारत के दानवीर कर्ण के चरित्र पर आधारित है। 'दिनकर' ने 'कुरुक्षेत्र' में भी कर्ण के चरित्र को उभारने का प्रयास किया है, लेकिन उससे सन्तुष्ट न होकर अलग से कर्ण को नायक बनाकर उन्हें 'रश्मिरथी' की रचना आवश्यक लगी। इस सम्बन्ध में 'दिनकर' ने स्वयं लिखा है

कि 'कर्ण-चरित्र का उद्धार' एक तरह से नयी मानवता की स्थापना का ही प्रयास है। सूत-पुत्र कर्ण के चरित्र द्वारा कवि ने समाज द्वारा प्रताड़ित शूद्रों और दलितों के बीच नयी चेतना जगाते हुए उन्हें अपने अधिकारों के प्रति सजग किया है। यहाँ कवि ने शौर्य, उदारता आदि गुणों से सम्पन्न कर्ण को कथित कुलीन और संभ्रान्त लोगों से अधिक श्रेष्ठ सिद्ध किया है।

'उर्वशी' 'दिनकर' का कामाध्यात्म सम्बन्धी महत्त्वाकांक्षी महाकाव्य है। जिसमें प्रेम या काम भाव को आध्यात्मिक भूमि पर प्रतिष्ठित करने का प्रयास किया गया है। इसकी विषय-वस्तु इन्द्रलोक की अप्सरा उर्वशी और भूलोक के राजा पुरुरवा की प्रेम-कथा पर आधारित है। हिन्दी आलोचकों के मध्य इस रचना को लेकर पक्ष और विपक्ष में पर्याप्त चर्चा हुई है। 'कल्पना' पत्रिका ने इस रचना पर बाकायदा एक विशेषांक निकाला, जिसका ऐतिहासिक महत्त्व आज भी बरकरार है।

'उर्वशी' काव्य में प्रेम की उदात्त भूमि की खोज की गयी है। मनुष्य के जीवन का लक्ष्य काम-उदात्तता को प्राप्त कर पशुता से अलग होता है। इस उदात्त भाव का अनुभव इन्द्रिय-भोग से प्राप्त नहीं होता है। 'यह अनुभूति एक प्रकार से आध्यात्मिक घटना है। सिद्ध साहित्य की शब्दावली में इसे समाधि की दशा कहा गया है। जैसा कि कवि ने भूमिका में लिखा है नारी नर को छूकर तृप्त नहीं होती, न नर नारी के आलिंगन में सन्तोष पाता है। कोई शक्ति है जो नारी को नर तथा नर को नारी से अलग रहने नहीं देती और जब वे मिल जाते हैं, तब भी उसके भीतर किसी ऐसी तृषा का संचार करती है, जिसकी तृप्ति शरीर के धरातल पर अनुपलब्ध है।' दरअसल 'उर्वशी' काव्य में जीवन की स्वीकृति है। यहाँ मांसलता और सूक्ष्मता को देवताओं की वायवीयता से अधिक महत्त्व दिया गया है। कवि लौकिक आनन्द को इस काव्य में प्रतिष्ठित करना चाहता है। 'हारे को हरिनाम' 'दिनकर' की अन्तिम काव्य रचना है, जिसमें राष्ट्रीय और अन्तर्राष्ट्रीय विषम परिस्थितियों को देखते हुए अवसाद और निराशा के भाव से खिन्न होकर कवि ने आध्यात्मिकता की शरण में जाने का संकेत किया है। 'हारे को हरिनाम' काव्य में लौकिक जीवन की आकांक्षाओं के अपूर्ण रह जाने की कुण्ठा है। आधुनिक जीवन की संवेदनहीनता और बौद्धिक जटिलता के बीच टूटते मानवीय रिश्ते की पहचान को कवि व्यक्त करता है। इस काव्य में हार का ही अनुभव नहीं है, बल्कि जीवन संग्राम की वास्तविकता भी अभिव्यक्त हुई है।

दिनकर ने आज़ादी के पक्ष में जिस गौरवगाथा को गाया है। उसका बेहतरीन रूप 'कुरुक्षेत्र' और 'परशुराम की प्रतीक्षा' में दिखा है। 'कुरुक्षेत्र' में वह युद्ध को सार्वभौमिक समस्या मानते हैं। वही 'परशुराम की प्रतीक्षा' में वह चीन द्वारा

थोपे गये युद्ध का विरोध युद्ध से ही करना चाहते हैं। 1962 में उन्होंने नेहरू द्वारा प्रतिपादित पंचशील के सिद्धान्त को अपर्याप्त ही नहीं निरर्थक भी बताया था और कहा था—'चीनी है दुश्मन, सबके लिए काल है' यानी उन्होंने बढ़ते हुए साम्राज्यवाद को पहचान लिया था जबकि देश को चलाने वाले इस कुटिलता को नहीं समझ रहे थे। वे चीनियों की चाल 'हिन्दी चीनी भाई-भाई' के बहकावे में आ रहे थे। यह दिनकर ही थे, जो इस खतरे से सावधान कर रहे थे और सभी के साथ-साथ वह जनता को भी झकझोर रहे थे। जनता आलसी और कर्महीन हो गयी थी। जबकि उसके लिए युद्ध के मोर्चे खेतों में, खलिहानों में, बैठकों में, बाज़ारों में यानी सभी जगह खुले हुए थे। दिनकर ने इसे पहचानकर, अग्रिम चेतावनी दी। 'परशुराम की प्रतीक्षा' की रचना 'दिनकर' ने युद्ध की पृष्ठभूमि पर की है। कवि मानता है कि शत्रु को उसकी भाषा में ही उत्तर देना चाहिए। इसमें कवि ने राष्ट्रीय गौरव की रक्षा के लिए भारतीय जनता के शौर्यभाव को जगाने के लिए अत्यन्त ओजभाव से युक्त वाणी का प्रयोग किया है। 'परशुराम की प्रतीक्षा' इस धरातल पर ऐसे युद्ध-दर्शन को व्यक्त करता है, जिसमें युद्ध को कई रूपों में देखा गया है। और इस कविता में एक प्रत्यक्ष सन्देश यह छुपा हुआ है कि युद्ध केवल सैनिक ही नहीं लड़ते बल्कि वक़्त आने पर सभी को अपने-अपने मोर्चे सँभालने पड़ते हैं। यह युद्ध ही है जो सकारात्मक आमूलचूल परिवर्तन को मुमकिन करता है। इसलिए युद्ध एक मूल्य भी बन जाता है। दिनकर का युद्ध-दर्शन इसी विश्वास पर खड़ा हुआ है।

दिनकर ने 'परशुराम की प्रतीक्षा' में परशुराम के चरित्र को ऐसे प्रतीक में ढाल दिया है जो अपने प्रतीकार्थ को नये सन्दर्भ में व्यक्त करते हैं। यह परशुराम अहिंसा, अक्रोध और विनय को विजयी का सिद्धान्त मानने से इनकार करते हैं। उनके अनुसार जब आक्रांता आप के ऊपर आक्रमण कर रहा हो, ऐसे में उसके सामने हिंसा और करुणा की बात करना व्यर्थ है और यह भी एक प्रकार का पाप है। दिलचस्प तथ्य यह है कि चीन ने उत्तर-पूर्वी सीमा पर स्थित नेफा में आक्रमण किया और एक बड़े भू-भाग पर जबरन कब्जा कर लिया। परशुराम का सम्बन्ध भी इस क्षेत्र से माना जाता है। सवाल उठता है कि रामधारी सिंह 'दिनकर' ने चीनी आक्रमण का विरोध करने के लिए परशुराम का प्रतीक ही क्यों चुना? दरअसल हिन्दू वर्णवादी व्यवस्था की दृष्टि से परशुराम ब्राह्मण थे। लेकिन माना जाता है कि क्षत्रिय वर्ग के निरन्तर अत्याचारों से त्रस्त होकर उन्होंने अध्ययन-मनन का शान्ति-मार्ग छोड़कर अन्याय से सीधा टकराने के लिए हथियार उठाकर युद्ध का रास्ता अपना लिया। यानी इस चरित्र में ऐसी अर्थ-सम्भावनाएँ

हैं जो बताती हैं कि ज़रूरत पड़ने पर व्यक्ति को अपने कर्त्तव्य के अनुसार कर्म करने चाहिए। परशुराम में दिनकर ने यही सम्भावनाएँ देखी हैं। वह सैनिक के माध्यम से इस पक्ष को कई बार कहते हैं।

दिनकर परशुराम को एक ऐसे सैनिक में बदल देते हैं जो अपनी आन्तरिक ताकत पहचान कर सागर की गहराई माप लेता है। जिसके चाहने भर से धरा रसातल में धँस जायेगी। जिसके इशारों पर तूफान ठहर जायेंगे और वह जहाँ चाहेगा वहीं बादल घिर जायेंगे। दरअसल उसके यहाँ वक़्त पड़ने पर मर-मिटने का संकल्प है। दृढ़ निश्चय और आत्मविश्वास से भरे इस चरित्र में दिनकर ने नये-नये अर्थ-प्रसंग नियोजित किये हैं। परशुराम के माध्यम से दिनकर ने दिखाया है कि अन्यायी से लड़ना ही सही रास्ता है। दूसरा रास्ता एक ऐसा विकल्प है जो व्यक्ति को गुलाम बना देता है! दिनकर ने वीर जाति उसे ही कहा है जो अपनी स्वाधीनता को बचाकर रखती है। वह सिर देकर भी अपनी आन बनाए रखती है। आकाश भले फट जाय लेकिन वह अन्याय के सामने झुकने से इनकार कर देती है।

इस रचना की केन्द्रीय संवेदना 1962 में चीन के हाथों मिली पराजय से उपजे गुस्से से निर्मित हुई है। दिनकर बार-बार यह कहते रहे कि चीनी नीति-रीतियों पर भरोसा नहीं करना चाहिए। देश के कर्णधारों ने यही गलती की और सामरिक दृष्टि से अत्यन्त अहम एक बड़ा भूभाग गँवाने का खमियाजा भारत को भुगतना पड़ा। यह रचना भारतवासियों की हार को जीत बनाने के लिए लड़ने की प्रेरणा देती है। वह इस तथ्य को भी रेखांकित करते हैं कि भारत गुलाम इसलिए हुआ कि हम जाति-पाँति, धर्म-सम्प्रदाय के भेदभाव में पड़कर आपस में छोटी क्षुद्र लड़ाइयाँ लड़ते हैं लेकिन जब बड़ा शत्रु सामने आता है तब तप और वैराग्य की बातें करते हैं। कवि के अनुसार जब तक ऐसा होगा 'दुर्बल का ही दुर्बल यह देश रहेगा' लेकिन कवि नये सवेरे को भी देख रहा है।

वह सड़े हुए पत्ते को भेदकर उभरती हुई कोंपलें देख रहा था। इतना ही नहीं उन्होंने बलिदान और त्याग से कमाई हुई आज़ादी का दुरुपयोग भी होते देखा है। कुलीन वर्ग अराजक होकर भ्रष्टाचार और अन्य समस्याओं को आगे बढ़ाता है। यही कारण है कि भारत ने बार-बार भारी आक्रमण झेले। उसे बँटवारे का विष पीना पड़ा। इस सब से छुटकारा पाने की राह जब कवि को वर्तमान में नहीं मिलती तो वह स्वर्णिम अतीत की शरण लेता है। वह चाणक्य, चन्द्रगुप्त, विक्रमादित्य, प्रताप, गुरु गोविन्द सिंह, शिवाजी, लक्ष्मीबाई इत्यादि को याद करता है। वह फिर से खुद को बलिदान करने की भावना जनमानस में भरना

चाहता है। वह अपना हित साधने वाले नेताओं से भी सावधान रहने की सलाह देते हैं और सबसे तीखे स्वर में उन्हें फटकारते हैं जो आज़ादी के लिए लड़ने की बजाय अहिंसा का उपदेश देते हैं—'गीता में जो त्रिपिटक-निकाय पढ़ते हैं,/ तलवार गला कर जो तकली गढ़ते हैं,/शीतल करते हैं अनल प्रबुद्ध प्रजा का,/ शेरों को सिखलाते हैं धर्म अजा का/'—यानी ऐसे वक़्त में कवि अहिंसा को सिरे से नकार देता है। वह यह सिद्ध करता है कि युद्ध-काल में तलवार ही श्रेष्ठ है क्योंकि अन्यायी को रास्ते पर लाने के लिए अहिंसा का उपदेश अपर्याप्त है। अन्यायी केवल तलवार की भाषा समझता है। दिनकर स्वतन्त्रता की लगन को जाति का भीतरी गुण मानते हैं, और वहाँ गुलामी को देखते हैं जहाँ जीवन निष्क्रिय खड़ा रहता है। ऐसे में अहिंसा के साथ अन्य मानवीय मूल्य भी शाप बन जाते हैं। वक़्त पड़ने पर युद्ध पूज्य है। दिनकर के अनुसार 'गाँधी की रक्षा करने को गाँधी भागे' यानि गाँधी-दर्शन एक महान दर्शन है। लेकिन जब अपने स्वार्थ के लिए नेता इसका इस्तेमाल करते है तो गाँधी के वास्तविक अर्थ लुप्त हो जाते हैं। आज़ादी की इच्छा मनुष्य की नैसर्गिक आदत है। आज़ाद होना एक वरदान है और आज़ादी पाने और बरकरार रखने के लिए संघर्ष करना पड़ता है। निवृत्तिमूलक दर्शन मनुष्य को अहिंसा पर चलने का उपदेश देते हैं। जबकि वक़्त पड़ने पर यह ऐसा शाप बन जाता है, जिससे एक व्यक्ति या जाति नहीं समूची मानवता गुलाम बन जाती है। इसलिए वीरता मूल्य है—'स्वर में पावक यदि वृद्ध बन्धन है/वीरता नहीं तो सभी विनय कुधन है/' दिनकर के शब्दों में 'दानवी रक्त से सभी पाप धुलते हैं/ऊँची मनुष्यता के पथ भी खुलते हैं/' ऊँची मनुष्यता वही है जो गुलामी की जंजीरों को काट सके! जबकि स्वतन्त्रता को बचाए रखना एक बड़ा संघर्ष है—'स्वातन्त्र्य समस्या नहीं आज या कल की,/ जागृति तीव्र वह घड़ी-घड़ी, पल-पल की। /पहरे पर चारों ओर सतर्क लगो रे!/ धर धनुष-बाण उद्यत दिन-रात जगो रे!' —यानी स्वतन्त्रकामी जातियाँ ही सम्मान के साथ जी सकती है—'क्रान्ति धात्री कविते! जाग उठ, आडम्बर में आग लगा दे/ पतन-पाप पाखण्ड जलें जग में, ऐसी ज्वाला सुलगा दे।'—स्वतन्त्रता सतत क्रान्ति है। इसके लिए लगातार संघर्ष करना पड़ता है।

'परशुराम की प्रतीक्षा' विषयवस्तु की दृष्टि से एक अलग तेवर की कविता है। यह प्रबन्ध-काव्य का आभास देती हुई एक ऐसी लम्बी कविता है जो विशिष्ट कथा-प्रसंगों को उठाती है। नाटकीय शैली में लिखी यह रचना एक स्पष्ट विचार को कई विचारों में संश्लेषित करते हुए उद्‌बोधन गीत में बदल जाती है।

कवि की शब्दावली विषय के अनुरूप है। वह पात्र और स्थल के अनुसार

बदलती रहती है। यह छोटी सी रचना एक विशिष्ट प्रकार का युद्ध-दर्शन प्रस्तुत करती है। हमारे समय के एक महत्त्वपूर्ण कवि के युद्ध-सम्बन्धी नजरिए को प्रस्तुत करने वाली 'परशुराम की प्रतीक्षा' एक ऐसा युद्ध-काव्य है जिसमें अनेक सामाजिक विमर्श छिपे हुए हैं।

दिनकर को लम्बी कविता के रूप में निराला की 'राम की शक्ति पूजा', पन्त की 'परिवर्तन' और प्रसाद की 'प्रलय की छाया' जैसी लम्बी कविताएँ प्राप्त हुईं लेकिन लगभग 30 पृष्ठों में फैली दिनकर की 'परशुराम की प्रतीक्षा' लम्बी कविता के इन पूर्व प्रारूपों से बिल्कुल अलग है। मुक्तक काव्य-विधान वाली इस कविता में एक कथात्मक पार्श्व और स्पष्ट कथानक भी है। लेकिन यह शास्त्रीय अर्थों में प्रबन्ध काव्य न होकर अपनी तरह की एक लम्बी कविता है।

दिनकर ने इस रचना को पाँच खण्डों में बाँटा है। यह खण्ड विभाजन लम्बी कविता का विशिष्ट प्रबन्धात्मक ढाँचा है और अनेक कवियों ने इसका इस्तेमाल किया है। शुरुआत में कवि घायल सैनिकों से पूछता है कि चीनी आक्रमण से जो हार मिली है वह एक भयानक पाप की तरह है, पूरे तथा देश को रसातल में डुबाने वाले कौन से तत्व हैं? प्रश्न-उत्तरात्मक शैली में वाचक सैनिकों को बताता है कि देश के राजनीतिज्ञ, उनकी कथित धर्म-निरपेक्ष नीति, अहिंसा, विनय, शान्तिधर्म की शिक्षा देकर लोगों को कायर बनाने वाले पाखण्डी उपदेशक इसके प्रमुख घटक हैं जबकि युद्ध-काल में आक्रांता को शान्ति का पाठ नहीं पढ़ाया जा सकता। उसे उसी की भाषा में जवाब देना होता है। अगर ऐसा किया जाता तो इस पराजय से देश बच सकता था। क्योंकि गीता की बजाय त्रिपटिक-निकाय पढ़ना, तलवार गलाकर तकली गढ़ना, और शेरों को बकरी का धर्म सिखाना कोई धर्म नहीं है। यहाँ दिनकर के विचार अत्यन्त स्पष्ट और तीखे हैं।

'परशुराम की प्रतीक्षा' में दिनकर भारतीय जनता पर थोपे हुए युद्ध से उत्पन्न-विनाश का ज़िम्मेदार उन शासकों को मानते हैं जो अपने देश के प्रति ही अन्यायी हो जाते हैं। रचना के दूसरे खण्ड में दिनकर यह महत्त्वपूर्ण प्रश्न उठाते हैं कि भारतीय मनीषा शारीरिक शक्ति को पाप की संज्ञा क्यों देती है? क्योंकि जो शारीरिक दृष्टि से अपनी और देश की रक्षा नहीं कर सकता है असली पापी वही है। कवि की दृष्टि में शक्ति का उपयोग कर व्यक्ति को सुरक्षित और आत्मगौरव से परिपूर्ण रहना चाहिए। वही वास्तविक अर्थ में पुरुषार्थ है।

'परशुराम की प्रतीक्षा' के तीसरे खण्ड में कवि, सैनिक से फिर पूछता है कि उसने हथियार क्यों उठाए हुए हैं? इसका जवाब देते हुए सैनिक कहता है कि अस्त्रों के माध्यम से वह दुश्मनों को सबक सिखाता है। इसलिए अस्त्र धारण

नितान्त आवश्यक है। यहाँ दिनकर भारतीय अतीत का गौरव गान करते हुए शहीदों और नीति-निर्माताओं को याद करते हैं। इस प्रक्रिया में वह एक मत यह स्थापित करते हैं कि आध्यात्मिक क्षेत्रों में श्रेष्ठ गुरु-पद प्राप्त कर चुका भारत सामाजिक शक्ति के क्षेत्र में भी ऐसी उपलब्धि अर्जित कर लेगा, तब दुर्दान्त शत्रु भी भारतवासियों की चेतना को पराजित और अपमानित नहीं कर पायेगा। उसकी दृष्टि में भारत का पाप, नकली अहिंसा और वैराग्य है। इसलिए वह चिन्तकों को चेतना की तलवार गढ़ने और बन्दूकों पर आलोक मढ़ने का आह्वाहन करते हैं—'हैं जहाँ कहीं भी तेज हमें जाना है/रण में समग्र भारत को ही ले जाना है।'

रचना के चौथे खण्ड में कवि वीर सैनिक के बहाने अपनी इस आस्था को व्यक्त करता है कि नेफा की भूमि पर गिरी भारतीय वीरों की खून की बूँद देश की उन्नति की नवीन उषा की लाली बनकर चमकेगी। अपने बाहुबल को देश पहचान रहा है। शिव का तीसरा नेत्र खुल रहा है और सम्पूर्ण मुक्ति के लिए नये परशुराम का जन्म हो चुका है। उनके एक हाथ में परश और एक में कुश है। वही नये भारत का भाग्य-पुरुष है। यानी दिनकर द्वारा परिकल्पित परशुराम ओजस्वी और तेजस्वी वीर दृष्टि है।

कविता के अन्तिम खण्ड में इसी कथा भूमि का विस्तार किया गया है। यहाँ पर कवि शान्ति, अहिंसा, त्याग, वैराग्य को व्यर्थ मानता है। उसकी दृष्टि में युद्ध ही प्रतिरक्षा का उपाय है। इस कविता में दिनकर रीतिकालीन वीर रस के कवि भूषण से अलग नयी वीररसात्मक कविता प्रस्तुत करते हैं। ओजस्वी शैली में कवि शक्ति का आवाहन करता है ताकि सोए हुए लोग जागें। इस काव्य-संकलन में लगभग नौ अन्य कविताएँ भी हैं लेकिन वह भी 'परशुराम की प्रतीक्षा' के केन्द्रीय भाव को ही पुष्ट करती हैं।

दिनकर का काव्य व्यक्तित्व विरोधी लगते भावों से बना है। यह उनका निजी स्वभाव है। जिसमें हृदय और मस्तिष्क का घालमेल दिखायी देता है। इसे हम यह भी कह सकते हैं कि स्वभावगत कोमलता और पौरुषता उनके कवि के मिजाज को तय करने वाली पहचान है। दरअसल दिनकर अपने समय के सबसे बेचैन कवियों में से हैं। 'संस्कृति के चार अध्याय' लिखने वाले यह कवि जहाँ एक तरफ़ 'रेणुका', 'रसवंती', 'हुंकार', 'द्वन्द्वगीत', 'सामधेनु', 'धूप और धुआँ', 'इतिहास के आँसू', 'नील कुसुम', और 'परशुराम की प्रतीक्षा' जैसी अलग तेवर वाली मुक्तक कविताएँ लिखता है तो दूसरी तरफ़ 'रश्मिरथी', 'कुरुक्षेत्र' और 'उर्वशी' सरीखे विशिष्ट प्रबन्धकाव्य लिखकर अपने समय और समाज की पड़ताल करता है। आवेग और आवेश हिन्दी कविता में रीतिकालीन कवि भूषण के बाद

दिनकर के वहाँ दिखायी देता है। लेकिन खास बात यह है कि उनका गुस्सा भारतीय जनता के साथ हो रहे अन्याय के खिलाफ़ उठी आवाज़ है। बेशक यह राष्ट्रीयतावादी रवैया भी लगता है। उसमें राजनीतिक प्रतिक्रियावाद नहीं है। वह एक कवि की स्पष्ट प्रतिबद्धता है। 'कुरुक्षेत्र' में यह प्रतिबद्धता देश के गौरवशाली अतीत के गुण गायन और भविष्य के लिए नयी राह तलाशने की छटपटाहट में व्यक्त हुआ है। कवि गुस्से से काँप रहा है। क्योंकि देश का वर्तमान ही ऐसा है। कवि देखता है कि बच्चे कब्रों में पड़े हुए दूध के लिए विलाप करते हैं और दूसरी तरफ़ एक कुलीन वर्ग है जो दूध से कुत्तों को नहला रहा है। इतना ही नहीं दिनकर ने अपने स्वार्थ के लिए गाँधी का चालाकी भरा इस्तेमाल करने वालों की खूब खबर ली है। यानी कवि ने अपने रुझान और निर्णय कहीं भी छिपाए नहीं है। 'उर्वशी' में भी उन्होंने सृष्टि के उन्नयन के लिए अंकुठ और स्वच्छन्द प्रेम की वकालत की है। वहाँ स्त्री-पुरुष के सम्बन्धों को आध्यात्मिक ऊँचाइयों तक दिनकर ले गये हैं। 'परशुराम की प्रतीक्षा' एक आख्यानपरक अपेक्षाकृत लम्बी रचना है। परशुराम इस रचना में केवल मिथकीय आवरण में नहीं रहते बल्कि वह वर्तमान को भी परिभाषित करते हैं।

दिनकर छायावाद के बाद हिन्दी कविता को आगे बढ़ाने वाले कवियों में अग्रगण्य हैं। उन्हें आदिकालीन चन्दबरदाई और रीतिकालीन भूषण की परम्परा का ऐसा कवि माना जाता है जिसके यहाँ 'हुंकार' की गूँज है, और 'कुरुक्षेत्र' की उपस्थिति भी है। इसके साथ ही उनके यहाँ 'परशुराम की प्रतीक्षा' है तो 'उर्वशी' का काम-अध्यात्म भी मौजूद है।

'उर्वशी' उनके बुनियादी काव्य-स्वभाव का विपर्यय लगती है। 'उर्वशी' की रचना नाटकीय शैली में हुई है। इसमें नाटक की तरह स्थान और दृश्य का संयोजन है। सूत्रधार मंच पर आकर नाटक आरम्भ होने का आभास देता है। अभिव्यक्ति-प्रणाली भावों की गहराई और अनुभूति की सघनता से उपजी है। संवाद गीतात्मक हैं। सघन भावों को व्यक्त करने में कवि की छन्द-योजना समर्थ है। भाव कहीं छन्द में हैं और कहीं छन्द को तोड़कर मुक्त हो जाते हैं। यह रोमांटिक भाव चाक्षुष, स्पर्श और घ्राण यानि लगभग सभी प्रकार के ऐन्द्रिक बिम्बों में प्रकट हुए हैं। शृंगारिक अनुभूति ने भाषा को कोमल और मधुर रूप दिया है। सूक्ष्म भावनाओं को तत्सम शब्दों के माध्यम से उपस्थित किया गया है। वासना की मांसलता और प्रेम की सूक्ष्मता को एक साथ पिरो दिया गया है। 'हारे को हरिनाम' की कविताओं में लयात्मक अभिव्यक्ति नहीं है। बहुत ही चिर परिचित और दैनिक जीवन की अनुभूतियों से कवि ने कविता रची है।

'कमरा खाली है' में एक घर का बिम्ब है। इसी प्रकार 'हार' और 'बच्चे' शीर्षक कविताओं में कवि की पीड़ा और घुटन व्यक्ति हुई है।

संरचना-शिल्प की दृष्टि से दिनकर की कविताएँ अत्यन्त सहज और स्वाभाविक हैं। इनकी भाषा में ओज, माधुर्य और प्रसाद–भाषा के तीनों गुणों का भावानुकूल समुचित समावेश तत्सम-बहुल भाषा में हुआ है। इन तीनों गुणों का समावेश हिन्दी भाषा के किसी अन्य कवि में दुर्लभ है। प्रबन्ध और मुक्तक दोनों ही शैलियों का दिनकर ने सफलतापूर्वक निर्वाह किया है। इनकी प्रबन्धात्मक रचनाओं के साथ ही मुक्तक कविताएँ भी वर्णनात्मक हैं। लेकिन वर्णनात्मकता को सरस बनाने के लिए नीरस विवरण मात्र न देकर कवि ने अपनी प्रभावोत्पादक कथन प्रणाली द्वारा कथ्य को आकर्षक बनाने का सार्थक प्रयास किया है।

दिनकर ने अपनी कविता को रूढ़ प्रतीकों और मिथकों से बचाने का प्रयास किया है। लेकिन 'उर्वशी' महाकाव्य में उन्होंने नयी कविता के शिल्प में प्रतीकों, बिम्बों, और रूपकों का अत्यन्त कुशलता से उपयोग किया है। दिनकर ने अधिकतर प्रचलित और तुकान्त छन्दों का ही प्रयोग किया है। लेकिन कभी-कभार अतुकान्त और मुक्त छन्द के प्रयोग की ओर भी इनकी रुचि दिखायी देती है। युग-चारण और लोकप्रिय जनकवि की अपेक्षाओं के अनुरूप दिनकर की कविताओं का संरचना शिल्प अत्यन्त सहज और आकर्षक है। यह रचनाकार अपने रचना शिल्प में भी अनूठा है। उनकी भाषा में गलत के प्रति तीव्र आवेश है तो सही के प्रति मधुरता भी है। इस दृष्टि से हिन्दी में दिनकर एक विरल उपस्थिति है। उन्होंने मुक्तक और प्रबन्ध दोनों शैलियों में रचना की है। हिन्दी कविता में वर्णन प्रधान कथन प्रणाली को नया शिल्प दिया है। प्रतीक और मिथकों से बचने वाले इस रचनाकार ने प्रतीक, मिथक, बिम्ब, और रूपक नयी कविता के साँचे में नये तरीके से रखे हैं। उन्होंने परम्परित छन्द विधान को अपने हिसाब से तोड़ते हुए तुकान्त और अतुकान्त दोनों को अपनी शिल्प प्रविधि में शामिल किया है।

रामेश्वर शुक्ल 'अंचल'

(1 मई 1919–13 अक्टूबर 1995)

सांस्कृतिक जड़ता का विरोध

रामेश्वर शुक्ल 'अंचल' की सुदीर्घ साहित्य यात्रा एक सृजनात्मक जीवन के अनथक नैरन्तर्य संग्राम को रेखांकित करती है। अंचल उन कलमजीवियों में से थे जिनके लिए कविता लिखना साँस लेने जैसा था। वे नवछांदसिक कविता में नया जोड़ने वाले विशिष्ट व्यक्तियों में शुमार किये जाते हैं। उनके शब्दों में व्यक्ति ही नहीं समाज भी था। 'अंचल' के शब्दों में, 'कविता सामाजिक शक्तियों की अभिव्यक्ति और कवि के सामाजिक अनुभवों की स्वतन्त्र वर्णना है। साहित्य मनुष्य और उसकी परिस्थितियों या वातावरण के पारस्परिक संग्राम का व्यक्तीकरण है।' ज़ाहिर है साहित्य सृजन 'अंचल' के लिए अनिवार्य रचनात्मक उपक्रम था।

एक मई उन्नीस सौ उन्नीस को किशनपुर, जिला फतेहपुर (उत्तर प्रदेश) में जन्मे रामेश्वर शुक्ल 'अंचल' लगातार लिखने-पढ़ने वाले कवि थे। 1935 में बी.ए, 1942 में एम.ए. करने के बाद वह रॉबर्टसन कॉलेज जबलपुर में लेक्चरर नियुक्त हुए। वहीं रीडर, प्रोफेसर और अध्यक्ष भी रहे। अंचल केवल प्राध्यापक ही नहीं, एक रचनाशील व्यक्तित्व के रूप में भी लोकप्रिय थे।

छायावादी दौर में ही वह कविता करना प्रारम्भ कर चुके थे लेकिन उनकी वास्तविक पहचान उत्तर छायावादी प्रतिबद्ध छांदसिक कवि के रूप में स्थापित हुई। 'अंचल', नरेन्द्र शर्मा, शिवमंगल सिंह सुमन, हरिवंशराय बच्चन की तरह छायावाद और छायावादोत्तर युग के संक्रमणशील दौर के कवि थे। ये कवि कविता की नयी ज़मीन को तैयार करने वाले स्वच्छन्दतावादी कवि थे। इनके यहाँ प्रेम था तो उसके विषाद से उपजा आत्मविनाश भी था। यौवन की मस्ती थी तो ग़रीब जीवन के अभाव भी इनमें थे। 'अंचल' बच्चन, नरेन्द्र शर्मा, सुमन जैसे कवियों और छायावादी बोध से गहरे आविष्ट थे, पर प्रगतिशील चेतना से भी इनका गहरा सरोकार स्पष्ट था।

अपने काव्य लेखन के प्रारम्भिक दौर में ही रामेश्वर शुक्ल 'अंचल' अपनी विशिष्ट मार्मिक गीतात्मक ऊष्मा की छाप छोड़ने लगे थे। उस समय उनकी शृंगारपरक पंक्तियों में मांसल प्रेम के चित्र, छायावादी कवियों की अमूर्तता तथा रहस्यवाद की सीमा को छूने वाले सूक्ष्म चित्रण से अलग हटकर देखे जा रहे थे—'गमक रही मदभरी मंजरी मधुमूर्ति नवेली/गोरे अंग-अंग में हलाहल अलबेली/ये भी क्या निष्ठुर उमंग है, हे सौन्दर्य कुमारी/अब न जलाओ सुलग रहे हैं कितने रूप पुजारी/' ऐसी अतिऐन्द्रियता कविता का नया अनुभव बन रही थी।

आलोचकों ने 'अंचल' के स्वच्छन्द ऐन्द्रिय वर्णनों में काम-कुण्ठाओं की अमर्यादित अभिव्यक्ति देखी। 'वासना के गान गाते कवि चला सूनी डगर में' तथा 'मेरे गान यौवन के मधुमय आख्यान' कहने वाले 'अंचल' दरअसल आधुनिक मनुष्य की जीवनगत जटिल अनिवार्यताओं और समस्याओं—काम तथा अर्थ को वास्तविक सन्दर्भों में व्यक्त करना चाहते थे। हालाँकि उसमें आदर्श और यथार्थ का अस्पष्ट संश्लेषण भी था।

साहित्य में विचार एवं कला का साहचर्य माननेवाले रामेश्वर शुक्ल 'अंचल' साहित्य का उद्देश्य मानवीय आज़ादी की एकनिष्ठ पक्षधरता मानते थे। उनके अनुसार साहित्य सदैव मानव समाज की स्वाधीनता के लिए किया गया विचारात्मक और कलात्मक उद्योग है, जो व्यक्तिवादी समाज में सम्पूर्ण मानव समाज की सांस्कृतिक स्वाधीनता का प्रवर्तक होता है। स्पष्ट है कि समाज की सांस्कृतिक जड़ता का 'अंचल' विरोध कर रहे थे।

समय के साथ उनका लेखन परिपक्व हुआ लेकिन गीतों की ताजगी बरकरार रही। विशेषकर उनके बिम्बों के टटकेपन ने; चाहे वह प्रकृतिपरक हों या प्रकृति से इतर, सहृदय पाठकों और आलोचकों का ध्यान आकृष्ट किया। उनका मानवीकरण अपनी ही तरह का था। जिसमें काव्यार्थ की कई परतें थीं। उनकी काव्य यात्रा में वैचारिक दृष्टि से कोई ठहराव नहीं आया।

प्रगतिशील आन्दोलन के दौर में उनकी कविता युगीन अभिव्यक्ति से अछूती नहीं रही। 'अंचल' मानते थे कि किसी भी 'देश की कविता के लिए यह असम्भव है कि वह वहाँ के सांस्कृतिक प्रभावों से अछूती रह सके।' उनके प्रगतिवादी स्वर ने काव्य मंचों पर भी खूब धूम मचाई—'टूटेगी जब नींद तुम्हारी/फूटेंगे किरणों के भाले/ ऊँचे-ऊँचे महल गिरेंगे/ भू लुंठित होंगे मतवाले/' अपने लेखन के इस चरण में वह जीवन के रोमान से ऊपर उठकर उसे नजदीक से समझने पर बल देने लगे थे। 'साहित्य, यदि वह सच्चे अर्थ में प्रगतिशील है, सदैव जीवन को अधिकाधिक निकट से देखेगा और मानवीय उपकरणों के विकास और कल्याण

पर जोर देगा।' इन्सानी ज़िन्दगी को आसान बनाने की राह दिखाने को वह साहित्य का काम मानते रहे।

वैचारिक धरातल पर रामेश्वर शुक्ल 'अंचल' किसी वाद विशेष के प्रति अति आग्रही नहीं थे लेकिन अपने समय और समाज की ज़रूरत को समझते थे इसीलिए उन्होंने यह बहुत ठीक पहचाना था कि शोषक-शोषित, अमीर-ग़रीब इत्यादि वर्गों में विभाजित समाज में संघर्ष अनिवार्य है। यह उनकी सजग सकारात्मक दृष्टि का सूचक है—'मैं कहता हूँ वर्ग चेतना युग की प्रबल चुनौती है/युग-युग के विकास विश्वासों की रुकी मनौती है/' यह उस दौर की पंक्तियाँ है जब हिन्दी कविता में प्रगतिशील विचारों की आवक हो चुकी थी।

इस दृष्टि से मार्क्सवादी दर्शन से भी 'अंचल' ने विचार और जीवन ग्रहण किया। उनके अनुसार, 'प्रगतिवाद को मार्क्सवाद का साहित्यिक मोर्चा कहा जाता है, तो एक प्रगतिवादी के नाते मुझे इसमें कोई असंगति नहीं दिखती।' अंचल राजनीतिक-कर्मी नहीं, कलाकार थे और इस शोषण पर टिके समाज में वह कला की दुर्गति अनुभव करते थे। 'कलाकार की ब्रिक्री' कविता में वह कला की पूँजीवादी नियति को उसकी त्रासद मार्मिकता में व्यक्त करते हैं—'अब तक मेरे आदर्शों का स्वप्न न बिल्कुल था मुरझाया।/आज अकंपित पौरुष मेरा धन के आगे बिकने आया/' कलाकार को काबू कर कला को बिकने वाला उत्पाद बनाने वाली पूँजीवादी ताक़तों की ताक़त 'अंचल' पहचान रहे थे।

लंपट पूँजी सर्वग्रासी होती है। उसके लिए हर चीज़ बिकाऊ है। इस डरावने परिदृश्य को बदलने का अहम संघर्ष 'अचंल' जैसे प्रगतिशील स्वभाव कवि के सामने था। उनके अनुसार, 'प्रगतिवादी के सामने सबसे पहले समस्या है उस समाज को बदलने की—सुधार के द्वारा नहीं, वरन साम्यवादी क्रान्ति के माध्यम से—जो मनुष्य के मनुष्यत्व को पग-पग पर प्रताड़ित करता है।' सच्चा प्रगतिशील बुनियादी तौर पर नकारात्मक शोषक शक्तियों का विरोधी होता है। 'अंचल' के शब्दों में, 'वह सामन्तवाद का विरोधी होता है और जनता की उन्नति के मार्ग में रोड़ा बनने वाले जो इतर वाद हैं, उनका विरोधी होता है।' अपनी काव्य पुस्तकों की भूमिका तथा आलोचनात्मक निबन्धों में 'अंचल' की मुखर प्रगतिशीलता लक्षित होती है। दुर्भाग्य से उनकी कविता के प्रगतिशील पक्ष का विवेचन अब तक नहीं हुआ। शायद इनके साहित्येतर कारण हैं, जिनके जवाब साहित्य की राजनीति में निहित हैं। यह स्पष्ट है कि अंचल की कविता युगीन सन्दर्भों की सृजनात्मक अभिव्यक्ति है। यह अवश्य है कि उनकी कविता की मुख्यधारा गीतपरक थी। वह मंच से भी जुड़े रहे लेकिन सस्ती मंचीय लोकप्रियता से उन्हें परहेज था। प्रेम

के मांसल सौन्दर्य और प्रबल विरह भावना से युक्त कविता से प्रारम्भ करने के बाद प्रगतिशील सौन्दर्य अंचल ने प्रस्तावित किया है।

'मधूलिका' (1938), 'अपराजिता' (1939), 'प्राथमिका' (1959), 'किरणबेला' (1941), 'करील' (1942), 'लाल चूनर' (1944), 'वर्षांत के बादल' (1954), 'विरामचिन्ह' (1958), 'प्रत्यूष की भटकी किरण यायावरी' (1963), 'अपूर्वा' तथा अन्तिम प्रकाशित संग्रह 'इन आवाज़ों को ठहरा लो' के अतिरिक्त अंचल ने 'शीलजयी', 'त्यागपन्थी', 'ज्योति पुरुष' इत्यादि खण्डकाव्य भी लिखे। साहित्य की अन्य विधाओं—उपन्यास, कहानी, संस्मरण, आलोचना में भी वह सक्रिय रहे। उन्हें उत्तर प्रदेश के हिन्दी साहित्य सम्मान तथा अनेक साहित्यिक पुरस्कारों से सम्मानित किया गया। अस्सी वर्ष की उम्र में 13 अक्टूबर, 1995 को भोपाल में एक साहित्यिक आयोजन में उन्होंने अन्तिम साँस ली। हिन्दी की छांदसिक कविता को गहरे प्रभावित करने वाले अंचल की कविता सम्भावनाशील कविता का उदाहरण बनी रही; अनिवार्य महत्त्व की कविता के तौर पर उसकी वास्तविक पड़ताल होनी अभी बाकी है।

(घ) परिशिष्ट-1 : छान्दसिक हिन्दी कविता

(21) दुष्यन्त कुमार : 1 सितम्बर 1933—30 दिसम्बर 1975
कहाँ चिराग मयस्सर नहीं शहर के लिए

(22) शम्भुनाथ सिंह : 1916—1991
गीत का नया स्वर

(23) वीरेन्द्र मिश्र : 1 अक्टूबर 1927—01 जून 1999
ये हैं वे पाँव जिन्हें मंजिल से बल मिला

(24) छविनाथ मिश्र : 1928—2015
मुझे ज़िन्दगी से बहुत प्यार है

दुष्यन्त कुमार

(1 सितम्बर 1933–30 दिसम्बर 1975)

कहाँ चिराग मयस्सर नहीं शहर के लिए

हिन्दी ग़ज़ल का फॉर्म सदियों से कवियों को आकर्षित करता रहा है। अमीर खुसरो की 'जब यार देखा नैन भर, दिल की गयी चिन्ता उतर' तथा कबीर–'हमन है इशक मसताना हमन को हुशयारि क्या,' मीरा और इनके बाद भारतेन्दु, प्रेमघन, श्रीधर पाठक, हरिऔध, मैथिलीशरण गुप्त, रामप्रसाद 'बिस्मिल', माखनलाल चतुर्वेदी, नरेन्द्र शर्मा, हरिकृष्ण प्रेमी, रामनरेश त्रिपाठी, लाला भगवानदीन, जयशंकर प्रसाद, निराला, शमशेर, केदारनाथ सिंह, विष्णु खरे इत्यादि छन्दबद्ध और मुक्तछन्द में लिखने वाले कई कवियों ने इस विद्या से आकर्षित होकर कुछ रचनाएँ इस शिल्प में लिखी हैं। कह सकते हैं कि उर्दू के जिन काव्य रूपों ने हिन्दी कविता को प्रभावित किया है या जिन्हें हिन्दी के कवियों ने अपनाया है, उनमें ग़ज़ल का सबसे अहम स्थान है।

ग़ज़ल उर्दू का अपना काव्य-रूप नहीं है। वह बुनियादी तौर पर फारसी के ग्यारह काव्य-रूपों–ग़ज़ल, कसीदा, तशबीब, किता, रुबाई, पफर्द, मसनबी, तरजीअवंद, तरकीबबन्द, मुस्तजाद तथा सम्मत–में से एक हैं। ग़ज़ल का शाब्दिक अर्थ होता है–प्रेमिका से वार्तालाप। इससे ग़ज़ल का केन्द्रीय विषय निश्चित होता है–प्रेम। भारतीय काव्यशास्त्र भी काव्य को 'कांतासम्मित उपदेश' कहता है। फारसी और उर्दू में ग़ज़ल अत्यन्त लोकप्रिय काव्य-रूप है। जिसमें 5 से 11 शेर होते हैं सारे एक ही रदीफ और काफिए में होते हैं और हर शेर का मज्मून अलग होता है। पहला शेर मत्ला कहलाता है, जिसके दोनों मिस्रे सानुप्रास होते हैं और अन्तिम शेर मक्ता होता है। जिसमें शायर अपना नाम या उपनाम उजागर करता है।

उर्दू ग़ज़ल की परम्परित शायरी से अलग हिन्दी ग़ज़ल आविष्कृत करने

वाले दुष्यन्त के जिक्र के बिना हिन्दी ग़ज़ल का परिचय अधूरा और बेमानी है। 1 सितम्बर 1933 को राजपुर-नवादा, बिजनौर; उ.प्र. में जन्मे दुष्यन्त कुमार ने इलाहाबाद विश्वविद्यालय से एम.ए.; हिन्दी करने के बाद आजीविका के लिए सरकारी नौकरी की। उनकी प्रकाशित रचनाएँ इस प्रकार हैं–

काव्यसंग्रह – 'सूर्य का स्वागत', 'आवाज़ों के घेरे', 'जलते हुए वन का वसन्त'।

काव्य नाटक – 'एक कंठ विषपायी'।

उपन्यास – 'छोटे-छोटे सवाल', 'आँगन में एक वृक्ष', 'दुहरी ज़िन्दगी'।

एकांकी – 'मन के कोण'।

नाटक – 'और मसीहा मर गया'।

ग़ज़ल-संग्रह – 'साये में धूप'।

दुष्यन्त ने कुछ कुछ आलोचनात्मक पुस्तकें तथा कुछ महत्त्वपूर्ण पुस्तकों का अनुवाद भी किया है। 30 दिसम्बर, 1975 को दुष्यन्त दुनिया से रुखसत हो गये। इस अति संक्षिप्त इतिवृत्त से दुष्यन्त कुमार की कोई मुकम्मिल तस्वीर नहीं उभरती लेकिन उन्होंने अपनी ग़ज़लों के द्वारा नयी ज़मीन तोड़ी और सम्भावनाशील ग़ज़लकारों की एक भरीपूरी जमात तैयार की। आज राजेश रेड्डी, हरिओम अम्बर, विज्ञान व्रत, ज्ञान प्रकाश विवेक, संजय ग्रोवर इत्यादि महत्त्वपूर्ण हिन्दी ग़ज़लकार उन्हीं के स्कूल से निकले हैं।

दुष्यन्त का मुकाम हिन्दी ग़ज़ल में इतना महत्त्वपूर्ण है कि उनकी ग़ज़लों को नयी कविता का अधिक रचनात्मक विकल्प घोषित किया गया था। पिछली सदी का छठा-सातवाँ दशक उनकी ग़ज़लों का रचनाकाल है। यह वह समय था जब नयी कविता के कवि अपनी अतिशय बौद्धिकता से पाठकों को ही नहीं समूचे काव्य परिदृश्य को आक्रांत किये हुए थे। ऐसे में दुष्यन्त कुमार की उपस्थिति एक बड़ी रचनात्मक राहत की तरह थी। उन्होंने अपने वक़्त के महत्त्वपूर्ण सवाल अपनी ग़ज़लों में उठाये–

ग़ज़ब ये है कि अपनी मौत की आहट नहीं सुनते,
वो सब-के-सब परीशाँ हैं वहाँ पर क्या हुआ होगा।
तुम्हारे शहर में ये शोर सुन-सुनकर तो लगता है,
कि इन्सानों के जंगल में कोई हाँका हुआ होगा।
कई फाके बिताकर मर गया जो, उसके बारे में,
वो सब कहते हैं अब, ऐसा नहीं, ऐसा हुआ होगा।

ये सवाल अवाम को परेशान किये हुए थे और इन जन-प्रश्नों से एक

रचनाकार के तौर पर खुद दुष्यन्त कुमार भी जूझ रहे थे। इस मायने में उनकी शायरी प्रेम शृंगार की रिवायिती शायरी से अलग ही नहीं, आगे की शायरी है। अपने वक़्त के प्रश्नों से लड़ने वाला यह शायर अपनी सोच के ऊपर भी सवाल या निशान लगाता रहा और जड़बद्ध होकर किसी एक सोच से हमेशा के लिए नहीं जुड़ा। एक शायर के रूप में उन्होंने हर बार अपनी कंडिशनिंग को तोड़ा, यहाँ तक कि उन्होंने अपने तजुरबे से ग़ज़ल कहने के अन्दाज़ को बदलने का जोखिम उठाया। ग़ज़ल के क्षेत्र में उन्होंने अनुभववाद और शास्त्रवाद, दोनों को नाकाफी साबित किया। अनेक शुद्धतावादी आलोचक रदीफ, काफिया, मीटर इत्यादि को लेकर उनकी ग़ज़लों में मीनमेख निकालने से लेकर उन्हें शास्त्रीय धरातल पर खारिज करने तक का फतवा जारी करते रहे हैं लेकिन इस सिलसिले में दुष्यन्त ने दूसरे रचनाकारों की तरह शाब्दिक सफाई नहीं दी। अपनी ग़ज़लों के लिए दुष्यन्त कुमार ने भाषा भी अपने ढंग से गढ़ी है। उर्दू के बेशुमार शब्द इन ग़ज़लों में विद्यमान हैं। फिर भी दुष्यन्त की ग़ज़लों की भाषा उर्दू नहीं बन गयी है और न उसमें उर्दू के शब्द और मुहावरों का थिगलियों का पैबन्द लगाया गया है। डॉ. हरदयाल के अनुसार 'जो उच्चारण हिन्दी में खप सके हैं उन्हें अपना लिया गया है, जो नहीं खप सके हैं उनका वही उच्चारण स्वीकार किया गया है, जो हिन्दी में प्रचलित है। 'शह्र' को 'शहर' तथा 'वजन' को 'वजन' ही रखा गया है। वस्तुतः इन ग़ज़लों में दुष्यन्त कुमार ने उस भाषा की खोज की है जो हिन्दी को हिन्दी और उर्दू को उर्दू दिखायी दे और आम आदमी उसे अपनी जुबान समझ कर अपना सके। वैसे, बोलचाल के स्तर पर हिन्दी और उर्दू को दो अलग भाषाएँ माना भी नहीं जा सकता। दुष्यन्तकुमार की ग़ज़लों से भी यही सिद्ध होता है।' नजीर अकबरावादी की तरह दुष्यन्त का काम हिन्दी-उर्दू को नज़दीक लाया है।

दुष्यन्त ने अपने निदंकों की बयानबाजी को तरज़ीह नहीं दी और अपना काम करते रहे। उनके सामने शास्त्रीयता और उसके कट्टरपन का विरोध करने वाले महान शायरों की एक लम्बी परम्परा थी। इन शायरों में जब सम्प्रदायिक संकीर्णताओं को नहीं माना तो आलोचकीय पाबंदियों को क्या मानते! मीर के यह शब्द दुष्यन्त का पीछा करते रहे—'कसका खैंचा, दैर में बैठे, कबका तर्क इस्लाम किया/' यानी माथे पर तिलक लगाया; मन्दिर में बैठे और मजहब की जकड़बंदियों को छोड़ दिया। दुष्यन्त ने भी ग़ज़ल के पाँव में पड़ी जंजीरें तोड़ने का काम किया।

दुष्यन्त ने ग़ज़ल की लोकप्रियता से प्रेरित होकर वाहवाही लूटने वाली दिलफरेब पंक्तियाँ नहीं लिखीं और जैसाकि पहले कहा वह लगातार खुद से भी

जिरह करते रहे—पाठक कविता के बारे में क्या सोचता है और क्या कविता उस तक पहुँच रही है? ज़ाहिर है कि यह सवालिया-शक उस समय के कवियों को भी बेचैन किये हुए था। इसी का जवाब ढूँढ़ने के सिलसिले में दुष्यन्त मुक्त छन्द से ग़ज़ल तक गये। ग़ज़ल उनके लिए अपने प्रिय पात्र से की गयी कोमल बातचीत नहीं थी। उन्होंने नयी कविता के दौर में जो एकरसता और सपाटबयानी का डरावना मंजर देखा, उस दृश्य को बदलने के लिए नयी कविता के दौर का यह रचनाकार ग़ज़ल लिखने लगा। दुष्यन्त ने नयी कविता की तर्ज पर कई कविताएँ लिखी हैं लेकिन उसकी संप्रेषण सीमा को देखकर उन्होंने दूसरा रुख किया।

शुरुआती दौर में दुष्यन्त शमशेर की ग़ज़लों से गहरे प्रभावित हुए। उस समय अपनी बात को अपने तरीके से रख न पाने की दिक्कत का हवाला उन्होंने दिया है। उस दौर में वह अपने वक़्त के तड़पते हुए सरोकारों से छटपटाती ग़ज़ल कहने की इच्छा व्यक्त करते रहे—'हकीकत को लाए तख़युल से बाहर/मेरी मुश्किलों का जो हल कोई लाए/' वह एक ऐसे रचनाकार की बेचैनी की तरफ़ इशारा है जो अपने समय को खुली आँखों से देख रहा है। उसका सही-गलत समझ रहा है लेकिन उसे सलीके से कह पाने में असमर्थ है। यह एक वाजिब परेशानी थी। जल्दी ही इस प्रतिभा-सम्पन्न शायर ने 'गम-ए-दौरा' और 'गम-ए-जाना' को व्यक्त करने का बेहतर तरीका ईजाद कर लिया। वह समकालीन मनुष्य और उसके समाज के सरोकारों को व्यक्त करने वाले अत्यंत दक्ष शायर के रूप में पहचाने जाने लगे—

सामान कुछ नहीं है फटेहाल है मगर,
झोले में उसके पास कोई संविधान है।

उस सिरफिरे को यों नहीं बहला सकेंगे आप,
वो आदमी नया है मगर सावधान है।

फिसले जो इस जगह तो लुढ़कते चले गये,
हमको पता नहीं था कि इतनी ढलान है।

उनकी शायरी में ग़ालिब का दर्द और निराला की सामाजिक चेतना को एक साथ लोगों ने रेखांकित किया लेकिन यह सब दुष्यन्त को आसानी से मयस्सर नहीं हुआ। इसके लिए उन्हें एक लम्बी काव्य-साधना से गुज़रना पड़ा।

दुष्यन्त ने केवल ग़ज़ल के शिल्प को ही नहीं साधा बल्कि उसकी अन्तर्वस्तु में भी आमूलचूल बदलाव कर दिया—

अब किसी को भी नज़र आती नहीं कोई दरार,
घर की हर दीवार पर चिपके हैं इतने इश्तहार।

आप बचकर चल सकें ऐसी कोई सूरत नहीं,
रहगुज़र घेरे हुए मुरदे खड़े हैं बेशुमार।

दुष्यन्त ने अपने समय के व्यक्ति की त्रासदी, पीड़ा, घुटन, कुंठा के अतिरिक्त उसके सपने और इच्छाएँ, नये समय के शहरों की खोखली ज़िन्दगी, राजनीति का दो-मुँहापन इत्यादि ऐसे विषय अपनी ग़ज़लों में उठाए जो उनसे पहले ग़ज़ल के विषय माने ही नहीं जाते थे। यतीन्द्र तिवारी ने सही पहचाना है कि दुष्यन्त ने हिन्दी ग़ज़ल को नयी दिशा दी और अपनी ग़ज़लों में आम आदमी की घुटन, कुंठा एवं संत्रासमयी पीड़ा, नयी सभ्यता की चमक-दमक के खोखलेपन और राजनीति की दोहरी चालों को अभिव्यक्ति प्रदान की है। इस प्रकार हिन्दी ग़ज़ल की लोकप्रियता के शिखर की ओर मार्ग प्रशस्त करने के कार्य में दुष्यन्त कुमार ने मील के पत्थर की भूमिका का निर्वाह किया है। दुष्यन्त कुमार एक के लिए नहीं, हरेक के लिए रोशनी की बात करते हैं–

कहाँ तो तय था चिरागाँ, हरेक घर के लिए।
कहाँ चिराग मयस्सर नहीं, शहर के लिए ॥
न हो कमीज़ तो पाँवों से पेट ढक लेंगे।
ये लोग कितने मुनासिब हैं, इस सफर के लिए।

दुष्यन्त ने देश के हालात पर कई जगह चिन्ता व्यक्त की है। अभावों की दुनिया में जीता देश, समाज में प्रेम की शून्यता, भुखमरी और गरीबी उन्हें उद्वेलित करती है। सपनों की ख़ूबसूरत दुनिया केवल सपना ही बनकर रह गयी है। जो कुछ कर सकते हैं, देश की जनता की बदहाली को ख़ुशहाली में बदल सकते हैं; वे पत्थर दिल हो गये हैं। जिन्हें न किसी का अभाव पीड़ित करता है न किसी का दर्द। कवि स्वाभिमानी है, संवेदनशील है। उसका शायर उसे बेचैन करता है और वह तमाम परिस्थितियों को रचना में ढालने के लिए विवश हो जाता है। कलम उसकी तलवार के समान है। अपने हथियार से वह सोई हुई निष्पंद जनता को जगाकर क्रान्ति का उद्घोष करना चाहता है।

उनका प्रगतिशील नज़रिया अभिजात के सुविधावाद को नकारता रहा। आम आदमी परेशान है। तकलीफ में है। उसकी तकलीफ की वज़ह की तरफ़ दुष्यन्त ने साफ़ इशारा किया–

ये सारा जिस्म झुककर बोझ से दुहरा हुआ होगा।
मैं सजदे में नहीं था, आपको धोखा हुआ होगा॥

अभिजन हमेशा बहुजन से छल करता है। इसे समझने की जरूरत है–

ये रोशनी है हकीकत में एक-छल, लोगों।
कि जैसे जल में झलकता हुआ महल, लोगों॥

दुष्यन्त ने पाँव के नीचे की ज़मीन कहाँ गयी, इसे जानने की जरूरत रेखांकित की है–

तुम्हारे पाँवों के नीचे कोई ज़मीन नहीं।
कमाल ये है कि फिर भी तुम्हें यकीन नहीं॥

दुष्यन्त के यहाँ ग़में-दौरां और ग़मे-जानाँ दोनों की मौजदूगी है–

मेले में भटके होते तो कोई घर पहुँचा देता,
हम घर में भटके हैं तो कैसे और ठिकाने आयेंगे।

अपने काव्य-संकलन 'जलते वन का वसन्त' की भूमिका में दुष्यन्त ने लिखा है, 'मेरे पास कविता के मुखौटे नहीं हैं; अन्तर्राष्ट्रीय मुद्राएँ नहीं हैं और अजनबी शब्दों का लिबास नहीं है।' दुष्यन्त की कविता में सकर्मक बिम्ब हैं–

"राख कितनी राख है चारों तरफ बिखरी हुई,
राख में चिन्गारियाँ ही देख, अंगारे न देख।
यह दरिया है यहाँ पर दूर तक फैला हुआ,
आज अपने बाजुओं को देख पतवारें न देख।"

भविष्य के प्रति आस्था और वर्तमान को सीने पर झेलने की आँच से ऊष्मित अनुभवों के साथ दुष्यन्त के यहाँ मामूली आदमी की बेचैनी को भी व्यक्त किया गया है–

"उनकी अपील है कि उन्हें हम मदद करें,
चाकू की पसलियों से गुज़ारिश तो देखिए।"

"सिर में सीने में कभी पेट से पाँवों में कभी। एक जगह हो तो कहें।" दुष्यन्त की कविता यथार्थ के नाम पर यथातथ्यता का समर्थन नहीं करती। उसमें निर्णायक बदलावों की स्पष्ट पक्षधरता है–

"हो गयी है पीर पर्वत-सी पिघलनी चाहिए
इस हिमालय से कोई गंगा निकलनी चाहिए।
सिर्फ़ हंगामा खड़ा करना मेरा मकसद नहीं,
सारी कोशिश हैं कि ये सूरत बदलनी चाहिए।
मेरे सीने में नहीं तो तेरे सीने में ही सही,
हो कहीं भी आग, लेकिन आग जलनी चाहिए।"

सच तो यह है कि दुष्यन्त की कविता अपने समय की जीवन्त डायरी है।

'सूर्य का स्वागत' एक बेचैन कवि की काव्यकृति है। 'आवाज़ों के घेरे में' वंचितों की आहें हैं। 'एक कण्ठ विषपायी' जर्जर रूढ़ियों और परम्पराओं के सामने नये मूल्यों को रेखांकित करने वाला काव्य-नाटक है। दुष्यन्त इस रचना के केन्द्रीय पात्र के रूप में जैसे ख़ुद उपस्थित होकर कहते हैं–

''देवत्व और आदर्शों का परिधान ओढ़
मैंने क्या माया?
निर्वासन, प्रेयसी-वियोग
हर परम्परा के मरने का विष मुझे दे
हर सूत्रपात का श्रेय ले गये और लोग
मैं ऊब चुका हूँ इस महिमा-मण्डित छल से।''

राष्ट्र और जनसामान्य की कामनाओं को दुष्यन्त ने इस रूप में प्रस्तुत किया है–

''कल नुमाइश में मिला चो चीथड़े पहने हुए,
मैंने पूछा नाम तो बोला कि हिन्दुस्तान है।
मुझमें रहते हैं करोड़ों लोग चुप कैसे रहूँ
हर ग़ज़ल अब सल्तनत के नाम एक बयान है।''

दुष्यन्त की ग़ज़ल असल में सत्ता के प्रतिपक्ष का सार्थक बयान है–

गूँगे निकल पड़े हैं जुबाँ की तलाश में,
सरकार के खिलाफ़ ये साजिश तो देखो!

ऐसी पंक्तियाँ ही गूँगे सामान्य जन की आवाज़ बनती हैं।

नवें दशक में जिन ग़ज़ल शिल्पियों एवं ग़ज़ल मर्मज्ञों ने हिन्दी ग़ज़ल को एक नया विस्तार दिया तथा उसे प्राचीन परम्परागत प्रचलित प्रतीकों एवं उपमाओं जैसे–गुलोबुल-बुल, शमा और परवाना, मयखाना, जाम आदि से कतई अलग आमूलचूल बदलावकर नये अछूते प्रतीकों एवं उपमाओं का प्रयोग करके लोकप्रियता के उच्च शिखर पर प्रतिष्ठित करने का बड़ा काम किया है, उनमें डॉ. रामेश्वर शुक्ल 'अंचल', सूर्यभानु गुप्त, शेरजंग गर्ग, चन्द्रसेन विराट, जहीर कुरेशी, गोपाल दास 'नीरज', बालस्वरूप राही, डॉ. कुँअर बेचैन इत्यादि दुष्यन्त के रास्ते चले हैं। दुष्यन्त कुमार द्वारा किये ग़ज़ल के वस्तुरूपरक बदलाव की ओर इशारा करते हुए रामस्वरूप चतुर्वेदी ने लिखा है कि दुष्यन्त कुमार ने अपने ढंग से परम्परा से प्रचलित श्रृंगार काव्य-माध्यम ग़ज़ल को समकालीन जीवन पर टिप्पणी करने के लिए प्रयुक्त किया है। उनकी विशेषता यह है कि अन्य ग़ज़ल लिखनेवालों से अलग उन्होंने शब्द-समूह और मुहाविरा अधिकतर हिन्दी का रखा है, फिर भी बात कहने का ढंग ग़ज़ल का

प्रभाव उत्पन्न करता है, सो भी वर्तमान जीवन की आलोचना करने में अपने समय और समाज की आलोचना दुष्यन्त की ग़ज़लों में है।

दुष्यन्त कुमार ने ग़ज़लों के अलावा परम्परित शिल्प की कविता भी लिखी और एक चर्चित काव्य नाटक 'एक कंठ विषपायी' में उन्होंने देवताओं के मिथकीय चरित्र की समकालीन सन्दर्भों में जाँच-पड़ताल की है। उन्होंने इस सन्दर्भ में कोई सरलीकरण नहीं किया और जीवन के जटिल और उलझे हुए अर्थ सन्दर्भों को व्यक्त किया है।

शम्भुनाथ सिंह

(1916–1991)

गीत का नया स्वर

नवगीत और शम्भुनाथ सिंह एक-दूसरे के पर्याय हैं। इस प्रतिभाशाली गीतकार ने एक कुशल सम्पादक के रूप में नवगीत परम्परा के श्रेष्ठ गीतकारों को अपने कई खण्डों में प्रकाशित 'नवगीत दशक' के माध्यम से बेहतरीन मंच दिये और नवगीत आन्दोलन को प्रतिष्ठित किया। उन्होंने गीतकार और सम्पादक की भूमिकाओं को एक जैसी कुशलता से निभाया। वहीं नवगीत की नयी आलोचना प्रणाली भी प्रस्तावित की।

एक रचनाकार के रूप में शम्भुनाथ सिंह छायावाद, उत्तर-छायावाद, प्रगतिवाद, प्रयोगवाद, नयी कविता इत्यादि काव्य-आन्दोलनों के समानान्तर नवगीत धारा प्रवाहित करते रहे। इसलिए उनके नवगीतों में जितना भाव-वैविध्य और शिल्प की व्यापकता है, उतना किसी और के यहाँ नहीं है। एक रचनाकार के साथ-साथ उन्हें संवेदनशील सम्पादक और सजग आलोचक के रूप में गीत और नवगीत के निन्दकों, समीक्षकों और आलोचकों से जूझना पड़ा। यहाँ तक कि उन्हें छन्दों में कविता कहने वाले जड़ कथित छन्द कवियों से भी छांदसिक कविता को बचाना पड़ा।

'त्रिधारा' 1935, 'रूपरश्मि' 1941, 'छायालोक' 1945, 'उदयाचल' 1946, 'मन्वतंर' 1948, 'दिवालोक' 1951, 'माध्यम' 1957, 'खण्डित सेतु' 1966, 'समय की शिला पर' 1966, 'जहाँ दर्द नीला है' 1977, 'वक़्त की मीनार' 1985 इत्यादि नवगीत संग्रह शम्भुनाथ सिंह की रचनात्मक प्रतिभा का परिचय देते हैं। इसके अतिरिक्त, उन्होंने तीन खण्डों में 'नवगीत दशक' और 'नवगीत अर्धशती' जैसे संकलनों का सम्पादन किया, जिनका नवगीत सृजन की दृष्टि से असंदिग्ध ऐतिहासिक महत्व है।

अपनी गीत यात्रा के पहले पड़ाव पर शम्भुनाथ सिंह छायावाद और उत्तर छायावाद के प्रभावों से मुक्त दिखायी नहीं देते। 'त्रिधारा' और 'रूपरश्मि' की रचनाओं का वस्तुगत और शिल्प-पक्ष सीधे-सीधे इन काव्य-आन्दोलनों की छाप से रंगा हुआ है। प्रेम और प्रकृति इन रचनाओं में निजी संवेदनों के रूप में उभरी है। इनमें अतिप्रतीकात्मकता और अस्पष्टता जैसे प्रभाव मिलते हैं। वहाँ प्रेम की अभिव्यंजना काल्पनिक तथा अमूर्त है। इसके बावजूद रचनाकार की व्यक्तिगत मोहर उन पर छपी है। अपने समय के सामाजिक, सांस्कृतिक-प्रसंग और लोक-जीवन के सन्दर्भ इन रचनाओं को दूसरों से अलग करते हैं। दरअसल शम्भुनाथ सिंह का बुनियादी स्वर प्रगतिशील है। 'उदयांचल', 'मन्वतंर' और 'दिवालोक' के गीतों में कवि का प्रगतिशील रुझान साफ दिखायी देती है। उनमें मनुष्य की विपरीत परिस्थितियों में जीवित रहने की ताकत, संघर्ष करने की अनन्त इच्छा और जीवन के प्रति आस्था जैसी विशेषताएँ मिलती हैं। इस दौर में कवि की भाषा-प्रणाली बदल जाती है। उस पर छाया हुआ छायावादी कोहरा छँटने लगता है। वह सौन्दर्य की कल्पनाओं में नहीं खोता बल्कि मनुष्यों के समाज की हकीकतों को शब्द का बयान बना देता है—'मानव तुम करो अभिमान/निर्झर शक्ति के तुम आज?/ कितने क्षीण गति से हीन?/कितने जन्म बने, बलवान?/गतिम, ज्योर्तिमय वैभव?/ तुम्हीं से छीन'। यह पंक्तियाँ बताती हैं कि रचनाकार को अपने रचनात्मक संघर्ष की सही दिशा दिख गयी थी और वह मजलूमों शोषितों को भी मुक्ति का मार्ग दिखा रहा था। इसी दौर में कवि के गीत मनुष्यों के अमानवीय शोषण और दमन का प्रतिपक्ष खड़ा कर रहे थे।

शम्भुनाथ सिंह की गीत यात्रा में नवगीत परम्परा के बीज मिलते हैं। उनका रचनाकर्म एक प्रकार से अपने समय का गीतात्मक इतिहास है। 1950 के आस-पास समूचा हिन्दी काव्य-परिदृश्य जब बदल रहा था शम्भुनाथ सिंह के गीतों में भी बदलाव झलकने लगा था। कवि का अनुभव क्षेत्र विस्तृत हो गया और वह गाँवों का तेजी से होता शहरीकरण तथा परिवारों के विघटन को साफ़-साफ़ देखने, समझने और अभिव्यक्त करने लगा—

हम नगर थे कभी
खण्डहर हो गये,
जनपदों में बिखर
गाँव घर हो गये,
हम ज़मीं पर लिखे
आसमां के तले

देहाती चेतना और नागरिक अनुभव दोनों के बीच जितना तीखा घर्षण शम्भुनाथ सिंह के गीतों में दर्ज हुआ है उतना और कहीं नहीं। छन्द मुक्त कविता की दृष्टि से यह समय प्रयोगवादी और नयी कविता का दौर था। कविता अतिबौद्धिकता और प्रयोगों के अतिरेक से बोझिल हो गयी थी। ऐसे में वही रचनाकार अपनी संवेदनशील रचनात्मकता को बचाये रख सके जो अपनी स्थानीयता से, अपनी जड़ों से जुड़े रहे और मिट्टी के रंग-रूप, गन्ध से भागे नहीं। शम्भुनाथ दरअसल इसी मिट्टी के बने रचनाकार हैं। उनके 'माध्यम मैं' के नये गीत एक सजग-सतर्क बौद्धिकता के गीत हैं। कवि का काव्य-विवेक और शिल्प-बोध नया लेकिन पुख़्ता है। जिसने नवगीत के लिए मजबूत नींव का काम किया। यह गीत अपनी स्थानीय छवियों, उसके मधुर पक्षों, व्यापक सांस्कृतिक सजगताओं और गतिशील प्राकृतिक बिम्बों के कारण अद्भुत नये गीतों का उदाहरण बनते हैं। गीतकार को भारतीय और पाश्चात्य सामाजिकताओं और साहित्यिक संस्कृतियों की गहरी समझ और उन पर मजबूत पकड़ है। लेकिन वह अपनी आंचलिकता को इसलिए नहीं छुपाता कि वह भौतिक दृष्टि से पिछड़ी हुई है। इस संग्रह के 'पगडंडी', 'देर', 'कार्तिक पूजों का मेला', 'कातिक की धरती' जैसे गीत धरती की प्राकृतिक गन्ध से महक रहे हैं–

> क्या दिन है क्या रात है,
> पहरू में कुछ पीली लगी वाले पेड़ बबूल के,
> बरज रहे री पाँव न धरना गोरी कही कुठाँऊ में,
> अपना ही आँगन क्या कम जो चली पराये गाँव में।

इस गीतकार ने गाँव की गोरी के सदियों पुराने रूपक में नये अर्थ भर दिये। गीतकार एक तरफ़ गीतकारों से अपना यह अनुभव बाँटता रहा कि नये चलन के कारण उन्हें गीत का आँगन छोड़कर मुक्त छन्द की पराई दुनिया में नहीं जाना चाहिए क्योंकि गीत के शिल्प में ही अभिव्यक्ति की अपरिमित सम्भावनाएँ हैं। भूलना नहीं चाहिए कि यह वह समय है जब छन्द के कई महारथी नयी कविता के आकर्षण में फँसकर गीतों से सम्बन्ध तोड़ रहे थे। दूसरी तरफ़ शम्भुनाथ सिंह आयातित विचारधाराओं की बजाय अपने शास्त्र, समय और समाज के विचारों के आधार पर कविता लिखने की सलाह दे रहे थे।

'माध्यम मैं' के गीतों की एक खासियत यह भी रही कि इसमें प्रकृति चित्रण का परंपरित मुहावरा कवि ने तोड़ा और एक बिल्कुल नया ताजगी से भरा प्राकृतिक सौन्दर्य बोध पाठकों को उपलब्ध कराया। 1960 की शुरुआत में शम्भुनाथ सिंह ने अपना लोकप्रिय चिर-परिचित काव्य मुहावरा भी तोड़ने का जोखिम उठाया। इससे

पहले कवि लोक के सांस्कृतिक-सामाजिक जीवन और खासकर ग्राम्य-जीवन के सरोकारों को गीतों में व्यक्त कर रहा था। इस दौर में उनके यहाँ नगरीय जीवन और उसकी त्रासद विसंगतियाँ काव्य-सन्दर्भ बनने लगीं। 'वक़्त की मीनार' और 'दर्द जहाँ नीला है' के नवगीत आधुनिक प्रगतिशील संवेदना के गीतात्मक कथन हैं। शम्भुनाथ सिंह गाँव की शीतल छाया को छोड़कर देश और दुनिया के पेचीदे मसले अपने गीतों में व्यक्त करने लगे। उन्हें सत्ता तन्त्र के छिपे हुए पाखण्ड, फरेब और छल साफ़-साफ़ दिखने लगे—

'कानों में डाल कर उँगलियाँ
सुनता हूँ दूर के धड़ाके
आँख बन्द कर मैं सहता हूँ
वेदों के बेरहम सरापे
भाग कर कहाँ जाऊँ
हवा में जकड़ दिया गया हूँ।'

यह उस व्यक्ति की पीड़ा की प्रस्तावना है जिसका कोई कसूर नहीं और बेवजह जिसे सजा दी जा रही है। उसका जीवन व्यर्थताबोध की किताब है—'नंगी सुबह भूखी शामें/पहरा देतीं मुझको घेरे/व्यर्थ हो गयीं सब रोशनियाँ/बेमानी हो गये अँधेरे/' यह समसामयिक जलती हुई सच्चाइयों से झुलसी हुई पंक्तियाँ हैं।

शम्भुनाथ सिंह का रुझान मनुष्य के अस्तित्व से सम्बन्धित सवालों को कविता का अनुभव बनाने की ओर भी रहा है—

हुक्मरां वक़्त की
यह मुनादी फिरी
मुसकराना मना
खिलखिलाना मना,
धूप में, चाँदनी में
नहाना मना!

भूमि के गर्भ में
आग जो थी लगी
अब लपट बन उभर सामने आ गयी,
घाटियों में उठीं
गैस की आँधियाँ
पर्वतों पर धुएँ की घटा छा गयी,

हर तरफ़ दीखती हैं
टँगी तख्तियाँ—
'आग का क्षेत्र है
घर बनाना मना,
बाँसुरी और मांदल
बजाना मना!'

'नवगीत दशक' के गीतों में जहाँ उनकी नज़र राजनीतिक विद्रूपों और सामाजिक विषमताओं की तरफ़ रही है। वहीं वह आधुनिक व्यक्ति की लाचारियों को भी मार्मिकता से व्यक्त करते हैं 'हम रबर के खिलौने बिकते हैं सुबह-शाम/ लिख गयी अपनी किस्मत शहज़ादों के नाम/' यानी कवि का रुझान अस्तित्ववादी दर्शन को प्रस्तुत करने भर का नहीं रहा है। वह अमानवीय तन्त्र की भारी-भरकम जंजीरों में जकड़े मनुष्य की तरफ़ से उसी की आवाज़ में, उसकी पीड़ा को प्रस्तुत करते हैं और यह भी देखते हैं कि मनुष्य ही मनुष्य का हत्यारा है—'जहाँ बह रहा है नदियों में फौलाद/उड़ रही हवाओं में बारूदी गन्ध/प्रेत बन गयी आदम की औलाद/मृत्यु का पठार जहाँ फैला पथरीला है/वहीं कहीं मैं हूँ/' ज़ाहिर है कि साठोत्तर काव्यबिम्ब जिन समकालीन सच्चाइयों से निर्मित हुआ है वह यथार्थ शम्भुनाथ सिंह के गीतों में प्रामाणिकता के साथ मौजूद है।

शम्भुनाथ सिंह के यहाँ सघन निजी अनुभव, सबके अनुभव बन जाते हैं।

'मन का आकाश उड़ा जा रहा' शम्भुनाथ सिंह का ऐसा नवगीत है जो सतह पर शान्त लेकिन गहराई में बेहद उदास है। इस प्रेमगीत में कवि ने कुछ लोकविश्वास और रूढ़ियों में नये अर्थ सन्दर्भ आविष्कृत करने की कोशिश की है। आकाश छूटा जा रहा है—चित्त की अस्थिरता से बना गहरा घाव है। पुरवैया—यानी पूरब की हवा जब लगती है तो पुराने घाव भी टीसने लगते हैं—

मैं वह पतझर, जिस के ऊपर से
धूल-भरी आँधियाँ गुज़र गयीं,
दिन का खण्डहर जिस के माथे पर
अँधियारी साँझ भी ठहर गयी,

जीवन का साथ छूटा जा रहा,
पुरवैया धीरे बहो।

प्रेम एक शाश्वत ज़ख्म है। प्रेम की रिक्तता भीतरी खालीपन को ज्यादा मारक बना देती है।

अँधियारी साँझ, जीवन का साथ छूटना, वाचक का खुद पतझर हो जाना, सूनेपन, दीप का बुझना, आँखों के ऐसे अर्थ-प्रसंग हैं, जो मुश्किल वर्तमान को कष्ट की कठिन किताब बना रहे हैं। शम्भुनाथ सिंह यहाँ लोकधुन को अपने तरीके से बरत रहे हैं और उसे नया भी बना रहे हैं। भाषा इकहरी नहीं है। उसमें अर्थ के कई स्तर हैं।

शम्भुनाथ सिंह ने शिल्प के धरातल पर भी कई प्रयोग किये हैं। लोक में व्याप्त जनपदीय शब्दावली से लेकर दार्शनिक अवधारणाओं को व्यक्त करने वाले शब्द और शहरी मशीनी जीवन से उपजे शब्द इन सबसे मिलकर कवि की शब्दावली निर्मित हुई है–

मोड़ सकती मगर
तोड़ सकती नहीं
हो सदी बीसवीं
या कि इक्कीसवीं

राह हमको दिखाती
परावाक् है
दूरदर्शन कि
आकाशवाणी नहीं।

दरअसल उनका शिल्प वस्तु के दबाव से आकार ग्रहण करता है। बोलचाल वाली सहज भाषा हो या लोकपरक आंचलिक शब्दावली; शम्भुनाथ सिंह ने भाषा के सरल, सृजनशील और सार्थक रूप को अपने गीतों में प्रस्तुत किया है। उनकी भाषा में कहीं भी ऐसा स्थानीय भाषा का आंतक नहीं मिलता कि उसे समझने के लिए हमें शब्दकोश देखने पड़ें या भाषा-विशेषज्ञों की शरण में जाना पड़े। उनकी भाषा में एक विशेष प्रकार की त्वरा और ताकत है। कवि अपने इच्छित बिंबों और अप्रस्तुत प्रसंगों को भी सहज ही प्रस्तुत कर देते हैं–

खिड़की से गूँजे उत्तर
देहरी से चीखते सवाल
मुझको क्या-क्या नहीं मिला
मन में सब कुछ रखा सँभाल।

शम्भुनाथ सिंह ने गीत-भाषा में एक सार्थक ऐन्द्रिकता का संचार किया है। विशेषकर जहाँ कवि प्रतीकों के माध्यम से अपना निहितार्थ प्रस्तुत करता है, वहाँ उनकी भाषा में अद्‌भुत ऐन्द्रिकता आ गयी है–

ये छत्तो झूलती रस्सियाँ काट दे
इन घरों में खुदी खाइयाँ पाट दे
हाट में, पाट में द्वार पर अँगने।
ये उगी जंगली झाड़ियाँ काट दे
आँख की चार जलती मशालें लिए।
सूर्य की भूमिका है निभानी कहो।

यह पंक्तियाँ बताती हैं कि शम्भुनाथ सिंह ने गीत तथा कविता के साथ-साथ भाषा और भाषा के बीच में जो खाइयाँ थीं उन्हें पाटने का प्रयास किया।

चन्दा से हिरनों का रथ
सूरज से रेशमी लगाम,
पूरब से उड़नखटोले
पश्चिम से परियाँ गुमनाम।

रातों से चाँदी की नाव
दिन से मछुए वाला जाल।

इतना ही नहीं यह सजग गीतकार इतना सतर्क था कि जानता था कि उसे सूर्य की भूमिका निभानी है। उन्होंने सार्थक शब्दों के द्वारा समय की शिला पर जो शब्दचित्र उकेरे वह अमिट हैं। अगर किसी को हिन्दी नवगीत का वास्तविक और सम्पूर्ण मूल्यांकन करना है तो उसे शम्भुनाथ सिंह के गीतों से काफी सहायता मिलेगी।

वीरेन्द्र मिश्र

(1 अक्टूबर 1927–01 जून 1999)

ये हैं वे पाँव, जिन्हें मंजिल से बल मिला

हिन्दुस्तानी जनमानस बुनियादी तौर पर लिरिकल है और इसका सबूत हमारे यहाँ मिलने वाली प्राचीनतम किताबें भी देती हैं। यहाँ तक कि कविता से अलग दर्शन, काव्यशास्त्र, आयुर्वेद और ज्ञान-विज्ञान के दूसरे अनुशासन भी कविता के छन्दबद्ध गीतात्मक शिल्प में मिलते हैं। समूचा मध्यकाल केवल कविता का युग है। शुरुआती आधुनिक कविता भी इसी रिवायत को निभाती रही लेकिन छायावादी दौर में कविता से गीतात्मक लय और स्वर दूर होते गये।

कविता छन्दों के जटिल बन्धन को तोड़कर आसान मुक्त छन्दों की ओर चली गयी और आख़िरकार छन्दमुक्त हो गयी। वीरेन्द्र मिश्र उन थोड़े से कवियों में रहे जिन्होंने ताउम्र गीत लिखे–'जो कुछ भी गाना हो तुझको/अपनी धुन में मगन होकर गा/अन्तरंग की लहर-लहर पर बहते-बहते/पवन-पवन होकर गा।' यह साँस का छन्द और जीवन का गीत बन जाना है।

मुरैना, मध्य प्रदेश में जन्मे वीरेन्द्र मिश्र के प्रमुख नवगीत संग्रह हैं–'बेला', 'झुलसा है छायानट', काले मेघा पानी दे'। उनके गीत कथ्य-रूप की दृष्टि से किसी भी तरह की जकड़बन्दी से मुक्त रहे हैं। यही वजह है कि विपुल मात्रा में लिखने के बावजूद इस कवि ने खुद को नहीं दोहराया और भाषा की ज़मीन पर भी उनके यहाँ हमेशा ताजगी मिलती रही–'कभी धूप बनकर चढ़े/कभी छाँव बनकर ढले/नये गीत के काफिले/.....जहाँ भी पराजय मिली/जहाँ टूटती लय मिली/वहीं थे नये सिलसिले/' उन्होंने उन कथित गीतों का भी विरोध किया जिसमें केवल तुकबन्दी थी। उन अभद्र कोशिशों के विरोध में भी वीरेन्द्र मिश्र खड़े हुए थे जो गीत के नाम पर कवि-सम्मेलनों के मंच से कविता के नाम पर श्रोताओं के ऊपर थोपी जा रही थी। सनसनीखेज अश्लील बयानों और चुटकलेबाजी को

उन्होंने कविता नहीं माना। इतना ही नहीं नारेबाजी से भी वे बचे रहे। वीरेन्द्र मिश्र के गीत इस तथ्य की पुष्टि करते हैं कि समय उन्हीं गीतों को बचाए रखता है जिनमें अपना समय और समाज मौजूद है। जहाँ छन्दमुक्त कविता के नाम पर सपाट अखबारी बयान देखते-देखते समय की भीड़ में गुम हो जाते हैं और गीत के नाम पर चलने वाली पंक्तियाँ देखते-देखते शून्य में खो जाती है, वहीं ऐसी रचनाएँ वक़्त की सीमा को तोड़कर हमेशा बची रहती हैं, जो असली अर्थ में साहित्य है। हमारे समय के इस समर्थ गीतकार ने अनथक ऊर्जा के साथ ऐसे यादगार गीतों का सृजन किया जिन्होंने नवगीतवादी आन्दोलन के मुहावरे के रूप में पेश किया जाता रहा है। उन्होंने गीत सृजन के शुरुआती दौर से अपनी गहरी सामाजिक समझ और राजनीतिक बोध का परिचय दिया—नेलसन मंडेला/तुम नहीं हो अकेले/गोरी चमड़ी के अन्दर/काला खंजर है/काली मानवता का/मन पूरनमासी/ये ही समझाते-समझाते/तुम जीते हो/चरमरा रही है/पैबन्द लगी कुर्सी/....पता नहीं, असली है कौन, कौन नकली/राजा तो बदले पर कुर्सी न बदली, वीरेन्द्र मिश्र ने नयी कविता की घनघोर छन्दमुक्तता के वक़्त में भी गीतों पर भरोसा नहीं छोड़ा—'जिसके कारण हवा विषैली/मधुवन मरघट बने जा रहे/हथियारों के उस जंगल को बदलो/' उन्होंने इसे चुनौती की तरह लिया और उन्हीं विषयों को वीरेन्द्र मिश्र गीत का विषय बनाने में कामयाब रहे जिन्हें नयी कविता के छन्द मुक्त कवि लिख रहे थे।

वीरेन्द्र मिश्र आलोचकों द्वारा छन्द की उपेक्षा से निराश नहीं थे बल्कि उन्होंने जोखिम उठाते हुए गीतकारों को समझ दी कि अगर गीत मुख्यधारा की कविता से बेदखल हो गये हैं तो उसकी वजह गीत के वातावरण में भी है क्योंकि गीत के नाम पर सस्ते रोमानी किस्म के कथित गीत लिखे जा रहे थे उनमें फिल्मी गीतों जैसी सतही किशोर भावुकता थी और वीरेन्द्र प्रकृति के ललित बिम्ब भी कविता में प्रस्तावित किये—वीरेन्द्र मिश्र के यहाँ उन्हें देखा जा सकता है।

डलिया भर फूल और लाना
मालिनी वसन्ती
भूरे मटमैले हैं पर्णहीन सपने
जैसे हैं, जो कुछ हैं, हैं तो ये अपने
इन पर रस गन्ध लहलहाना
मालिनी वसन्ती

जीवन-जगत की सच्चाइयाँ भी उनसे ओझल नहीं रहीं—

सरसों की चूनर औ' पाटल के लहँगे
तेरे परिधान सभी ऋतुओं से महँगे
उत्सव है, नृत्य गीत गाना
मालिनी वसन्ती
और एक और बात तुझसे है कहनी
भर-भर बौराए जब फागुन की टहनी
बनकर तू कंठहार आना
मालिनी वसन्ती

नींद टूट जायेगी रस-विभोर लोगों की
छेड़ो मत दर्द-भरी बाँसुरी
निष्कंटक चलने दो मीठे व्यापारों को
प्याले में घुलने दो माधुरी
पर्वत-सा दर्द नहीं, राई-से सुख को
तुम्हें अमर करना है गीत के बहाने

ऐसी पंक्तियाँ उस दौर के नवगीत में विरल थी।

उस समय हिन्दी गीतों का वही हश्र हो रहा था जो एक ज़माने में उर्दू ग़ज़ल का हुआ। जिस तरह ग़ज़ल केवल उस अभिजात वर्ग की दुनिया तक सिमट गयी थी जो उसे महफिल का दिल बहलाने की चीज़ मानता था साहित्य नहीं मानता था। ऐसे में नवगीत आन्दोलन के समय रमेश रंजक, शम्भुनाथ सिंह इत्यादि महत्त्वपूर्ण गीतकारों के साथ वीरेन्द्र मिश्र ने गीत की दुनिया को बदलकर रख दिया। वे पेड़ यानी हरापन बचाये रखने वाले आशावादी कलाकार बनकर उभरे—

आज मुझको काट लें, कल बच सकेंगे आप भी क्या?
सह सकेंगे शीत भीषण! सह सकेंगे ताप भी क्या?
पर्वतों पर वृक्ष की डाली पकड़कर, जल-प्रलय में,
शरण लेंगे या कि काटेंगे मुझे मेरे निलय में?
एक पृथ्वी-गृह समूचा शेष प्राणी-हीन होगा
सभ्यता की लाश पर यम काल-सा आसीन होगा

लगातार उन्होंने अपने विवेक और समझ को परिष्कृत किया और विकसित किया। जहाँ एक ओर उन्होंने अकाल में भूख से छटपटाते हुए मर रहे लोगों की कराह को अपने मार्मिक गीत में बदल दिया वहीं मौसम की मार झेलकर भी

खाली पेट रह जाने वाले किसानों की पीड़ा को उजागर किया। उन्होंने मज़दूरों, मछुआरों के सपने और आशाओं के साथ-साथ उनके डर को भी गीत के रूप में ढाला। वहीं दूसरी तरफ़ छोटे शहरों और महानगरों में हर कदम पर अपने अस्तित्व और पहचान के लिए लड़ने वाले मध्यम वर्ग की लड़ाई को भी अपने शब्दों का अनुभव बनाया—अमृत-शर छोड़ेंगे नीलगगन में भी हम भी/एक दिवस पहुँचेंगे शीश-महल में हम भी/ये हैं वे हाथ, जिन्हें पत्थर भी जानते/ये हैं वे पाँव, जिन्हें मंजिल से बल मिला/' मामूली इन्सान की ताकत पर कितना बड़ा विश्वास है।

रोज़ बढ़ती हुई साम्राज्यवादी ताकतों द्वारा प्रताड़ित तीसरी दुनिया के देशों और दुनिया की शांति के लिए आगे बढ़ने वालों के प्रयासों को भी वीरेन्द्र मिश्र ने गीत में शामिल किया। वीरेन्द्र मिश्र के गीत जटिल समय की विद्रूपित हकीकत और उसके सामने निहत्थे खड़े इन्सान की आवाज़ है—'अवसरवादी अँधियारे से कह दो/चाहे सूरज हो डूब गया लेकिन/माटी का दीपक भी जल सकता है।' उन्होंने अपने गीतों में संगीत के स्वर ही नहीं भरे बल्कि तीखे व्यंग्य का भी इस्तेमाल किया है।

वीरेन्द्र मिश्र अनिवार्य महत्व के कवि हैं। हिन्दी कविता का समग्र इतिहास गीत और उसमें भी वीरेन्द्र मिश्र सरीखे महत्त्वपूर्ण गीतकारों के मूल्यांकन के बिना बिल्कुल अधूरा है। उनके गीतों के द्वारा हम लगभग पचास वर्षों के भारतीय समय और दुनिया की हलचलों को समझ सकते हैं।

वीरेन्द्र मिश्र ने 'जनसामान्य का युद्ध-विरोधी गीत' में मानव की आकांक्षा का चित्रण किया है। मनुष्य की जिजीविषा बची रहे कवि की यह चिन्ता लगातार बनी रहती है। जनसामान्य युद्ध नहीं चाहता वह जीवन चाहता है—

कन्धे पर धरे हुए
ख़ूनी यूरेनियम
हँसता है तम
युद्धों के मलबे से
उठते हैं प्रश्न और
गिरते हैं हम

इनसान जीवन में आने वाली प्रत्येक समस्याओं का समाधान चाहता है। युद्ध किसी भी समस्या का समाधान नहीं है। कवि मानव जाति पर मँडराते खतरे के लिए युद्ध में प्रयोग किया जाने वाला यूरेनियम को ख़ूनी कहता है। ऐसा लगता है कि इस ख़ूनी यूरेनियम पर अँधेरा हँस रहा हो। युद्धों के परिणाम भयानक होते हैं। कई प्रश्न उठते हैं—

ऊब और इन्तज़ार
स्वर्ग के विधान में
बन गये नियम
युद्धों के मलबे से
उठते हैं प्रश्न और
गिरते हैं हम

युद्ध सम्पूर्ण मानवता की पराजय होती है। मानव अपने बचे रहने के बारे में निरन्तर चिन्तित रहता है धूप भरी दोपहरी, धूल भरी शाम, काली रात्रि का साम्राज्य—उसे सब कुछ खुरदुरा प्रतीत होता है। यह भाव-स्थिति एक ऊब पैदा करती है। बेचैनी को बढ़ावा देती है। सामान्य जन सोचता है कि हम वेदना को स्वीकार करें या जिजीविषा को। सामान्य जन, जीवन चाहता है। युद्ध के भयंकर परिणाम सामान्य जन को भुगतने पड़ते हैं। युद्ध के बाद बने खण्डहर इस बात को प्रमाणित करते हैं कि इसका परिणाम कितना भयानक होता है। झुग्गी हो या झोंपड़ी या दफ़्तर सभी जगह इसके प्रभाव प्रतिबिम्बित होते हैं। सामान्य जन के मस्तिष्क पर घिरी चिन्ता साफ़ दिखायी देती है। ऐसा प्रतीत होता है कि चिन्ता की गति रेल के समान तीव्र है। जब प्रीतिभोज में मिलते हैं तो ऐसा लगता है कि नफरत प्लेटों में बिखरी है—

प्रीतिभोज में मिलते
नफरत की प्लेटों में
टूटे परचम
युद्धों के मलबे से
उठते हैं प्रश्न और
गिरते हैं हम

टूटे हुए परचम सर्वत्र दिखायी पड़ते हैं। निरन्तर प्रश्न उठते हैं। कुछ कातिल मस्तिष्कों ने लोगों के भाग्य में ख़ूनी उन्माद को लिख दिया है। वैज्ञानिक बिके हुए हैं उनके ख़ूनी हथियारों ने मानवता को निगल लिया है। वे जीवन के लिए सुखों का अनुवाद नहीं करते, वे तो मृत्यु के लिए सारा श्रम करते हैं। सामान्य जन चिन्तित है कि युद्धों के मलबे से निरन्तर प्रश्न उठते हैं—

करते अनुवाद
जीवन के लिए नहीं
मृत्यु के लिए होता
ये सारा श्रम

युद्धों के मलबे से
उठते हैं प्रश्न और
गिरते हैं हम

सामान्य जन हमेशा ही पराजित होता है।

जब एक राष्ट्र दूसरे राष्ट्र से मिलते हैं तो ऐसा लगता है कि उनके स्वार्थ परस्पर मिल रहे है। घृणा से ही घृणा का मेल हो गया हैं। जो शान्ति रूपी पुल तैयार किया है। वह भी मात्र छलावा ही हैं; ऐसे प्रयत्न भी जन-जन के बीच प्रेम का संचार नहीं कर पाते–

स्वार्थों से स्वार्थ मिले
घृणा से मिली घृणा
रचे गये पुल
सेतुबन्ध शान्ति शान्ति का
कर न सके निर्मित भी
हम जन संकुल
ये गुलाब की समाधि
इसीलिए चुप बैठी
इसीलिए नम
कन्धे पर धरे हुए
ख़ूनी यूरेनियम
हँसता है तम

जो युद्ध को आमन्त्रण देते हैं, युद्ध करते हैं, भेड़िया के समान हैं। वे रेशमी कपड़े में छिपे भेड़िये ही हैं। जो जन सामान्य की कभी नहीं सोचते हैं। अब तो सभ्यता जंगल की ओर लौटती दिखायी पड़ती है। भयानक दृश्य मनुष्य को जीवित नहीं रहने देते। हत्यारे बदनाम होकर भी प्रार्थना सभाओं में शिरकत करते हैं। उनका यह कार्य महज एक अभिनय है। दिखावा है। जनसामान्य सब देखता है। सामान्य जन की चिन्ता है कि कब तक ऐसे जीवन जियें। यह तो लिफ़ाफ़े की तरह ज़िन्दगी हो गयी है। जब चाहे शासक इस लिफ़ाफ़े का मनचाहा उपयोग कर लें। सारे प्रतिष्ठान खाली-मन हैं ध्वस्त हो गये हैं। वहाँ पर सूनापन है।

चरागाहों की हरियाली कालिमा में बदल गयी है। इस चरागाह में दबे पंजों से यमराज का आगमन होता है। जो मानव के जीवन को ले जाने के लिए आ रहा है। इसलिए युद्ध के कारण मलबे के ढेर लगे हुए हैं, तबाही है। कई प्रश्नों को

सामने लाती है, इसमें सामान्य जन का जीवन ही हारता है। कवि ने बार-बार कहा है कि कन्धे पर ख़ूनी यूरेनियम को लेकर चलने वाले युद्ध पर अँधेरा हँसता है।

जन सामान्य का युद्ध विरोधी गीत मानव के प्रति आस्था प्रकट करता है। वह नहीं चाहता कि युद्ध के भयंकर परिणाम निरन्तर उसे झेलने पड़ें। युद्ध हमेशा भयावह होता है। वह कैसे सम्पूर्ण जीवन को निगल जाता है। इसलिए कवि की चिन्ता है कि हमेशा शान्ति का साम्राज्य बना रहे। कोई भी जनसामान्य इसके प्रभाव में नहीं आये। वह हमेशा अपने जीवन को सार्थक बनाये रखें। आधुनिक समय में छाये हुए युद्ध के बादलों से वह लगातार चिन्तित रहता है। वह हमेशा सामान्य जीवन जीने के लिए प्रयत्नशील रहता है। युद्ध के बाद उसका सामान्य जीवन लगभग समाप्त हो जाता है। स्पष्ट है कि यह रचनाकार जटिल विषयों को गीत के शिल्प में प्रस्तुत करने की क्षमता दखता है। असल में रमेश रंजक, शम्भुनाथ सिंह, प्रेम शंकर रघुवंशी और वीरेन्द्र मिश्र ऐसे नव गीतकार हैं जो ऐसा रचनात्मके साहस निरन्तर प्रदर्शित करते रहे हैं।

छविनाथ मिश्र

(1928–2015)

मुझे ज़िन्दगी से बहुत प्यार है

छविनाथ मिश्र की काव्य-छवि वैदिक-काव्य के मर्मज्ञ और छन्द-सजग गीत-कवि की रही है। छन्दबद्ध कविता के कवि, छन्द मुक्त कविता के विरोधी बन जाते हैं। लेकिन छन्दबद्ध माध्यम को अद्भुत रूप से साधने वाले छविनाथ मिश्र सरीखे कवि के यहाँ मुक्त छन्द या छन्दमुक्त कविता के खिलाफ़ कोई पूर्वाग्रह कभी दिखायी नहीं दिया। छन्द कविता के इस वरिष्ठ नागरिक ने खुद इन माध्यमों पर भरोसा करके उन्हें बखूबी आजमाया है। आठ काव्य-संग्रह और वैदिक ऋचाओं के संकलित दो गीतांतरण उनकी रचनाशीलता के सबूत हैं।

छविनाथ मिश्र जीवन में शब्दों का महत्व समझते हैं और शब्दों के जीवन का मर्म भी 'अभी अभी जिस सरकटे शब्द का शव/ख़ून से लथपथ/उत्तर-आधुनिक 'बाईपास' के/हरे हाशिये पर मिला है। किसी मीडिया-पटु लम्पट के अनुसार/न जाने किस उपभोक्ता अर्थवान शब्द ने/उसकी हत्या कर दी।' शब्दों के साथ घटने वाली इस दुर्घटना से कवि आहत है–'तार-तार हो चुका है शब्दों का लिबास/भाषाएँ नंगेपन की हद तक/हो चुकी हैं लाचार/' कवि प्रमथ्यु की तरह भोंथरे हो चुके औज़ारों को तेज करने के लिए ऐसी आग लाना चाहता है 'जिसकी सनसनाहट से/शब्द गर्म हो सकें। जिसकी ताप से भाषाएँ पिघलकर/कोई नया अर्थ रच सकें।' यह नया अर्थ जीवन को अर्थ देने वाला है।

कविता जीवन के बचे रहने की पहचान है। आदमी के ज़िन्दा रहने की शिनाख्त करनी है–यह मानने वाले कवि के यह शब्द गहरे निहितार्थ प्रस्तावित करते हैं–'मौत को देती है चुनौती/अमन की सहमी कपोती/तय हुई दूरी न पूरी, बाज मँडराने लगे हैं/ गीत पथराने लगे हैं/' कविता के यथार्थ से जीवन की सच्चाई ज्यादा कड़वी है–'शब्दों को जोड़ते-तोड़ते साठ साल की उम्र हो गयी/कुछ

पैसे तो जोड़े होते/धनु ही जैसी कमर हो गयी/कितने बिम्ब-प्रतीक टटोले/किस दुनिया में भूले भोले/दिखी न आँगन में बीवी की/साड़ी फटी-पुरानी/बिटिया हुई सयानी।' यह बेचैन कर देने वाली ऐसी सच्चाई है जिसके भँवर में अच्छे-अच्छों की संवेदना डूब जाती है। छविनाथ मिश्र ने इस निर्मम यथार्थ को अपनी छाती पर झेला है–'प्रयाग से कलकत्ते तक की पाँच सौ मील की एक लम्बी दूरी, एक लम्बा अरसा यायावरों और खानाबदोशों जैसी दिनचर्या, रूप चर्या, हवा के हाथों और कल्पना के पंखों पर कैदखाने से पागलखाने तक की सैर–कुल मिलाकर यही है मेरा बाह्य और आन्तरिक व्यक्तित्व।' जीवन की भयावह परेशानियों से घबराकर वे जीवन से नहीं भागते–'मौत को चूमकर मैं चला आ रहा हूँ/मुझे ज़िन्दगी से बहुत प्यार है।' जीवन से इस कदर प्यार करने वाला व्यक्ति मौत का विलोम रचता है। ज़िन्दगी को बड़े अर्थ देता है।

छविनाथ मिश्र ने जीवन की केन्द्रीय अनुभूति को बचाने जैसी कोशिश वैदिक ऋचा गीतों के गीतांतरण में भी की है–'ऋचा गीत के गीतांतर की पूरी संरचना में ऋचियों की केन्द्रीय अनुभूति को सुरक्षित रखते हुए ही मैंने उनकी भावनाओं एवं अन्तर्दृष्टि की गहराई के प्रति यथासम्भव सतर्क रहने की कोशिश की है।' साम्यबोध में निहित भावात्मक एकता को वैदिक कवि संवनन आंगिरसे के संज्ञान सूक्त का गीतांतरण करते हुए छविनाथ मिश्र ने लिखा है–'तुम सबके/जीवन-यापन-उपासना के/प्रकार एक हो/ध्येय समान हो। संगठन शक्ति सुदृढ़-सुन्दर हो।' छविनाथ मिश्र ने वैदिक काव्य प्रसंगों में आज के जीवन-सन्दर्भ ढूँढ़े हैं।

छविनाथ मिश्र की कविता का रसायन सन् साठ के साहित्यिक-सामाजिक अनुभवों या कहें कि समकालीन बोध से बना है। यह वह दौर था जब अकविता की धमक ने गीति के प्राणतत्व रोमान को इस कदर धमका दिया था कि अगीत के चौबारे में भी उसे जगह नहीं मिली। 'आधुनिक मन का अपरिचय' और 'अपना ही विभाजन' झेलने वाले गीतकवि छविनाथ मिश्र को कहना पड़ा–'युग बहुत कुछ लग रहा है/टूट कर औंधा गिरा।' यह ऐसा व्यर्थताबोध था जो अपने समय के अँधेरे, अजनबीपन और अमानवीयता से उपजा था–'सामने परछाइयों के सिलसिले ही सिलसिले और कितने नाम/जिन्हें सूरज रोज़ किरणों के/सुनहरे चाक़ुओं से काट जाता है/ज़ाहिर है कि शब्दों और सोच पर दुख और पीड़ा की गहरी छाया थी लेकिन केदारनाथ सिंह, रघुवीर सहाय, नागार्जुन और शमशेर के साथ छन्द बद्ध कविता के इस कवि ने भाषा और विवेक को काला होने से भरसक बचाए रखा। किताबी विचारों ने नहीं, अन्तहीन जीवन संघर्षों ने छविनाथ मिश्र को सताए-हारे-दुतकारे हुए जन के पक्ष में हाथ उठाना और खड़े रहना सिखाया।

जीवन की बुनियादी चीज़ों के लिए जूझने वाला ही कह सकता है—'कविता जब किसी के पक्ष में/या किसी के खिलाफ़/अपनी पूरी अस्मिता के साथ खड़ी होती है। तब वह/ईश्वर से भी बड़ी होती है।' यह मिथकीय युयुत्सावाद नहीं है। यह मनुष्य और उसके जीवन से नये संवाद की सम्भावना जगाने वाली इबारत है। छन्दमुक्त कविता बेकार नहीं है और केवल छन्द में लिखने से कोई कवि अप्रासंगिक नहीं हो जाता है। लेकिन छन्दबद्ध और मुक्तछन्द के पैरोकार खुद को महान और दूसरे को व्यर्थ साबित करते रहे! आलोचना का यह परहेजवाद आखिरकार कविता का ही बुरा कर रहा है। छविनाथ मिश्र सरीखे कवियों पर लिखने, पढ़ने और बातचीत करने से शब्दों की दुनिया बड़ी होती है। कविता का पाट चौड़ा होता है।

(ङ) परिशिष्ट-2 : हिन्दी कविता का पड़ोस

(25) नज़ीर अकबराबादी : 1735–1830
जनता की बात जनता की जुबान में कहने वाला शायर

(26) मिर्जा ग़ालिब : 27 दिसम्बर 1797–15 फरवरी 1879
थी ख़बर गर्म कि ग़ालिब के उड़ेंगे पुर्जे

(27) फ़ैज़ अहमद फ़ैज़ : 13 फरवरी 1911–20 नवम्बर 1884
ये वो सहर तो नहीं

(28) कैफी आज़मी : 19 जनवरी 1919–10 मई 2002
लम्हें भर को यह दुनिया जुल्म छोड़ देती है

(29) शहरयार : 16 जून 1936–13 फरवरी 2012
चलो ख़्वाबों की परियों को पुकारें

(30) निदा फ़ाज़ली : 12 अक्टूबर 1938–08 फरवरी 2016
अल्ला तेरे एक को, इतना बड़ा मकान

(31) बशीर बद्र : 15 फरवरी 1935
किसी मोड़ पर फिर मुलाकात होगी

नज़ीर अकबराबादी

(1735–1830)

जनता की बात, जनता की ज़ुबान में कहने वाला शायर

आधुनिक हिन्दी साहित्य की शुरुआत में एक विचित्र बात यह हुई कि कविता की जगह गद्य केन्द्र में आ गया और दूसरा बदलाव यह आया कि गद्य की भाषा खड़ी बोली हो गयी लेकिन प्रारम्भिक दौर की कविता ब्रज भाषा में लिखी जाती रही। भारतेन्दु आधुनिक युग के पहले साहित्यिक नेता हैं। उनके यहाँ हम कई तरह की दुविधाएँ देख सकते हैं। वह ब्रज भाषा में रीतिकालीन बोध और आस्वाद से युक्त शृंगारिक कविता लिख रहे थे। उनके नाटकों की भाषा यहाँ तक कि नाटकों में गाये गीतों की भाषा बनती हुई खड़ी बोली थी, यानी भारतेन्दु भाषा और बोध को लेकर द्वन्द्वग्रस्त थे। जबकि उनके समकालीन नज़ीर अकबराबादी जनता की बात, जनता की ज़ुबान में कह रहे थे। नज़ीर ने हिन्दी-उर्दू का भेद मिटा दिया और उन्होंने कविता नहीं लिखी बल्कि कविता कही। इसलिए वे ऐसे रचनाकारों में आते हैं जिनके रचनात्मक कार्य ने हिन्दी और उर्दू दोनों भाषाओं की कविता पर असर डाला है!

नज़ीर अकबराबादी जनता के कवि थे। उन्होंने जनता की माँग पर शायरी की है। आम आदमी के जीवन से जुड़े विषयों पर उन्होंने जमकर काव्य रचना की है। मामूली आदमी किस तरह अपने व्यवसाय, घर-परिवार और समाज की परेशानियाँ झेलता है; इसकी झलक नज़ीर अकबराबादी की कविता में मिलती है। उनके यहाँ हिन्दू-मुस्लिम का भेद नहीं है। मुस्लिमों के रीति-रिवाजों के साथ-साथ उन्होंने हिन्दुओं के पर्व-त्योहारों पर भी लिखा है। नज़ीर अकबराबादी ने जीवन के दुख-सुख को हँसी-मज़ाक की ऐसी शैली दी, जिसका हिन्दी में भारतेन्दु ने विकास किया। नज़ीर अकबराबादी उपदेशकों या विद्वानों की भाषा में नहीं एक दोस्त की आत्मीय बोली में बातचीत करते हैं। यही कारण है कि उनकी सहज शब्दावली

में कही गयी ज़िन्दगी की कठोर सच्चाई को पाठक आसानी से समझ लेता है। उनकी रचनाओं में हिन्दी-उर्दू मिश्रित भाषा का इस्तेमाल किया गया है। यह भाषा सरल, सहज और मर्मस्पर्शी है। इस भाषा को हिन्दुस्तानी कहा जा सकता है। लोक जीवन की सीधे मर्म को छूने वाली कवि की भावप्रधान शैली में प्रस्तावित शब्दावली में लयात्मकता और गीतात्मकता है। उर्दू शब्दावली कवि के कथन को गति देती है और गहराई का समावेश करती है। नज़ीर अकबराबादी ने नयी लय, गति, यति इत्यादि भी आविष्कृत किये हैं। उदाहरण के लिए 'आदमीनामा' को देखने पर हम पाते हैं कि एक स्थायी पंक्ति 'सो है वह भी आदमी' के दोहराव से नज़ीर अकबराबादी कविता में अनूठी लय गुँजा देते हैं। इस लय को भारतीय जनमानस में व्याप्त मुहावरे एक बेहतरीन पाठ में बदल देते हैं।

नज़ीर अकबराबादी जैसे शायरों ने हिन्दी-उर्दू, देवनागरी-रेख़्ता की बेमतलब टकराहट से ऊपर उठकर आम हिन्दुस्तानी की ज़ुबान में अपनी शायरी की है। भाषा के साथ-साथ नज़ीर ने अपने काव्य-विषय जनता के उस नुमाइंदे साधारण आदमी के रोज़मर्रा के जीवन से उठाये, जिनसे वह आम आदमी जूझ रहा था, झेल रहा था लेकिन खुद पर हो रही ज्यादतियों के खिलाफ़ कुछ कह नहीं पा रहा था। नज़ीर अकबराबादी ने उस मनुष्य को अपने शब्द और आवाज़ दी है। यही कारण है कि उनकी रचना हिन्दू या मुस्लिम नहीं है; वह मनुष्य की रचना है। जैसा कि पहले कहा नज़ीर के शब्द लिखे हुए नहीं हैं बल्कि कहे हुए हैं। यानी वह रचते नहीं हैं, कहते हैं और इस अन्दाज़ में कहते हैं कि वह सबको समझ में आता है और सबका हो जाता है।

उन्नीसवीं शताब्दी के पूर्वार्द्ध और आरम्भिक उत्तरार्द्ध में उर्दू काव्य अपने विकास के उच्चतम स्तर तक पहुँच गया था। अब शायरी प्रिय से बातचीत नहीं थी, बल्कि दुखी, सताये जा रहे हृदय से निकली हुई चीख थी। उसमें अपने समय का अंकन भी था और इन्सान के दिल में उठते हुए जज़्बात भी वर्णित थे। उससे पहले उर्दू भाषा का साहित्य एक सीमित दायरे में विकसित हो रहा था। शायर लिखते उर्दू भाषा में थे, हिन्दुस्तानी वातावरण में रहते थे और फारसी-अरबी भाषा में विषय-चिन्तन करते थे। साहित्य-आलोचकों ने इसे शायद इसी कारण मध्यकालीन उर्दू साहित्य में अभिहित किया है। कभी-कभी इसे उर्दू का क्लासिकी अदब भी कह दिया जाता है। बेशक इनमें कुछ विभूतियों की रचनाएँ क्लासिक कहलाने की हकदार हैं। लेकिन इस पूरे प्रकरण में सार्वजनिक एवं सार्वभौमिक कृतियों की झलक पाने के लिए बहुत कोशिश करनी पड़ती है। इसके बाद परिदृश्य बदलने लगा। 18 वीं शताब्दी के समापन तथा पश्चिमी साहित्य एवं

सभ्यता का प्रभाव विभिन्न माध्यमों से भारत के विभिन्न भागों में पड़ना शुरू हो गया था। रियासतों की अवनति एवं ह्रास तथा अंग्रेजों की शिक्षा-नीति ने समाज के एक बड़े वर्ग को यह बोध करा दिया था कि परम्परागत साहित्य का ज़माना चिरकालीन नहीं है। उर्दू विकास की विभिन्न विधाएँ साहित्यिक केन्द्रों के अतिरिक्त अन्य स्थानों पर भी विकास की ओर अग्रसर थीं। इन्हीं में से एक शहर आगरा था जो पुराने ज़माने में मुगलों की राजधानी थी। इसीलिए अपने अतीत के साये में यह शहर सांस्कृतिक धरोहर को सुरक्षित रखे हुए था। इसी शहर में नज़ीर अकबराबादी का जन्म हुआ। उन्होंने उर्दू साहित्य में अपना विशिष्ट स्थान बनाया। उन्होंने सभा-साहित्य के महफिली दिलफरेब खोखले विषयों को ख़ुदा-हाफिज़ कह अपने समाज का चित्रण किया। इसी कारण इतिहास लेखकों के अनुसार नज़ीर अकबराबादी ने उस अफरा-तफरी के माहौल में अपनी मस्जिद अलग ही खड़ी की। डॉ. विजयेन्द्र स्नातक के अनुसार उर्दू-मरसिया लेखकों तथा नज़ीर अकबराबादी ने उस ज्योति की झलक देख ली थी जो आगे चलकर उर्दू कविता की नयी शैली के रूप में प्रकाशित होने वाली थी। नज़ीर अकबराबादी ने अपनी कविता में परम्परागत शैली से हटकर कुछ नये प्रयोग किये जो परम्परावादी शायरों को रुचिकर नहीं लगे किन्तु सामान्य पाठक का नज़ीर की शायरी से सीधा जुड़ाव हो गया। उन्होंने नये-नये विषय ढूँढ़े और विचारों को सहज-सरल भाषा में मुसद्दस और मसनवी के माध्यम से प्रस्तुत किया।' कई आलोचक नज़ीर अकबराबादी सरीखे विलक्षण शायर को मीर, सौदा, मोमीन एवं ग़ालिब के बराबर प्रतिभा सम्पन्न नहीं मानते लेकिन उनमें वे सभी साहित्यिक गुण देखते हैं जिनसे नज़ीर अकबराबादी को एक स्वतन्त्र साहित्यिक प्रतिभा कहा जा सके।

नज़ीर अकबराबादी ने काव्यरूप एवं विषय के अनुसार भाषा शैली का चुनाव किया। उनके विषय रीतिवादी नहीं अपितु उनके अपने वर्तमान समाज से सम्बन्धित हैं। इसीलिए उन्होंने अपने युग के मेलों-ठेलों, पर्व-त्योहारों, अपने समकालीन समाज के पूज्य व्यक्तित्व, चाहे उनका सम्बन्ध किसी भी धर्म अथवा सम्प्रदाय से हो, को अपने काव्य का विषय बनाया है। ब्रज में होली खेलने का शौक, आगरे के पुराने मुहल्लों में बच्चों के साथ पतंग उड़ाने की आदत एवं इसी प्रकार की सामाजिक मिलनसारी ही उनकी कविता में मौजूद है। उन्हें धार्मिक सहिष्णुता का पैरोकार तथा आदर्श व्यक्ति का खिताब दिया जाता है। अगर उन्हें कुरान एवं हदीस कंठस्थ थी तो रामायण की पदावली भी मिसरी बनकर उनके मुँह से निकलती थी। उनके काव्य-संग्रह में विविध एवं नाना प्रकार के विषयों के उदाहरण पठनीय हैं। जिनसे उनकी स्वच्छन्द प्रवृत्ति एवं अथाह मानव

प्रेम की अनुभूति होती है। आचार्य रामचन्द्र शुक्ल ने इस रचनाकार के बारे में लिखा है—'नज़ीर अकबराबादी ने कृष्णलीला सम्बन्धी बहुत-से पद्य खड़ी बोली में लिखे चूंकि वे एक मनमौजी सूफी भक्त थे। नज़ीर की कविता के उनके पद्यों के नमूने देखिए—

यारो सुनो ये दधि के लुटैया का बालपन।
औ मधुपुरी नगर के बसैया का बालपन॥
मोहन-रासग नृत्य करैया का बालपन।
बन-बन में ग्वाल गौवें चरैया का बालपन॥
ऐसा था बाँसुरी के बजैया का बालपन।
क्या-क्या कहूँ मैं कृष्ण कन्हैया का बालपन॥
परदे में बालपन के ये उनके मिलाप थे।
जोती सरूप कहिए जिन्हें सो वो आप थे॥

वाँ कृष्ण मदनमोहन ने जब सब ग्वालों से यह बात कही।
और आपी से झट गेंद डैंडा उस कालीदह में फेंक दई॥
यह लीला है उस नंदललन मनमोहन जसुमत दैया की।
रख ध्यान सुनी दंडवत करो, जय बोलो कृष्ण कन्हैया की॥

अपनी नज़्मों में नज़ीर अकबराबादी ने समाज की जर्जर रूढ़ियों, विसंगतियों और विरोधाभासों को बेनकाब किया है तो दूसरी तरफ़ समाज के अति महत्त्वपूर्ण घटक मनुष्य की असलियत, उसकी कमियों और उसके गुणों को सरल शब्दों में व्यक्त किया है।

नज़्म के शिल्प में लिखी 'आदमीनामा' एक महत्त्वपूर्ण रचना है। भारतीय जनमानस में बसे महाकवि नज़ीर अकबराबादी की यह रचना सीधे मनुष्य को सम्बोधित है। इस व्यंग्यात्मक कविता में कवि मनुष्य के अच्छे और बुरे दोनों पक्षों को उजागर कर देता है। कवि ने इन्सान को कुदरत की नायाब रचना माना है। वह मनुष्य के चरित्र की कमियों को दिखाकर उसके मानवीय गुणों को ज्यादा अच्छे तरीके से उभारते हैं। कवि का मानना है कि अपने गुणों को उभारकर इन्सान खुद को और दुनिया को अच्छा बना सकता है। वह इन्सान को जहाँ एक तरफ़ बादशाह, मालदार, मालिक इत्यादि रूपों में रेखांकित करते हैं। वहीं दूसरी तरफ़ वह आदमी को प्रजा, गरीब और नौकर इत्यादि शक्लों में भी विश्लेषित करते हैं। वह आदमी में हत्यारा और कमीना भी देख लेते हैं तो दूसरी तरफ़ उसमें छिपे रक्षक और शरीफ इन्सान को भी रेखांकित कर लेते हैं। यह रचना बताती है कि आदमी अगर बहुत बुरा है तो सबसे अच्छा भी वही है।

'आदमीनामा' में नज़ीर अकबराबादी आदमी के भिन्न-भिन्न रंग-रूपों पर प्रकाश डालते हुए कहते हैं—कि इस दुनिया में तरह-तरह के आदमी हैं। जो दुनिया का बादशाह बना बैठा है, वह भी आदमी है। उसके पास दुनिया भर की धन-दौलत और अधिकार हैं। दूसरी तरफ़ जो बिल्कुल गरीब, भिखारी है, वह भी आदमी है। जिसके पास बहुत दौलत है, वह भी आदमी है और जो बिल्कुल कमजोर है, वह भी आदमी है। जिसे स्वादिष्ट भोजन खाने की नियामत मिली है, वह भी आदमी है और जो सूखी रोटी के टुकड़े चबा रहा है, वह भी आदमी है। कवि ने जन-जीवन की विभिन्न दशाओं का विश्लेषण किया है।

नज़ीर अकबराबादी मनुष्य के कई रूपों, आदतों और स्वभावों का विश्लेषण करते हुए कहते हैं कि इस दुनिया में मस्जिद भी आदमी ने बनाई है। वह भी आदमी है, जो मस्जिद में बैठकर नमाज़ पढ़ता है और जो कुरान शरीफ का अर्थ समझाता है, वह भी आदमी है। जो उन इमामों से कुरान का अर्थ सुनते हैं और नमाज़ पढ़ते हैं और जो कुरान शरीफ का अर्थ समझता है, वह भी आदमी है। इन सबके विपरीत जो दुष्ट मस्जिद में आकर लोगों के जूते चुराते हैं, वे भी आदमी हैं। दूसरी तरफ़ जो लोग ऐसे चोरों पर नज़र रखते हैं, वे भी आदमी हैं। दुनिया में कई तरह के परस्पर विरोधी काम करने वाले लोग हैं। दरअसल ये सब आदमी के ही भिन्न-भिन्न रूप हैं।

नज़ीर अकबराबादी कहते हैं कि एक आदमी दूसरे आदमी पर अपनी जान भी वार देता है। दूसरी तरफ़ बुरे स्वभाव का व्यक्ति तलवार से वार कर उसे मार डालता है। समय पड़ने पर दूसरे आदमी की पगड़ी उतारने अर्थात् अपमानित करने में जरा भी देर नहीं लगाता, वह भी आदमी है। जरूरत पड़ने पर अपनी सुरक्षा के लिए दूसरे को पुकारने वाला भी आदमी है। जो आदमी पुकार को सुनकर उसे बचाने के लिए दौड़ता है, वह भी आदमी है। आदमी के अलग-अलग रूप हैं। उसके जीवन की बदलती परिस्थितियाँ उसे भिन्न-भिन्न भूमिका में लाकर खड़ा करती हैं। कवि ने मनुष्य के परस्पर विरोधी रूप दिखाकर अनूठा प्रभाव उत्पन्न किया है।

पहले छन्द में कवि की दृष्टि आदमी के जिन रूपों को देखती है वह आपस में अलग-अलग हैं। एक तरफ़ जहाँ आदमी बादशाह है तो दूसरी तरफ़ वह सबसे गरीब भी है। एक तरफ़ वह काफी मालदार है तो दूसरी तरफ़ वह इतना अभावग्रस्त है कि उसे अपना पेट दूसरों की दी हुई रोटी पर पालना पड़ रहा है। यहाँ पूँजीवादी समाज में व्याप्त अमीर-गरीब की विसंगतियों की तरफ़ नज़ीर अकबराबादी इशारा करते हैं।

'आदमीनामा' में नज़ीर ने आदमी के परस्पर सकारात्मक और नकारात्मक रूप प्रस्तुत किये हैं। सकारात्मक दृष्टि से देखें तो वह मस्जिद बनाने वाला, कुरान पढ़ने वाला, चोरों को पकड़ने वाला, आदमी को बचाने वाला, मुसीबत में मदद करने वाला इत्यादि है। दूसरी ओर देखें तो मस्जिद में आये लोगों के जूते चुराने वाला, तलवार से मारने वाला, और सबसे बुरे काम करने वाला भी आदमी ही है। यह मनुष्य के नकारात्मक रूप हैं। नज़ीर अकबराबादी दरअसल अच्छे और बुरे को आमने-सामने खड़ा करके पाठक की चेतना को अच्छाई की तरफ़ सक्रिय करते हैं।

इस कविता को पढ़कर मन में मनुष्य के प्रति यह धारणा बनती है कि इन्सान गलतियाँ करता है और वह कमज़ोरियों का पुतला है, लेकिन हर इन्सान में कई अच्छाइयाँ भी होती हैं। उसे लगातार अपनी बुराइयों से लड़कर अच्छाइयों को उभारना पड़ता है। अगर वह इसमें सफल हो जाता है तो उसके जीवन के साथ-साथ दुनिया भी बेहतर हो जाती है। इसलिए मनुष्य को लगातार अच्छे काम करते रहना चाहिए। असल में नज़ीर अकबराबादी दिखाना यह चाह रहे हैं कि आदमी में अच्छी और बुरी दोनों प्रकार की प्रवृत्तियाँ होती हैं। उसमें बुराई भी होती है तो दूसरी तरफ़ उसमें कई अच्छाइयाँ भी होती हैं। वह लोगों को दुख देता है तो उनकी मुश्किलें भी दूर करता है। आदमी दूसरों पर अत्याचार करता है तो वह अत्याचारियों का विरोध भी करता है। अच्छा आदमी वह है जो अपनी बुरी प्रवृत्तियों को त्यागकर अच्छी प्रवृत्तियों को बचाये रखता है।

नज़ीर ने 'आदमीनामा' और अपनी अन्य रचनाओं में भिन्न मनुष्यों और एक ही मनुष्य के अलग-अलग रूपों को लोक शैली में प्रस्तुत किया है।

मिर्ज़ा ग़ालिब

(27 दिसम्बर 1797–15 फरवरी 1879)

थी खबर गर्म कि ग़लिब के उड़ेंगे पुर्जे

हिन्दी के सबसे आसान प्रयोगशील कवि भवानी प्रसाद मिश्र ने ग़ालिब को ऐसा कवि माना है जो जरा हटकर और डटकर शायरी करते थे। देश की राजनीति के मुश्किल दौर में ग़ालिब ने किसी से जरा भी डरकर शायरी नहीं की। वह भारत में जन्मे ऐसे महान शायर हैं जिसकी तुलना हिन्दी में तुलसीदास, अंग्रेजी में शेक्सपीयर और मिल्टन से की जा सकती है, ग़ालिब के साथ-साथ ये तीनों रचनाकार हमेशा सबसे हटकर और डरे बिना रचना करते रहे। ग़ालिब अपने समय में हो रहे नरसंहार से दुखी थे और रक्तपात देखकर बार-बार इस ग्लानि से भर जाते थे कि 'काबा किस मुँह से जाओगे ग़ालिब' तथा 'शर्म तुमको मगर नहीं आती' यह उनकी संवेदनशीलता ही थी। एक मामूली इन्सान होते हुए भी लोगों को शाही सत्ता द्वारा बेवजह मारना और ऐसे में कुछ नहीं कर पाने की लाचारी उनके यहाँ एक प्रार्थना के रूप में मिलती है। ऐसे ही दूसरी तरफ़ मध्यकाल के महान भक्त कवि कबीर अपने समय की वैचारिक संकीर्णताओं का प्रतिरोध करने के लिए किसी मन्दिर या मठ में नहीं बैठे या किसी सम्राट के रहमोकरम पर नहीं जिए बल्कि उन्होंने लिखा कि 'चाहे उन्हें धूत कहो, अवधूत कहो या जोलाहा कहो कोई/' तुलसी गर्व से मस्जिद में रहते थे और माँगकर खाते थे। यह भी अपने समय के कथित श्रेष्ठ पुरुषों के मुँह पर लगाया तमाचा है जो किसी की प्रतिभा को बर्दाश्त नहीं कर पाते थे। ग़ालिब और तुलसी दोनों ने अपने-अपने तरीके से अपने शब्दों के भीतर एक ऐसा प्रतिरोध विकसित किया जो उनके जीवन से उपजा था।

मिर्जा ग़ालिब 27 दिसम्बर 1797 को आगरा में जन्मे थे। उनके पिता एक बड़े योद्धा थे लेकिन ग़ालिब जब पाँच वर्ष के थे उनके पिता का इन्तकाल हो

गया उस समय के रिवाज के मुताबिक 13 वर्ष की आयु में ग़ालिब का विवाह दिल्ली में हो गया। सिपाही खानदान के इस शायर का मिजाज़ बर्बर लड़ाकूओं जैसा नहीं; शुरू से ही शायरों जैसा था। ग्यारह वर्ष की आयु में उन्होंने फारसी के मशहूर लेकिन जटिल शायर बेदिल के अनुकरण पर ऐसी शायरी लिखनी शुरू कर दी जिसमें उलझे हुए रूपकों और प्रतीकों की भरमार थी। 25 वर्ष की उम्र तक यह सिलसिला चला। जब उन्होंने अपना दीवान संकलित किया तो आलोचनात्मक दृष्टि अपनाते हुए अपनी पुरानी शायरी के बेशुमार पन्ने सिरे से चाक कर दिये और केवल 10-15 पुराने शेर संग्रह में रखे। दरअसल दिल्ली में आकर ग़ालिब अच्छी तरह समझ गये थे कि देर तक वही शायरी जिन्दा रहती है जिसमें इन्सानी ज़िन्दगी का बयान दर्ज हो जिसे हर कोई सरलता से समझ ले। ग़ालिब मुश्किल शायरी से आसानी से समझ आने वाली शायरी की तरफ़ बढ़े।

अकबराबाद से दिल्ली आने पर ग़ालिब को बड़ी प्रतिष्ठा मिली। उनका शुमार बड़े शायरों में किया जाने लगा। लेकिन जिस सुख-सुविधा सम्पन्न परिवेश में ग़ालिब आये थे उसके कारण मुश्किलें बढ़ गयीं। इतना ही नहीं पहली पत्नी का देहान्त हो गया और अपने जिस छोटे भाई यूसुफ से ग़ालिब बड़ा प्रेम करते थे वह दीवानगी का शिकार हो गया और जिम्मेदारियों का सारा बोझ ग़ालिब के सिर पर आ पड़ा। यहाँ पर ग़ालिब के सामने मुश्किलों में जीवित रहने का संकट खड़ा हो गया।

किसी तरह ज़िन्दगी मुश्किलों में बसर हो रही थी कि धीरे-धीरे करके आमदनी के सारे रास्ते बन्द होने लगे—'थी ख़बर गर्म कि ग़ालिब के उड़ेंगे पुर्जे/ देखने हम भी गये थे, पर तमाशा न हुआ/' इतनी मुश्किलों में भी ग़ालिब ने कभी अपने स्वाभिमान से समझौता नहीं किया। तत्कालीन दिल्ली कॉलेज और वर्तमान में दिल्ली विश्वविद्यालय के जाकिर हुसैन कॉलेज में जब उन्हें फारसी पढ़ाने के लिए बुलाया गया तो मान-सम्मान और वेतन के लिहाज से यह बड़ा पद ग़ालिब ने इसलिए ठुकरा दिया कि कॉलेज के सेक्रेटरी खुद उन्हें लेने के लिए बाहर नहीं आये। वह उनके स्वभाव का एक ऐसा पहलू है जो बार-बार नज़र आता है।

ग़ालिब की शायरी कई मायनों में पर्सनल (निजी) पोयट्री है। जिसमें दो विरोधी गुण नैतिकता और आरामपरस्ती भरे हुए हैं। ग़ालिब एक सम्पन्न परिवार में हुए। इसलिए उनका मिजाज़ शाह ख़र्च था। लेकिन क्योंकि वे एक पढ़े-लिखे शायर थे इसलिए वे नैतिकता से भरे हुए थे। यह दोनों तत्व बराबर उनकी शायरी में झलकते हैं। निजी कविता आत्मनिष्ठ होती है। जो आत्ममुग्धता में बदल जाती है। व्यक्ति आत्मलोचना करने के बजाय आत्मश्लाघा का शिकार हो

जाता है। यानि उसे पूरी दुनिया में अपने से बेहतर कोई दूसरा नज़र नहीं आता लेकिन ग़ालिब के यहाँ ऐसा नहीं है। वह जहाँ एक तरफ़ कहते हैं कि ग़ालिब का 'अंदाजे बयां और है' यानी सबसे अलग है तो दूसरी तरफ़ यह भी मानते हैं कि 'रेख़्ता के तुम्हीं उस्ताद नहीं हो ग़ालिब/ कहते हैं अगले ज़माने में कोई मीर भी था/' यानि वह अपने पूर्ववर्ती मीर की भी दिल खोलकर तारीफ करते हैं। इतना ही नहीं वह दूसरे शायरों जौक़ इत्यादि के भी प्रशंसक के रूप में दिखायी देते हैं। यहाँ तक कि उनके एक शेर के बदले अपना सारा दीवान देने के लिए तैयार हो जाते हैं।

ग़ालिब ने अपनी शायरी में जहाँ अपने वक़्त की दर्दनाक हकीकतें बयान की हैं, वहीं ज़िन्दगी की परेशानियों को भी ग़ज़ल के साँचे में ढाला है। उन्होंने रिवायती किस्म की ऐसी शायरी भी मुमकिन की हैं जिसमें प्रेम इनसानी-मूल्य बनकर उभरा है। उनके यहाँ 'नासेह अंदोज' (उपदेशक की मुद्रा) और 'ख़ून-ए-जिगर' इत्यादि रोमानी पक्ष हैं। जिसमें प्रेम अंकुठ भाव से व्यक्त हुआ है। ग़ालिब ने अपनी शायरी ख़ूनेज़िगर से मुमकिन की है। कई जगह ग़ालिब को एक-एक कतरे का हिसाब देना पड़ा। इतना ही नहीं, इस रास्ते में आने वाली दुश्वारियाँ और अपनी कमतरी का एहसास भी उनके लफ़्ज़ों में मौजूद है। इसके साथ ही ऐसी गहराइयाँ भी उनकी शायरी में हैं, जो ख़ून-ए-जिगर होने पर ही पायी जाती है। सवाल उठता है कि ग़ालिब ने अपने शायरी से इन्सानी अनुभवों में नया क्या जोड़ा? उन्होंने कहने का अंदाज बदल दिया। ग़ालिब ने प्रेम को ऐसी राहत के रूप में रखा जो जन्नत की दर्दनाक हकीकत को सहने में मदद करती है। उन्होंने प्रेम को जहाँ शायरी का विषय बनाया है वहाँ उनकी आवाज़ में व्यंग्य मौजूद है। ऐसा व्यंग्य जो अपना मज़ाक़ उड़ाने जैसा है। दरअसल ग़ालिब 'जहाँ बात बनाये नहीं बन रही' थी वहाँ बात बनाना चाहते थे। ऐसा करते हुए ग़ालिब ने केवल अपनी पीड़ा नहीं, दूसरों की मुश्किलें भी समझीं। ऐसा करते हुए ग़ालिब प्रेम को उस ऊँचाई तक ले जाते हैं जहाँ उसके लौकिक अर्थ में दिव्यता आ जाती है। उनके समकालीन और परवर्ती शायरों ने ग़ालिब से प्रेरणा ली है।

ग़ालिब इतने विनम्र हैं कि बार-बार अपने मामूलीपन को उधेड़कर रख देते हैं—'मैं न अच्छा हुआ, बुरा न हुआ' कहने वाले ग़ालिब 'न था कुछ तो खुदा था, कुछ न होता, तो खुदा होता' जैसी महान पंक्तियों की तरफ़ बढ़ जाते हैं। यह भाव-संवेदन भारतीय उपनिषदों में अद्वैत भावना के रूप में व्यक्त हुआ है, जहाँ सांसारिक द्वैत नष्ट हो जाता है। इसीलिए ग़ालिब भी वहाँ तक पहुँच जाते हैं जहाँ 'दुई की बू' भी नहीं है। ऐसी महान पंक्तियाँ ग़ालिब के अनूठेपन को

व्यक्त करती हैं। इसीलिए वे गर्व से कहते हैं कि 'हम सा कोई पैदा न हुआ।' ग़ालिब के यहाँ 'न' का ख़ासा प्रयोग हुआ है। बुरे का नकार करना हो या अपनी ही मतलबपरस्ती को नकारना हो या फिर अपना अलगपन रेखांकित करना हो; ग़ालिब ने इस छोटे से एक अक्षर के लफ़्ज का मानीखेज़ इस्तेमाल किया है!

ग़ालिब की शायरी का एक बड़ा हिस्सा ज़िन्दगी की बड़ी परेशानियों से भरा है। इसमें घनघोर तनाव, निराशा, और रूह को तोड़ देने वाला अवसाद बार-बार मन को घेरता है। उनके यहाँ 'ज़िन्दगी' लफ़्ज इतनी बार आया है कि वह एक दार्शनिक तत्व लगता है—'ज़िन्दगी यूँ ही गुज़र जाती/हमको जीने की भी उम्मीद नहीं।' तथा 'ज़िन्दगी से मेरा जी बेज़ार है।' दरअसल ज़िन्दगी की यह दर्दनाक शक्लें ग़ालिब के समय ने उन्हें सौंपी हैं। अपने परिजनों और मित्रों की मौतें, लगातार बढ़ता हुआ कर्ज, कई तरह के आर्थिक दबाव तथा ऊपर से साम्राज्यवादी अंग्रेजों के सामने वज़ीफा माँगने की लाचारी और सबसे ऊपर रचनाकार होने का दर्प; यह सब विरोधी बातें मिलकर अद्भुत काव्यात्मक तनाव की रचना करते हैं। पाठक जीवन की मुश्किलों में ग़ालिब की पंक्तियों को अपने पास पाता है। बड़ी बात यह है कि ग़ालिब ने दिखाने के लिए दर्द को ओढ़ा नहीं, बल्कि वह उससे बचकर निकलने की सूरत ढूँढ़ते हैं। यह भी एक संघर्ष है। क्योंकि अगर दर्द का बयान नहीं किया जायेगा तो उससे बचने का रास्ता कैसे निकलेगा? इसलिए ग़ालिब के यहाँ पीड़ा का प्रदर्शन नहीं है, उससे छूटने की कोशिश है। उन्होंने आगे बढ़कर अपने वक़्त की संकीर्ण सोच वाली साम्प्रदायिक ताकतों का विरोध और बार-बार उस मनुष्य के एहसासों को शब्द दिये जो सताया जा रहा था। ग़ालिब की आवाज़ उसकी हिमायत में मुखर हुई और उनके हाथ उसके पक्ष में खड़े होते रहे।

फ़ैज़ अहमद फ़ैज़

(13 फरवरी 1911–20 नवम्बर 1984)

ये वो सहर तो नहीं

फ़ैज़ उन चुनिन्दा शायरों में है, जिन्होंने ऐसी शायरी सम्भव की जो आम-आदमी की जुबान बन गयी। लेकिन फ़ैज़ ने इसके लिए कथित लोकप्रिय शायरों वाली तमाशाई हरकतें नहीं कीं। उन्होंने ऐसी प्रगतिशील मूल्यों वाली उर्दू कविता की रचना की जिसमें तरक्की-पसन्द शायरी की तमाम कलात्मक खूबियाँ मौजूद हैं। वे इस मायने में मुशायरा लूटने वाले स्वनामधन्य शायरों की जमात में शामिल नहीं हुए हैं जिनके यहाँ शायरी के नाम पर सब कुछ मिलता है, केवल शायरी नहीं मिलती–'दरबाने वतन में जब एक दिन सब जाने वाले जायेंगे/कुछ अपनी मंज़िल को पहुचेंगे, कुछ जा न जायेगे/करते चलो बढ़ते भी चलो, बाजू भी बहुत हैं सर को बढ़ाते, चलते भी चलो कि जब डेरे, मंज़िल पर ही डाले जायेंगे/' ऐसी दूर तक पीछा करने वाली कई पंक्तियाँ फ़ैज़ के यहाँ मिलती हैं जिन्हें सुनकर आज भी भारतीय उपमहाद्वीप के अवाम की धड़कनें तेज़ हो जाती हैं।

फ़ैज़ की कविता में भारत के बँटवारे को लेकर गहरा रंज है हालाँकि फ़ैज़ कई दूसरे मुसलमानों की तरह पाकिस्तान में जाकर बस गये फिर भी उनके यहाँ आज़ादी का वैसा स्वागत नहीं मिलता क्योंकि उनकी नज़र में यह आज़ादी अधूरी और बेईमानी है–

ये दाग-दाग उजाला, ये शब गुजीदा सहर,
वो इन्तिजार था जिसका, ये वो सहर तो नहीं

सरहद के दोनों तरफ़ आज़ादी के उजाले की जगह अपनों से हमेशा के लिए बिछड़ने का गम और भीषण नर-संहार का अँधेरा व्याप्त था। इसलिए जैसी सुबह की उम्मीद फ़ैज़ को थी; वह उन्हें नसीब नहीं हुई।

फ़ैज़ यकीनन बची हुई उम्मीदें लेकर पाकिस्तान गये थे लेकिन यह कितना

दुर्भाग्यपूर्ण है कि गुलामी की कैद के अँधेरों ने वहाँ भी उनका पीछा नहीं छोड़ा। पाकिस्तान की कट्टर फिरकापरस्त सरकार ने उन्हें पहले पद-प्रतिष्ठा के प्रलोभन से खरीदना चाहा और काबू नहीं आने के कारण फ़ैज़ को कालकोठरी में बन्द कर दिया। यातना की इंतिहा तब हो गयी कि उन्हें काग़ज़ और कलम रखने से महरूम कर दिया। लेकिन वह किसी सरकारी या सेठाश्रयी सुविधाजीवी की आवाज़ नहीं थी; जिसे जुल्मों से दबाया जा सकता था। फ़ैज़ ने जेल की दीवारों को काग़ज़ में तब्दील कर दिया और कोयले के टुकड़ों को कलम बनाकर बेशुमार यादगार ग़ज़लें और नज़्में लिखीं–

रातभर जिनसे तेरा, ख़ून ख़राबा होगा,
जंग ठहरी है कोई खेल नहीं है ऐ दिल,
दुश्मने जाँ हैं सभी, सारे के सारे, कातिल

यह उनकी जेल में लिखी ऐसी पंक्तियाँ हैं जिसमें शब्द बेपनाह जुल्मों के सामने डटकर खड़े हो जाते हैं और आखिरी दम तक मोर्चा लेने का ऐलान करते हैं। दुर्भाग्य से फ़ैज़ को लगभग ताउम्र पाकिस्तानी हुकूमत की तानाशाही से लड़ना पड़ा। फ़ैज़ के लिए प्रगतिशीलता बौद्धिक, किताबी और फैशनेबल क्रान्तिकारिता नहीं थी। वे उसे अपने व्यवहार में उतार चुके थे। फ़ैज़ मानते थे कि जन-भावना सही मायने में सभी बन्धनों और शोषण से मुक्ति चाहती है जबकि हुकूमत उसे जरखरीद गुलाम मानकर उसकी आज़ादी पर पहरे बिठाती है। उसके पैरों में जंज़ीरे डालकर अपने इशारों पर नचाना चाहती है। इस शायर ने आज़ादी छिनने का मातम तो मनाया लेकिन वह केवल इतने से खामोश नहीं हुआ।

कलम और तख़्ती छिन जाने और जंज़ीरों में जकड़े जाने की पीड़ा से छूटने का रास्ता उन्होंने निकाला। इतना ही नहीं वह अथाह निराशा में भी अवसाद में डूबकर खामोश नहीं हुए बल्कि आशावादी बने रहे–

चंद रोज़ और मिट्टी जान फ़कत चंद रोज़,
जुल्म की छाँव में दम लेने पे मजबूर हैं, हम,
और कुछ देर सितम सह लें, तड़प लें, रो लें
अपने अजदाद की मीरास में माज़ूर हैं हम।

यह आशावाद केवल शब्दों की दिखावटी उत्सवधर्मिता नहीं है यह उम्मीद जीवन को बचाने की जद्दोजेहद से उपजी है। फ़ैज़ ने इसमें जीवन की धड़कनें शामिल की हैं।

फ़ैज़ ने उर्दू शायरी का समूचा परिदृश्य बदल दिया। उनसे पहले उर्दू में

रिवायती किस्म का इज़हारे मुहब्बत चलता था। लेकिन उन्होंने हुस्न और मुहब्बत का नया सौन्दर्य अनुभव प्रस्तुत किये—

जा-ब-जा बिकते हुए, कूचा-ओ बाजार में जिस्म
खाक में लिथड़े हुए, ख़ून में नहलाए हुए
जिस्म निकले हुए अमराज[1] के तन्नूरों[2] से
पीप बहती हुई गलते हुए नासूरों से
लौट जाती है उधर को भी नज़र क्या कीजे?
अब भी दिलकश हैं तेरा हुस्न मगर क्या कीजे?

उनकी नज़र में प्रेम जीवन का अन्तिम लक्ष्य नहीं है, क्योंकि उससे बढ़कर भी गमे-रोज़गार शायर के सामने रोज़ पेश होते थे—

और भी दुःख हैं ज़माने में मुहब्बत के सिवा
राहतें और भी हैं वस्ल की राहत के सिवा
मुझसे पहली-सी मुहब्बत मेरी महबूत न माँग।

फ़ैज़ ने अपनी समूची शायरी में निजी दुख-दर्द की बजाय दूसरों के दुख-दर्द को तवज्ज़ो दी और ज़िन्दगी भर इन्सानी दर्द, राजनीति और जीवन के संगीत को लफ़्ज़ों का अनुभव बनाते रहे।

वेदना, इश्क, सियासत, संगीत और दर्शन के अनुपम समन्वय का यह शायर जो सही मायने में जन्नत और दोजख के एकीकृत राग की शायरी रचता रहा 20 नवम्बर 1984 को लाहौर में मौत के आगोश में सो गया। फ़ैज़ की पैदाइश सियालकोट के काला कदर में 1911 को हुई। उनकी जन्म तारीख स्कूल रजिस्टर में 7 जनवरी और सियालकोट नगर निगम में 13 फरवरी लिखी गयी। उनके पिता साहित्यिक अभिरुचि के इन्सान थे। घर के साहित्यिक वातावरण में फ़ैज़ ने बचपन में कुरान शरीफ याद कर ली। मौलवी से फारसी-अरबी सीखी। फिर पाठशाला जाना शुरू किया। बाद में फ़ैज़ ने अंग्रेजी और अरबी में एम.ए. किया। उन्होंने पहले एम.ए. ओ. कॉलेज अमृतसर और विभाजन के पहले हेली कॉलेज ऑफ कामर्स, लाहौर में अध्यापन किया। 1942 से 47 तक उन्होंने सेना विभाग में कार्य किया। विभाजन के बाद उन्होंने पद से इस्तीफा देकर 'पाकिस्तान टाइम्स' का सम्पादन किया। फ़ैज़ ने नाटक भी लिखे और समीक्षाएँ भी कीं; उन्होंने फिल्मों में गीत भी लिखे और संवाद भी, वे समाजसेवा से भी जुड़े और मज़दूर आन्दोलन से भी। अत्यन्त दुर्भाग्यपूर्ण परिस्थितियों में फ़ैज़ को तत्कालीन

1. रोगों, 2. भट्ठी

प्रधानमंत्री लियाकत अली खाँ के तख्त पलटने के आरोप में 'रावलपिंडी साजिश केस' में चार साल से कुछ अधिक वक़्त तक जेल में रहना पड़ा। इसके बाद लन्दन में कुछ साल रहकर फ़ैज़ पाकिस्तान लौटे और आखिरकार कराची में स्थायी हो गये।

'नक्शे फरियादी', 'दस्ते सबा', फ़ैज़ की सर्वाधिक चर्चित किताबें हैं। इसके अलावा 'जिंदानामा', 'मिज़ान', 'दस्ते ताहे संग', 'मेरे दिल मेरे मुसाफिर', उनकी अन्य प्रसिद्ध पुस्तकें हैं। 'नक्शे फरियादी' में 'खुदा वो वक़्त न लाये कि सोगवार हो तुम', 'मेरी जां अब भी अपना हुस्न वापस फेर दे मुझको', और 'तारे, नग्मे कहीं चाँदनी के दामन में' जैसी बेमिसाल नज़्में हैं तो 'दस्ते सबा' और 'जिंदानामा' में उनकी जेल में लिखी गयी रचनाएँ हैं। फ़ैज़ के लिए जेल-जीवन भी एक बुनियादी बदलाव का अनुभव था, जिसने उन्हें बहुत कुछ सिखाया। इस कारावास में एक समय ऐसा भी आया जब परिवार और दोस्तों से मिलना तो दूर, फ़ैज़ को लिखने के लिए काग़ज़ और कलम तक नहीं दिये गये। फ़ैज़ ने—ख़ूने दिल में उँगलियाँ डुबोकर अपने वक़्त और सरोकारों को शब्दबद्ध किया।

अमृतसर के महमूदुज्ज़फर और उनकी पत्नी राशिदा से सम्पर्क में आने के बाद फ़ैज़ प्रगतिशील लेखकों से और मज़दूर आन्दोलन से जुड़े। इसी दौर में फ़ैज़ ने 'मुझसे पहली सी मुहब्बत मेरी महबूब न माँग।' जैसी कभी भुलाई नहीं जा सकने वाली नज़्म लिखी।

फ़ैज़ की शायरी में बार-बार वह वतन आता है जहाँ उन्हें जलील किया गया। आरोप लगाये गये। जेल में डाल दिया गया। इस धरातल पर उनके यहाँ गहरा मोहभंग मिलता है—

निसार मैं तिरी गलियों पे ऐ वतन कि जहाँ,
चली है रस्म कि कोई न सर उठा के चले,
जो कोई चाहने वाला तबाफ को निकलें
नज़र चुरा के चले, जिस्म औ-जाँ बचा के चले।
बुझा जा रोशने ज़िन्दा तो दिल ये समझा है
कि तेरी माँग सितारों से भर गयी होगी
चमक उठे हैं सलासिल, तो हमने जाना है
कि अब सहर तिरे रुख पर बिखर गयी होगी।

फ़ैज़ उर्दू, फारसी, पंजाबी, हिन्दी, पश्तो, अरबी और अंग्रेजी के बेहतरीन मर्मज्ञ थे। शायरी में नये-नये प्रयोग करने वाले फ़ैज़ ने फॉर्म की बजाय कथ्य पर जोर दिया। इस नज़रिये से उनकी नज़्में बेहतर उदाहरण बनती हैं।

फ़ैज़ बुनियादी तौर पर सौन्दर्य और प्रेम के शायर हैं परन्तु फ़ैज़ की शायरी में सौन्दर्य और प्रेम अपने व्यापक अर्थ लिए हुए हैं। उनके यहाँ हुस्न और मुहब्बत व्यक्ति से समाज की तरफ़ जाते हैं। 'मुझसे पहली-सी मुहब्बत मेरी महबूब न माँग' जैसी नज़्म में फ़ैज़ 'मैंने समझा था कि तू है तो दुरुख़्शा (प्रकाशित) है हयात/तेरी आँखों के सिवा दुनिया में रक्खा क्या है/तू जो मिल जाये तो तकदीर निगूं हो जाये' (बदल जाये) कहने वाले फ़ैज़ अगले ही बन्द में कहते हैं—'खाक में लिथड़े हुए, ख़ून में नहलाए हुए।' यहाँ मज़लूमों की तकदीर नहीं बदल पाने की लाचारी जतलाई गयी है। यहाँ ईमानदारी भरी आत्मस्वीकृति है। दिल को हिलाकर रख देने वाली मासूम सच्चाई है। फ़ैज़ के लफ़्ज प्रेम की ऊँचाइयों को छू लेते हैं—'मुझसे पहली सी मुहब्बत मेरी महबूत न माँग/'—जिस पुख्ता ज़मीन पर यह नज़्म खड़ी है। उस पर आगे चलकर साहिर ने कहा—'मैंने तुमसे ही नहीं सबसे मुहब्बत की है/' फ़ैज़ की नज़्में बिम्बों में बात करती हैं। शब्द चित्र बन जाते हैं। यहाँ भी वह तपिश है, खलिश है फिर भी वह बात नहीं जो फ़ैज़ के यहाँ है—

'आज फिर हुस्ने दिलआरा की वही धज होगी
वही ख्वाबीदा-सी आँखें वही काजल सी लकीर
रंगे रुख्सार पे हल्का-सा वो गाजे का गुबार
संदली हाथ पे धुँधली-सी हिना की तहरीर'

फ़ैज़ का यह 'मौजू-ए-सुखन' बनाव-शृंगार तक महदूद नहीं है—

'इन दमकते हुए शहरों की फरावा मखलूक[1]
क्यों मरने की हसरत में जिया करती है?
ये हसीं खेत, फटा पड़ता है जोबन जिनका
किसलिए इनमें फकत भूख उगा करती है?'

लफ़्जों की एक हल्की सी जुंबिश से किस कदर सारी चीज़ें उलट कर रख दी और अन्त में नज़्म फिर इन्सानी इच्छा को सलीके से रखकर मायनों में चमक भरती है—'ये भी हैं, ऐसे कई और भी मज़मूं होंगे, लेकिन उस शोख के आहिस्ता से खुलते हुए होंठ/' प्रेम की मुश्किलों के साथ ज़िन्दगी की दूसरी दुश्वारियाँ फ़ैज़ की कविता के कथ्य हैं जिनमें उनका दौर धड़कता है।

1. असंख्य जनता

कैफ़ी आज़मी

(19 जनवरी 1919–10 मई 2002)

लम्हे भर को यह दुनिया जुल्म छोड़ देती है

कैफ़ी आज़मी ने अपने समय के इन्सान की बात को ऐसे कहा है कि वह सबका सच हो जाती है। मेहनतकश इन्सान के बेहतर जीवन के बारे में चिन्ता करने वाले और सताई हुई मानवता के कट्टर हिमायती कैफ़ी आज़मी उर्दू के चिरंतन विद्रोही कवियों में शुमार किये जाते हैं। इस कथन में उन्हें कोई अतिशयोक्ति नहीं महसूस होगी जो इस नायाब शायर के लेखन से परिचित है–

'उसने घबरा के नज़र लाख बचाई होगी,
मिट के एक नक्श ने औ शक्ल दिखाई होगी,
मेज से जब मेरी तस्वीर हटाई होगी,
हर तरफ़ मुझ को तड़पता पाया होगा'।

आसान शब्दों में दिल के मुश्किल बयान कैफ़ी के यहाँ व्यक्त हुए हैं–

'जंगल की हवाएँ आ रही हैं
काग़ज़ का यह शहर उड़ न जाये।'

बचपन का ही ज़िद्दी यह शायर अपनी रचनात्मक ज़िद के चलते जिस शायरी को मुमकिन करता है, उसमें सकर्मक जीवन की आग है–

'तपती साँसों में शररपारे धाकोले अंधियाँ,
तिलमिलाती तेवरियों में थरथराती बिजलियाँ'

कैफ़ी के यहाँ सियासी झण्डाबरदारों की वाचाल नारेबाजी नहीं है बल्कि पुख़्ता ज़मीन से जुड़ी तरक्कीपसन्द सोच मिलती है। जिसमें गज़ल की नयी लय धड़कती है–

'यह भी जलना कोई जलना है शो' लन धुआँ
अब जला देंगे ज़माने को जो जलना होगा'

उर्दू शायरी को जर्जर रूढ़ियों से छुटकारा दिलाने वाले कैफ़ी आज़मी ने नयी नज़र से दुनिया-जहान का नया हुस्न देखा-दिखाया है। इन्सानी हसरतों को जीने का उनका अपना सलीका है–

'लम्हे भर को यह दुनिया जुल्म छोड़ देती है,
लम्हे भर को सब पत्थर मुस्कराने लगते हैं'

स्पष्ट है कि इस विचार-सम्पन्न शायर की पंक्तियाँ बौद्धिकता के बोझ से टूटती नहीं हैं क्योंकि उनमें दिलो-दिमाग का गज़ब का सन्तुलन है।

उनका स्टैंड बहुत साफ़ है। सामन्ती, पूँजीवादी, फिरकापरस्त ताकतों के शोषण की धज्जियाँ उड़ाने वाले कैफ़ी आज़मी तेलंगाना आन्दोलन पर कलम चलाते हैं तो कम्युनिस्ट इकाई के टूटने पर हार्दिक सन्ताप के साथ पुकार उठते हैं–

'एक के बाद खुदा एक चला आता था,
कह दिया अक्ल ने
तंग आके खुदा कोई नहीं।'

मजबूत वैचारिक धरातल वाले इस शायर ने इन्सानी फितरत के यादगार बिम्ब शायरी में जोड़े हैं–

'एक गर्दन पे सैकड़ों चेहरे
और हर चेहरे पर हज़ारों दाग'

अपने समय को बखूबी पहचानते हुए कैफ़ी आज़मी ने बराबरी पर आधारित जिस समाज की कल्पना की है, उसके दायरे में सारी सृष्टि आती है।

लगभग पाँच से अधिक दशकों में कैफ़ी आज़मी का कविकर्म फैला हुआ है। उन्हें जीवन भर कट्टरपन्थियों, मतलबपरस्तों, आधुनिकतावादियों से लेकर बनावटी-तरक्कीपसन्दों तक का विरोध झेलना पड़ा! इससे उनमें ग़ज़ब का प्रतिरोधी भाव विकसित हुआ–

'होंठों को सी के देखिए पछताइएगा आप,
हंगामे जाग उठते हैं, अक्सर घुटन के बाद।'

ज़िन्दगी की तमाम दुश्वारियों के बावजूद यह शायर दुनिया और ज़िन्दगी से भागकर नहीं; उससे लड़कर आसान करने की राह अपनी शायरी में दिखाता रहा है।

शहरयार

(16 जून 1936–13 फरवरी 2012)

चलो ख़्वाबों की परियों को पुकारें

ग़ज़ल को उर्दू-फारसी हिन्दुस्तानी या किसी और जगह की सीमित भाषाई और इलाकाई जागीर तक महदूद करने से बचाकर, आदमी की बोली में ढालकर, उसकी आवाज़ बनाने का बड़ा काम जिस असाधारण शायर ने किया है, उसका नाम शहरयार के सिवा और कोई नहीं हो सकता। और कोई नाम आप लेंगे तो, भले बाद में पता चले लेकिन देर में सही आप यही कहेंगे कि उस शख़्स का नाम भी शहरयार है–

'सीने में जलन, आँखों में तूफान सा क्यों हैं,
इस शहर में हर शख़्स परेशान सा क्यों हैं'

दिल चीरकर रूह की चीख़ को सुनाने वाली ऐसी कई ग़ज़लें शहरयार ने कही हैं, जिनमें बेमतलब की अदाएँ नहीं हैं। न कोई शोर है। न कोई दिखावा। इसलिए संवेदनशून्य बेजान पत्थर भी उनके यहाँ धड़कते हुए मिलते हैं।

शहरयार की शायरी में नाकामी में भी इन्सान को सुकून देते दिलासे हैं और उनकी गहरी नज़र से हमेशा बची रहने वाली थोड़ी सी उम्मीद भी अदृश्य नहीं रहती। जिसे देखने के लिए आत्मा की आँख की दरकार होती है–'अह्लेदिल में भी बहुत जीने की हसरत निकली'–कहने वाले शहरयार मनुष्य मन की दूरियों-नज़दीकियों की थाह लेने में कुशल हैं–

'पास की चीज़ों पे दूरी के धुँधलके छाये
बिछड़े लोगों से मुलाकात की सूरत निकली।'

शहरयार के यहाँ घर के कई बिम्ब हैं। घर वहाँ याद है। सामने घटित होता सच है। इस सन्दर्भ में अशोक वाजपेयी ने लिखा है–'शहरयार कई बार घर और शहर के बीच भटकते कवि लगते हैं। जैसे ग़ालिब के यहाँ वैसे ही उनके यहाँ घर के साथ दश्त भी वाबस्ता है।

घर में याद आयी थी सहराए-जुनूँ की बुसअत
दश्त में आये तो घर में जाने को जी चाहता है।
सदा के साये में सन्नाटों को पनाह मिली
अजब कि शहर में चर्चा न इस ख़बर का हुआ।
दो चार दिन सुकून से हम गुज़ार लें
इस दश्त-ए-बकराँ में कोई घर नज़र तो आये।

शहरयार उन बिरले कवियों में से हैं जो 'यहाँ' को 'वहाँ' से, निजी परेशानी को दुनिया की उलझन से जोड़कर अपनी निजता को सामाजिकता में बदल देते हैं। जिस ग़ज़ल का एक दुनियावी शेर ऊपर उद्धृत है उसका एक रूमानी शेर यों है–

आज भी तिरी दूरी ही उदासी का सबब
यह अलग बात कि पहली सी नहीं, कुछ कम है।

शहरयार के यहाँ रूमानियत और भटकती हुई आधुनिकता के बीच सहज सा रिश्ता है। उनके यहाँ पारम्परिक छांदिकता में ऐसा कुछ कहा गया है जो परम्परा को नयी चमक से रोशन करता है और उसमें कुछ नया बिना किसी शोरगुल के जोड़ देता है। उन जैसे कवि को पढ़ते हुए लगता है कि परम्परा और आधुनिकता में कोई फाँक नहीं है, कि आधुनिकता दरअसल परम्परा का ही ज़रूरी विस्तार है। सोच और समझ के बन्द दरीचे खोलने के साथ-साथ इस शायर ने भाषा-शिल्प की जकड़बन्दी भी तोड़ी है।

अन्तहीन मुश्किलों में भी इनसानियत की बेहतरी के सपने देखने वाला यह शायर हमारे समय का सबसे बेचैन शायर है। इसलिए इसके चमकते शब्द सोचने की सही राह दिखाते हैं। 'जहाँ जाइए रेत का सिलसिला, जिधर देखिए शहर उजड़े हुए' इसी बेचैनी से वे राहत की तरकीब भी सुझाते हैं–'उठो नींदों से आँखों को जलाएँ, चलो ख़्वाबों की परियों को पुकारें/' उनके यहाँ ज़िन्दगी की उफनती नदी को पार करने का सयाना भोलापन है–

'काग़ज़ की किश्ती में दरिया पार किया,
देखो हमको क्या-क्या करतब आते हैं।'

क्लासिक तेवर वाले शहरयार की कविता में पारलौकिक संसार नहीं, इन्सानी दुनिया के साथ ही बेपनाह मुहब्बत का गहरा स्वीकार मिलता है–

'आँधी की ज़द् में शम्ए-तमन्ना जलाई जाये
जिस तरह भी हो लाज जुनूँ की बचाई जाये।'

साहित्य अकादमी पुरस्कार से नवाज़ा गया यह शायर उर्दू शायरी का ऐसा अलंकरण है, जिससे तमाम पुरस्कार-सम्मान पुरस्कृत और सम्मानित होते हैं।

निदा फ़ाज़ली

(12 अक्टूबर 1938–8 फरवरी 2016)

अल्ला तेरे एक को, इतना बड़ा मकान

आधुनिक उर्दू शायरी में सबसे ज्यादा प्रयोग अगर किसी एक शायर में देखने को मिलता है तो पहला नाम जेहन में उभरता है निदा फ़ाज़ली का! यही वजह है कि विषय और शिल्प दोनों जगह उनके यहाँ जो खुलापन और नवीनता मिलती है वह बेमिसाल है। शायद इसीलिए निदा के यहाँ ज़ुबान और तहजीब का भेद मिट जाता है। किसी भी किस्म की अपसांस्कृतिक राजनीति के खिलाफ़ उनकी शायरी को उदाहरण के रूप में खड़ा किया जा सकता है।

उनकी प्रार्थना का शिल्प बेवाक और दो टूक है–'काम बहुत है हाथ हटाओ अल्ला मियाँ, मेरे घर भी आ ही जाओ', कहने का हुनर भी सिखाता है, इन्सानी रिश्तों में पनपते मशीनी तकल्लुफ से निदा खासे परेशान रहे हैं। सम्बन्ध टूटना–यानी दिल टूटने की सदा को उनकी आवाज़ में हादसे की तरह सुना जा सकता है–

'कच्चे बखिए की तरह रिश्ते उधड़ जाते हैं,
हर नये मोड़ पे कुछ लोग बिछुड़ जाते हैं' तथा
'तुम क्या बिछड़े भूल गये रिश्तों की शराफत हम
जो भी मिलता है कुछ दिन नहीं अच्छा लगता है'

निदा फ़ाज़ली की सोच की धुरी, समाज की पहली इकाई, आदमी है। जिसकी फिक्र को 'गम है आवारा, अकेले में भटक जाता है/' कहकर निदा समझाते हैं तो उसकी अनन्त पीड़ा में ही नहीं रमते बल्कि उसके संघर्ष के इतिहास की पहली इबारत भी पेश करते हैं–

'जब तलक साँस है,
भूख है प्यास है,

ये ही इतिहास है,
रख के कान्धे पे हल,
खेत की ओर चल'

निदा फ़ाज़ली ने ग़ज़ल, नज़्म से लेकर दोहे तक लिखे। उनके शायरी का केन्द्र वह मामूली आदमी है जो हाशिये पर पड़ा है। निदा के अनुसार—'मैंने इन ग़ज़लों के माध्यम से जिस संसार को रचा है, वही इसमें शामिल कविताओं और दोहों में भी मिलता है। इस संसार में मैंने उस आम आदमी के कल और आज के आईनों में उतारने की कोशिश की है जो हमेशा से बेचेहरा और बेनाम है। मैंने अपने तौर पर इसको चेहरा और नाम देने का प्रयास किया है।' निदा के इस दावे को पुष्ट करने के सिलसिले में कुछ पंक्तियाँ देखिए—

मुंशी धनपतराय तो टँगे हैं बनकर याद
सुनने वाला कौन है, छोटी की फरियाद।

निदा के यहाँ शब्द और सोच की संकीर्णता नहीं है। अमीर खुसरो के बहाने वह खुद को भी व्यक्त करते हैं—

मन्दिर भी था उसका पता
मस्जिद भी थी उसकी खबर
भटके इधर, भटके उधर
खोला नहीं अपना ही घर

निदा की शायरी कई बन्द दरवाज़े खोलने वाली चाबी है।

कई शक्लों में बँटे आज के आदमी का सच्चा और साहसी बयान निदा दर्ज करते हैं—'हम हैं कुछ अपने लिए कुछ ज़माने के लिए/' दरअसल सच से उन्होंने कोई परहेज नहीं किया। उनकी मार की जद में धर्मान्ध कट्टरपन्थी पाखण्डी शक्तियाँ हमेशा रही हैं—'अन्दर मूरत पर चढ़े थे, पूरी मिष्ठान्न, मन्दिर के बाहर खड़ा, ईश्वर माँगे दान' तथा कठमुल्ले दिखावों की भी उन्होंने खासी खबर ली है—'बच्चा बोला देखकर, मस्जिद आलीशान, अल्ला तेरे एक को, इतना बड़ा मकान/' सामाजिक साम्प्रदायिकता की खिलाफ़त करने वाले इस शायर ने अदब की संकीर्णता को भी तोड़ा है। ग़ज़ल-नज़्म के साथ उन्होंने छांदसिक गीत-दोहे जैसी विधाओं से उर्दू कविता को समृद्ध किया है। इसलिए निदा कभी थमे नहीं, लगातार आगे बढ़ते रहे हैं।

बशीर बद्र

(15 फरवरी 1935)

किसी मोड़ पर फिर मुलाकात होगी

बशीर बद्र यानी अपनी ही तरह का अकेला हरदिल अजीज शायर, जिसे अपनी भाषा और रवायत का शायर होने का गुमान है। जिसकी शायरी पर भाषा और परम्परा दोनों गर्व करते हैं। आम आदमी से लेकर बौद्धिक तबके में जिसके अशआर इतने दोहराए जाते हैं कि आज मुहावरे की शक्ल अख्तियार कर चुके हैं—'काग़ज़ों के घरों से दूर ज़रा/दिल की चिंगारियाँ दबा के रखो।' समकालीन उर्दू शायरी से अगर श्रेष्ठ पंक्तियों का चयन करना हो तो उसका बड़ा हिस्सा बशीर बद्र के कलाम से लेना पड़ेगा—'इस ख़ुशी में मुझे ख़याल आया ग़म के दिन कितने ख़ूबसूरत थे' इस ख़ूबसूरत दिक्कत से जहाँ बशीर बद्र के प्रतिद्वन्द्वी खौफ खाये रहते हैं, वहीं शायरी में अपना अक्स ढूँढ़ने वाला पाठक इत्मिनान करता है कि उसके होने की सही जगह को दुरुस्त दिल और पैने दिमाग ने दर्ज किया है—'उसने छू के मुझे पत्थर से फिर इनसान किया/मुद्दतों बाद मिरी आँखों में आँसू आये।' उर्दू अदब के उस्ताद रहे इस शायर ने मीर, ग़ालिब, हाली, इकबाल सरीखे पायेदार शायरों को आने वाली नस्लों को बेहतर तरीके से समझाया है।

बशीर बद्र की शायरी के प्रशंसक शायर और आलोचक भी रहे हैं—हर बड़े शायर को कड़ी आज़माइशों से गुज़रना होता है मीर को अपनी अज़मत के इज़हार के लिए अज़गर नामा लिखने की ज़रूरत पड़ी। ग़ालिब ने क्या क्या मारका आराइयाँ कीं। फ़ैज़ जिन्हें उनकी ज़िन्दगी में मक़बूलिअत और इज़्ज़त मिल गयी उन्हें भी आसानी से यह रुतबा नहीं मिला था। गज़िशता तीस

बरस में बशीर बद्र ने भी ये सख़्तियाँ झेली हैं। 'इकाई' से लेकर 'आमद' तक इन बड़ी-बड़ी आज़माइशों से वो गुज़रे हैं। उनकी ग़ज़लों की पहली किताब 'इकाई' ने हमारे अदब में तहलका मचा दिया था। एक अजीब शान और धूम से बशीर बद्र ग़ज़ल की दुनिया में आये लेकिन इस पर भी बड़े सर्दो ग़म मौसम गुज़रे, तब वो यहाँ तक पहुँचे। गोपी चन्द नारंग के साथ कुमारपाशी के शब्द देखिए—'बशीर बद्र की ग़ज़ल पढ़ते हुए मैंने हर लफ़्ज़ का मुनफ़रद ज़ायका महसूस किया है। खुरदुरे से खुरदुरे और ग़ज़ल बाहर अल्फ़ाज़ भी उनके अशआर में नर्म, मीठे और सच्चे लगते हैं।' शायरी के युवा मर्मज्ञ जगतार के अनुसार—'ग़ालिब के बाद बशीर बद्र के अशआर में जो ताज़गी, शगुफ़्तगी, नदरत और बलाग़त है वो शायद उर्दू अदब के पूरे एहदेमाज़ी में कहीं नहीं।' बशीर बद्र के समकालीन शहरयार की तारीफ़ देखिए—'नयी ग़ज़ल पर किसी भी उनवान से गुफ़्तगू की जाये बशीर बद्र का ज़िक्र ज़रूर आयेगा। वो एक सच्चे और ज़िन्दा शायर हैं।' जबकि निदा के अनुसार 'बशीर बद्र की आवाज़ दूर से पहचानी जाती है।' गुलज़ार उनके घनघोर फैन हैं—'डॉ. बशीर बद्र से जब मिला था तो लगा ज़िन्दगी ने एक और एहसान किया। उनकी ग़ज़ल आज ही के दौर का एहसास होता है, वह कुल्ले साफ़े पहनी ग़ज़ल नहीं लगती। वे दो शेरों के बाद जैसे एक नुक्ते के गिर्द पूर एक सबजेक्ट का दायरा बनाने लगते हैं। उनकी ग़ज़ल का शेर सिर्फ़ एक ख़याल नहीं रह जाता, हादसा भी बन जाता है, अफ़साना भी। मैं डॉ. बशीर बद्र का बहुत बड़ा फैन हूँ।' अपने जीवनकाल में ही इतना आदर-सम्मान और प्रेम पाना; कहने दीजिए—किस्मत की बात है!

गहरे अध्ययन और सहज प्रतिभा के कारण ही बशीर बद्र अच्छी तरह समझे जा सके हैं। इन्सानी इच्छाओं तथा उसके मासूम मन को जो कभी ज़िन्दगी की शाम में यादों के उजाले के रूप में झिलमिलाती है और कभी दूर न हो सकने वाली इस मजबूरी की तरह उभरती है जिससे हर उस आदमी को दो-चार होना पड़ता है जिसे ज़िन्दगी जीने के लिए इन्सान का जिस्म मिला है—'कुछ तो मजबूरियाँ रही होंगी यों कोई बेवफा नहीं होता।' बशीर बद्र की शायरी की स्थायी रेंज के सामने आलोचना के सारे पैमाने छोटे और बौने साबित होते हैं, उसे वह दिल महसूस करता है जिसमें अपने वक़्त का दर्द छटपटाता है, भला बताइए, बेहतरीन गद्य भी इन पंक्तियों

को क्या इनसे ज्यादा खूबसूरती और मार्मिकता के साथ कह सकता है कि 'लोग टूट जाते हैं एक घर बनाने में/ तुम तरस नहीं खाते बस्तियाँ जलाने में' तथा 'जी बहुत चाहता है सच बोलें/ क्या करें हौसला नहीं होता' और 'मुसाफिर हैं हम भी मुसाफिर हो तुम भी/किसी मोड़ पर फिर मुलाकात होगी।' ऐसे कई शेर हैं बशीर बद्र के पास जिनके सम्मोहन में एक बार बँधने के बाद ताउम्र उससे छूटना नामुमकिन है।

□□